·浙江大学哲学文存·

REASONING IN THE

USE OF METAPHORS

□ 徐慈华/著

隐喻使用中的推理

中国社会科学出版社

图书在版编目（CIP）数据

隐喻使用中的推理/徐慈华著 .—北京：中国社会科学出版社，2023.8
（浙江大学哲学文存）
ISBN 978-7-5227-2588-8

Ⅰ.①隐… Ⅱ.①徐… Ⅲ.①隐喻—研究 Ⅳ.①H05

中国国家版本馆 CIP 数据核字（2023）第 169887 号

出 版 人	赵剑英
责任编辑	王　斌　李　立
责任校对	谢　静
责任印制	张雪娇

出　　版	中国社会科学出版社
社　　址	北京鼓楼西大街甲 158 号
邮　　编	100720
网　　址	http://www.csspw.cn
发 行 部	010-84083685
门 市 部	010-84029450
经　　销	新华书店及其他书店
印刷装订	北京市十月印刷有限公司
版　　次	2023 年 8 月第 1 版
印　　次	2023 年 8 月第 1 次印刷
开　　本	710×1000　1/16
印　　张	17.75
插　　页	2
字　　数	231 千字
定　　价	108.00 元

凡购买中国社会科学出版社图书，如有质量问题请与本社营销中心联系调换
电话：010-84083683
版权所有　侵权必究

前　　言

在过去的四十多年中，人们对隐喻的看法发生了根本性的变化。隐喻不仅是语言上的修饰，而且是一种基本的认知机制。它会对我们语言、情感和行动产生深刻的影响。本书在对现代隐喻理论进行系统梳理的基础上，尝试运用各种形式和非形式的分析工具，分别从单主体与多主体，单模态与多模态相结合的视角，对隐喻使用中的推理进行了深入的探讨。

第一章以符号学为元学科分析框架，结合隐喻研究的历史变迁和发展现状，探讨在符号学的视域中把握当前隐喻研究的大体形态和趋势，进而为隐喻使用中的推理研究奠定基础。

第二章在充分认识隐喻与意识之间关系的基础上，对隐喻使用的语用顺应论进行了阐释，将隐喻的使用看作一个不断做出选择的过程。科学传播中大量的隐喻使用现象很好地验证了该理论的恰当性。此外，隐喻使用的语用顺应论模型以溯因推理为底层推理机制，因此我们可以借助溯因推理的相关研究深化对模型的认识和刻画，以弥补当前隐喻推理研究在底层推理机制分析方面的不足。

第三章吸收了经济学和应用数学中的博弈论思想和方法，以信号博弈及其变体为主要模型，以不同的求解概念为手段，结合具体的案例，对人类交际活动中的隐喻使用进行了双主体互动模式下的整体化形式分析。

第四章讨论的是基于文本型隐喻的论证。隐喻的使用具有普遍性，我们不仅会用隐喻进行复杂事实的描述，同时还进行隐喻性的论证活动，以提高说服的效力。不同于第三章的形式分析范式，第四章主要从非形式逻辑的角度，结合图尔敏论证理论和语用论辩理论对文本型隐喻的论证机制和劝说功能进行探讨。

第五章探讨的是基于多模态隐喻的论证。我们在日常生活中有很多复杂的多模态论辩活动很难用图尔敏模型进行细致的描写。因此，该章从语用论辩理论的批判性讨论理想模型和策略操控思想入手，结合认知语言学的分析范式和具体的多模态隐喻案例，分析多模态隐喻论证的结构和性质。

第六章聚焦问题求解中的隐喻认知。隐喻认知作为一种富有想象力的理性活动，常常渗透在问题求解的各个环节，既会影响我们对问题所处情境的表征，也会触发我们生成各种具有创造性的问题求解方案，还会影响我们对问题求解方案的选择以及对问题求解的元认知。隐喻认知在问题求解中发挥的作用有助于我们重新认识人类解决问题的独特方式和智慧。

本书的学术价值和应用价值主要在于：首先，从符号学的元学科视角，为厘清当前纷繁复杂的隐喻研究提供有用的框架。其次，在充分考虑语形、语义和语用等不同符号学维度的基础上，提出了隐喻使用的推理模型，有助于清晰地描述隐喻生成与理解的认知机制和动态过程。最后，采用形式与非形式相结合的研究路径围绕隐喻使用、隐喻论证、多模态隐喻、问题求解等热点问题进行多角度的分析，有助于推动逻辑学、语言学、心理学和计算机科学的学科互动，为逻辑学科的发展和跨学科研究找到新的增长点。

目　录

前　言 ……………………………………………………………（1）

第一章　符号学视域中的隐喻研究 ……………………………（1）
　　第一节　符号学的元学科视角 ………………………………（1）
　　第二节　隐喻研究的重心变化 ………………………………（5）
　　第三节　隐喻研究的未来趋势 ………………………………（32）

第二章　隐喻使用的推理机制 …………………………………（58）
　　第一节　有意识与无意识的隐喻使用 ………………………（58）
　　第二节　语用顺应论视角下的隐喻使用 ……………………（67）
　　第三节　科学知识传播中的隐喻选择 ………………………（82）
　　第四节　溯因与隐喻：共同的内在机制 ……………………（94）

第三章　信号博弈与隐喻的使用 ………………………………（109）
　　第一节　范式更替：从代码模型到信号博弈 ………………（109）
　　第二节　理性决策：符号意义与交际原则 …………………（117）
　　第三节　演化与学习：符号意义的自然涌现 ………………（128）
　　第四节　信号博弈：隐喻使用中的建模与求解 ……………（137）

第四章　基于文本型隐喻的论证 ……………………………（154）
第一节　隐喻论证的内在结构 ………………………………（154）
第二节　文本型隐喻论证的分析 ……………………………（169）
第三节　隐喻在论辩中的框架效应 …………………………（178）

第五章　基于多模态隐喻的论证 …………………………（195）
第一节　语用论辩理论与隐喻论证 …………………………（195）
第二节　多模态隐喻论证的分析 ……………………………（200）
第三节　多模态隐喻论证的评价 ……………………………（222）

第六章　问题求解中的隐喻认知 …………………………（237）
第一节　问题求解的一般结构 ………………………………（237）
第二节　隐喻认知的知识表征功能 …………………………（244）
第三节　隐喻认知的方案生成功能 …………………………（247）
第四节　隐喻认知的方案选择功能 …………………………（255）
第五节　隐喻认知的元认知功能 ……………………………（258）

主要参考文献 …………………………………………………（263）

后　　记 ………………………………………………………（278）

第 一 章

符号学视域中的隐喻研究[①]

在过去的四十多年中,国内外学术界掀起了隐喻研究的热潮,语言学家、哲学家、心理学家、计算机专家和其他相关领域的学者都纷纷从不同的角度对隐喻现象进行了多维度的深入分析和探讨。这种多学科交叉研究格局的形成,一方面大大加深了人们对隐喻现象的认识和理解,但同时也带来了一些迫切需要思考的问题。其中之一,就是如何在一个统一的框架中审视不同研究方向上所取得的成果。本章将以符号学作为一种元学科的分析视角,结合隐喻研究的历史变迁和发展现状,探讨在符号学的基本框架中把握当前隐喻研究的大体形态和趋势,进而为隐喻使用中的推理研究奠定基础。

第一节 符号学的元学科视角

德国著名哲学家卡西尔在《人论》一书中曾说过,"人应该被定义为符号的动物,这一点无可争辩。符号化的思维和符号化的行为是人类生活中最富有代表性的特征,并且人类文化的全部发展都依赖于这些条件"[②]。人类对于符号的研究最早可以追溯到古希腊的

[①] 徐慈华、黄华新:《符号学视域中的隐喻研究》,《浙江社会科学》2012 年第 9 期。
[②] [德] 卡西尔:《人论》,甘阳译,上海译文出版社 2004 年版,第 35 页。

医学家希波克拉底（Hippocrates）。他把"症候"看作符号来进行研究，被后人称为"符号学之父"。公元2世纪，古罗马医生、哲学家盖仑（Galen, C.）写了一本症候学的书，名为 Semiotics（后来这个词专门用来指"符号学"）。中世纪基督教神学家奥古斯丁（Augustine, A.）给出了"符号"的一般性解释：符号是这样一种东西，它使我们想到这个东西加诸感觉印象之外的某种东西。他的符号观对后来的学者产生了深远的影响。到了17世纪，英国哲学家洛克（Locke, J.）把 Semiotic 提高到了与物理学和伦理学并列的重要学科位置，并且将其与逻辑学等同。洛克的思想对现代符号学创立者皮尔斯（Peirce, C. S.）产生了重要的影响。我国古代同样拥有丰富的符号思想。先秦时期公孙龙的《指物论》，可以说是我国最早的符号学专论。此外，《尚书》中，注释者说：言者意之声；书者言之记。这句话实际上是对符号要素之间、符号体系之间关系的表达。[①]

现代符号学理论成形于20世纪初，主要有两个来源：其一是瑞士语言学家索绪尔（Ferdinand de Saussure），其二是美国哲学家皮尔斯（Peirce, C. S.）。索绪尔指出："我们建议保留用'符号'这个词表示整体，用所指（signified）和能指（signifier）分别代替'概念'和'音响形象'。后两个术语的好处是既能表明它们彼此间的对立，又能表明它们和它们所从属的整体间的对立。至于'符号'，如果我们认为可以满意，那是因为我们不知道该用什么去代替，日常用语没有提出任何别的术语。"[②] 这就是说，在索绪尔的符号学体系里，符号有"能指"和"所指"两个部分构成。例如，我们听到"金鱼"的发音，想到"金鱼"的概念。前者就是能指，后者就是所指。（见图1-1）

[①] 黄华新、陈宗明主编：《符号学导论》，东方出版中心2016年版，第1—2页。
[②] ［瑞士］索绪尔：《普通语言学教程》，高名凯译，商务印书馆1980年版，第102页。

图 1-1 二元符号结构

皮尔斯同样也对符号做过界定，他认为一个符号由符形（representamen）、符释（interpretant）和对象（object）三部分构成。符形是某种对某人来说在某一方面或以某种能力代表另一事物的东西；符释是符号形体在接受者的头脑中所形成的东西；对象就是符形所代表的那个事物。[①]

索绪尔的符号二元论是在语言学研究中提出的，而皮尔斯的符号三元论是在哲学和逻辑学研究中提出的。虽然两者产生的理论背景不同，但讨论的都是符号现象，所以彼此之间存在某种内在的关联和对应。皮尔斯三元结构（图 1-2）中的符形类似于索绪尔的能指，符释可大致对应于所指。[②] 它们之间的关系可表示为如下。

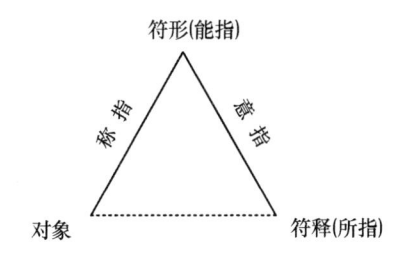

图 1-2 符号的三元结构

[①] Peirce, C. S., "Logic as semiotic: the theory of signs", in Innis, R. E., ed., *Semiotics: An Introductory Anthology*, Bloomington: Indiana University Press, 1985.

[②] Chandler, D., *Semiotics: the Basics*, London & New York: Routledge, 2007, p. 31.

在符号的三元结构中，符形（能指）与符释（所指）之间的二元结合被称为意指关系，符形（能指）与对象之间的二元结合被称为指称关系。上述三元结构和两组二元关系为符号学分析提供了基本的框架（见图1－2）。本书将以此框架作为一种元学科的视角，分析不同隐喻研究的重心所在及相互之间的关系。

逻辑学区分了"元语言"和"对象语言"，心理学中有"认知"和"元认知"等不同的概念。所谓元语言，就是用以讨论对象语言的语言。[①] 所谓元认知就是一个人所具有的关于自己思维活动和学习活动的认知和监控，其核心是对认知的认知。借用类似的"元"概念，我们认为符号学可以提供一种元学科的视角。在当前的隐喻研究中，语言学、心理学、计算机科学、认知神经科学等诸多学科从不同的角度探讨隐喻问题。如果我们从符号学的角度重新审视各个关联学科在隐喻研究中所做的工作，自然也就构成了一种元学科性质的思考。这里要强调的，并不是说哪个更本质，或哪个更深刻，而是要突出元学科所提供的一种别于学科内部的，具有多学科涵盖力的独特视角。

随之而来的问题是，符号学是否具有进行元学科审视的条件和基础？答案是肯定的。首先，对隐喻所做的大量探讨仍然属于语言学的范畴。索绪尔认为，语言学不过是这门一般科学（符号学）的一部分，将来符号学发现的规律也可以应用于语言学。[②]如果索绪尔的判断成立的话，那么符号学作为高于语言学的一般学科，是有条件为隐喻研究提供一种元学科的分析视角的。其次，隐喻研究是当代认知语言学的重要内容。认知语言学坚持体验哲学观，以身体经验和认知为出发点，以概念结构和意义研究为中心，着力寻求语言

[①] ［美］塔尔斯基：《语义性真理概念和语义学的基础》，载《语言哲学》，马蒂尼奇编，商务印书馆1998年版，第93页。
[②] ［瑞士］索绪尔：《普通语言学教程》，高名凯译，商务印书馆1980年版，第38页。

事实背后的认知方式,并通过认知方式和知识结构等对语言做出统一解释的、新兴的、跨领域的学科。[1]从这个近似定义的说明中,我们可以看出,认知语言学研究立足于客观世界、语言和心智的三元结构。这个三元结构与符号的三元结构没有实质的差异,或者可以说前者只是后者的一个特例。这种内在的一致性使符号学的分析框架有可能应用于认知语言学对隐喻所做的相关探讨。最后,隐喻的符号表现形式仍然是各学科研究的出发点。从隐喻的类型分析到隐喻理解的行为实验,再到隐喻的脑功能成像研究,虽然各有侧重,但都离不开各种类型的隐喻表现形式。这就是说,不同学科的这些分析都与隐喻符号密切相关,符号的使用仍然是各学科关注的重点。因此,作为研究符号使用的一般规律的符号学,自然有可能为各种不同的相关学科提供可资借鉴的思考。

第二节 隐喻研究的重心变化

隐喻研究历史悠久,最早可以追溯到古希腊的亚里士多德,后经理查兹(Richards, I. A.)、布莱克(Black, M.)、莱考夫(Lakoff, G.)等人的发展,形成了今天这样的研究格局和规模。(见图3)在隐喻研究的不同历史阶段,学者们曾从不同的角度对隐喻作过界定。亚里士多德在《诗学》(*Poetics*)中指出,隐喻是"用一个表示某物的词借喻它物,这个词便成了隐喻词,……"[2]该定义反映了当时的人们更多的是从符形和对象的关系角度思考隐喻现象。到了20世纪30年代,英国修辞学家理查兹在《修辞哲学》(*The Philosophy of Rhetoric*)一书中写道:要决定某词是否用作了隐喻,可以通过确定它是否提供了一个主旨(tenor)和一个载体

---

[1] 王寅:《认知语言学》,上海外语教育出版社2007年版,第11页。
[2] [古希腊]亚里士多德:《诗学》,陈中梅译,商务印书馆1996年版,第149页。

(vehicle),而且它们共同作用产生了一种包容性的意义。如果我们能分出至少两种互相作用的意义,那我们就说它是隐喻。①结合符号的三元结构,我们可以看到理查兹的定义不但关注符形,同时开始探讨符形背后的符释。20世纪80年代,语言学家莱考夫强调说:在当代隐喻研究中,"隐喻"一词意味着"概念系统中的跨域映射"(a cross-domain mapping in the conceptual system)。②从符号学的角度看,如果说亚里士多德的定义着眼于语词(符形)的更替,理查兹引入了语词背后的思想因素(符释),拓宽了隐喻研究的视野,那么莱考夫则把隐喻研究的重心全部转移到我们的思维和概念系统(符释)中。定义是不同理论的出发点,或是某些理论的高度概括。因此,隐喻定义的历史变迁可以从一个侧面反映出隐喻研究重心的不断变化(见图1-3)。③

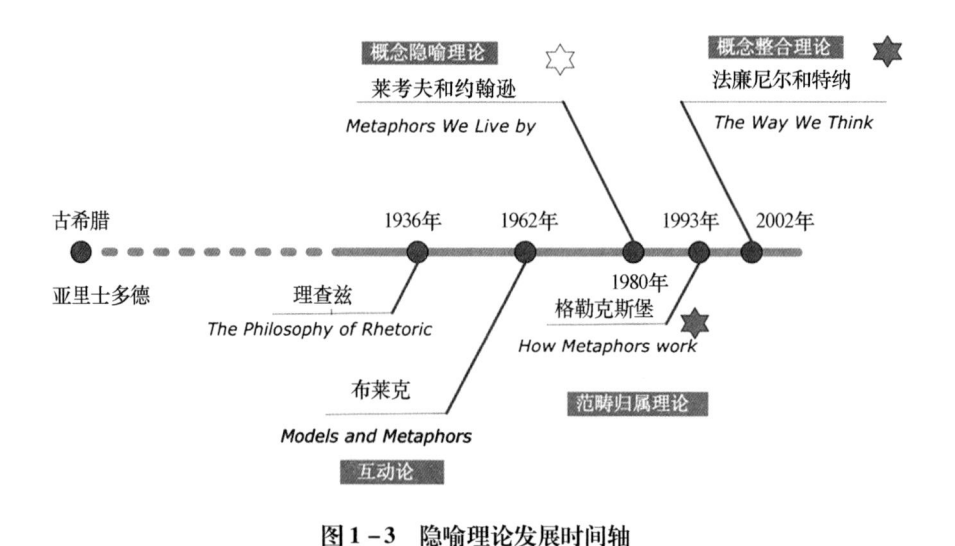

图1-3 隐喻理论发展时间轴

---

① Richards, I. A., (1936) *The Philosophy of Rhetoric*, London: Routledge, 2001, p. 80.
② Lakoff, G., "The contemporary theory of metaphor", in Ortony, A., ed., *Metaphor and Thought*, Cambridge: Cambridge University Press, 1993, p. 203.
③ 徐慈华:《选择与适应——汉语隐喻的语用综观研究》,中国社会科学出版社2009年版,第5—6页。

在隐喻研究的历史上,《我们赖以生存的隐喻》(Metaphors We Live by, 1980)一书的出版具有里程碑式的意义。该巨著的正式出版,标志着隐喻研究实现了从传统修辞学和文学批评视角向认知概念化研究视野转变的范式革命[1]。1993年,莱考夫在心理学家Ortony主编的《隐喻与思维》(Metaphor and Thought)论文集中写了一篇长达50页的长文,回顾了过去十多年隐喻研究所取得的成绩以及存在的不足,标志着隐喻研究进入了全新的当代隐喻理论(Contemporary Theory of Metaphor)发展阶段。莱考夫和约翰逊在2003年《我们赖以生存的隐喻》一书再版时做出了这样的回顾和评价:"二十年前我写这本小书时,做梦也不会想到它能对人类心智的研究做出这么大的贡献。我们最初的动机是为了唤起世界各地的读者对经常美丽,有时令人不安,但总是深刻的日常隐喻思维现实的关注。这本书使人们关注隐喻思想,并且表明人们必须重新思考心智研究的一些最根本问题:意义、真理、思维的本质和身体在塑造心灵中发挥的作用。因此,它在一个又一个的领域产生了深远影响,不仅是语言学、认知科学、哲学,还有文学研究、政治学、法学、临床心理学、宗教,甚至还有数学和科学哲学。"[2]

在传统的认识中,隐喻一般会被看作一种修辞性的语言,它可以让表达更加形象生动,更加富有感染力。在这个意义上,隐喻更像是鲜花和香水,有则更好,没有也无大碍,只是生活的装饰品。但莱考夫和约翰逊则发现事实恰恰相反:不论是在语言上还是在思想和行动上,日常生活中隐喻无所不在,我们思想和行动所依据的概念系统本身是以隐喻为基础的。[3] 我们的概念系统看不见、摸不

---

[1] 孙毅:《当代隐喻学巡礼:回眸与沉思》,《浙江工商大学学报》2022年第4期。
[2] [美]莱考夫、约翰逊:《我们赖以生存的隐喻》,何文忠译,浙江大学出版社2015年版,第211页。
[3] [美]莱考夫、约翰逊:《我们赖以生存的隐喻》,何文忠译,浙江大学出版社2015年版,第1页。

着，那么莱考夫和约翰逊是如何证明自己的这一颠覆性观点的呢？他们提出了这样一个思路：就是研究语言。因为我们的概念系统决定了我们是如何思考、如何行动和如何使用语言进行交流的。思考本身看不见、摸不着，行动与概念系统之间的对应是模糊的，但我们可以通过语言来探明我们的概念系统到底是怎样的。也就是说，语言可以为我们提供关于概念系统是什么样子的重要证据。正所谓"言由心生"，通过"言"可以知"心"。从符号学的角度看，以莱考夫和约翰逊为代表的认知语言学家所采用的一条重要研究路径就是通过"符形"来研究"符释"。

沿着这一研究思路，莱考夫及诸多学者发现了大量的隐喻例子用以佐证：我们的抽象概念系统大多是以隐喻的方式建构的。例如，在英语中，人们在讨论"论辩""爱情"等抽象概念时，分别会有如下表达：

①关于"论辩"概念的隐喻表达[1]：

[1] Your claims are *indefensible*.
（你的主张无法捍卫。）
[2] He *attacked* every *weak point* in my argument.
（他攻击我的论证中的每一个弱点。）
[3] His criticisms were *right on target*.
（他的批评正中靶子。）
[4] I *demolished* his argument.
（我粉碎了他的论证。）
[5] I've never *won* an argument with him.
（我从未在论辩中赢过他。）

---

[1] Lakoff, G. and Johnson, M., *Metaphors We Live by*, University of Chicago Press, 1980, p. 4.

［6］ You disagree? Okay, *shoot*!

（你不同意？好吧，开枪吧！）

［7］ If you use that *strategy*, he'll *wipe you out*.

（如果你使用了那个策略，他会把你消灭掉的。）

［8］ He *shot down* all of my arguments.

（他击破了我的所有论点。）

②关于"爱情"的隐喻表达：

［9］ Look how *far* we've *come*.

（回头看看我们已经走了这么长的路了。）

［10］ We're at a *crossroads*.

（我们处在十字路口。）

［11］ We'll just have to *go our separate ways*.

（我们不得不各走各的路。）

［12］ We can't *turn back* now.

（我们现在不能回头。）

［13］ I don't think this relationship is *going anywhere*.

（我想不到这段关系能走到哪里。）

［14］ *Where* are we?

（我们在哪里了？）

［15］ We're *stuck*.

（我们被困住了。）

［16］ It's been a *long*, *bumpy road*.

（真是一条漫长崎岖的道路。）

［17］ This relationship is a *dead-end street*.

（这段关系是条死胡同。）

[18] Our marriage is *on the rocks*.
（我们的婚姻触礁了。）
[19] We've gotten *off the track*.
（我们已经脱轨了。）
[20] This relationship is *foundering*.
（这段感情要沉没了。）

根据莱考夫和约翰逊的概念隐喻理论（Conceptual Metaphor Theory），上述这些表达属于语言层面，它们只是相关概念隐喻的系统性呈现。在关于"论辩"的隐喻表达背后，是一个共同的概念隐喻（Conceptual Metaphor）：ARGUMENT IS WAR（论辩是战争）。在关于"爱情"的隐喻表达背后，则是另外一个共同的概念隐喻：LOVE IS JOURNEY（爱情是旅行）。

在汉语中，我们有很多关于"人生"的表达。如，

[21] 前途渺茫。
[22] 陷入了困境。
[23] 徘徊在人生的十字路口。
[24] 走完了传奇的人生之路。
[25] 在忙碌的生活中，迷失了方向。

例句[21]—[25]描述的主题都是"人生"，在这些关于"人生"的表达背后，实际上都受到一个共同的概念隐喻"人生是旅行"的支配。

我们也有很多关于"企业"概念的表达[①]：

---

① 邱辉：《隐喻认知与心智模式——中国企业话语的批评隐喻研究》，浙江大学出版社2022年版，第54—58页。

[26] 如果企业的神经系统不发达，对客户、对供应商、对内部员工的感觉不灵敏，很显然无法达到良好的绩效。

[27] 现金流对于企业来讲，好比是企业的空气，利润好比是企业的血液。

[28] 同学们好，首先欢迎大家来到新东方，新东方会伸开双臂全力欢迎大家，但是新东方并不像大家想象的那么好。

[29] 但作为一个企业，能够把自主创新和自主品牌当作自己的两条腿一样并行，很可能可以实现我们一直追求的1+1=11。

[30] 当年我们送出去培训的这些人都派上了用场，成为企业发展的骨干。

[31] 这就既要放出眼光，又要放出脑髓——思考，做出有策略的抉择。

[32] 我天天想，什么东西会阻碍公司［的发展］，［从而］变成［公司的］癌症，什么会变成［公司的］感冒。

[33] 其他网络商也是遍体鳞伤，他们不亏损，但是处在很低的利润水平，他们绝对不会用更多的钱来购买东西。

[34] 公司一下子就陷入了停顿，运营不下去了，就突然休克了，钱都没了，连工资也发不出来。

[35] 如果大家对于这个（变动的理念）不认同，整个就会出现一片大的混乱，这是相当大的手术，相当于把一个企业推倒重来。

[36] 今天我非常高兴，非常激动，能和大家一起来见证新联想的诞生。

[37] 就全世界的产业界来说，我们还是婴儿，还是儿童，确实还有很多路要走，还有很多东西要学。

[38] 如果你不能正确对待变革，抵制变革，公司就会

死亡。

[39] 也就是从今天开始，到2009年海信40岁前，将是一个非常关键的时期。

[40] 我认为阿里巴巴是一个中型企业甚至是小型企业，它还是个孩子，才5岁。

[41] 有时候看到一张张年轻的脸，就想如果金山是个人的话，他现在已经念大学二年级了。

同理，例句[26]—[41]描述的主题都是关于"企业"的，而支配这些关于"企业"的诸多表达的是一个共同的概念隐喻"企业是人"。莱考夫之后，不同学术和文化背景的学者开展了大量研究。这些研究进一步表明，概念隐喻是普遍存在的，日常语言中绝大多数隐喻表达都只是概念隐喻的外化。正是因为系统地揭示了隐喻语言背后的概念隐喻，所以莱考夫才对隐喻进行了重新定义：隐喻是概念系统之间的跨域映射。①正如上文所提到的，莱考夫的研究路径就是通过系统地观察一系列的隐喻表达（符形），从中揭示出背后共同的认知内容（符释）。

随着隐喻认知价值的日益凸显，越来越多的学者不再局限于探讨隐喻表达背后的认知内容，而开始将研究的重心移向隐喻理解的具体认知过程。这个具体的认知过程，实际上就是符形和符释之间如何建立意指关系的过程。意指（signification）可被理解为一个过程，它是将能指和所指结成一体的行为，该行为的产物便是符号。②就隐喻而言，这个结成一体的过程并不简单。为了描述隐喻理解的认知过程，学者们提出了概念隐喻、结构映射、范畴归属、概念整

---

① Lakoff, G., "The contemporary theory of metaphor", in Ortony, A., ed., *Metaphor and Thought*, Cambridge: Cambridge University Press, 1993, p. 203.

② [法]巴尔特：《符号学原理》，李幼蒸译，生活·读书·新知三联书店1999年版，第39页。

合等多个解释性的理论。

根据概念隐喻理论,不同类型的隐喻表达语言都是某些概念隐喻的外化。当我们理解某些具体的隐喻语言时,概念隐喻就会重新激活,以帮助理解。莱考夫指出,规约性的概念隐喻系统大多是无意识的、自动的,其所需的认知努力几乎察觉不到。[1]也就是说,我们在理解某个特定的隐喻表达时,我们借助来自始源域的词汇表达,激发了与该表达相关联的概念映射。但心理学的行为实验并没有发现事先存在的概念隐喻必然在隐喻句理解中发挥作用的直接证据。格勒克斯堡(Glucksberg, S.)设计了一个测试[2]:让 12 名大学生被试解读下面这三个隐喻性表达:

[42] Our love is a *bumpy rollercoaster ride.*
(我们的爱情是颠簸的过山车。)
[43] Our love is a *journey to the bottom of the sea.*
(我们的爱情是一场通向海底的旅行。)
[44] Our love has become *a filling cabinet.*
(我们的爱情已成为摆满东西的橱柜。)

按照莱考夫的概念隐喻理论,这些隐喻性表达的解读会激活规约性概念隐喻,如"LOVE IS A JOURNEY"和"LOVE IS A CONTAINER"。但从解读的结果看,几乎没有被试的解读直接提到概念隐喻。另外,格勒克斯堡还指出,如果大家在解读过程中都共享一些共同的概念映射,那么人们的解读应该高度一致,但被试解读的

---

[1] Lakoff, G., "The contemporary theory of metaphor", in Ortony, A., ed., *Metaphor and Thought*, Cambridge: Cambridge University Press, 1993, p. 245.

[2] Glucksberg, S. and McGlone, M. S., "When love is not a journey: what metaphors mean", *Journal of Pragmatics*, Vol. 31, 1999.

数据显示人们对相同隐喻表达的解读表现出了很大的不同。① 因此，格勒克斯堡等人认为，隐喻的理解机制可能存在不同的可能性。于是，他提出了范畴归属理论（Category Attribution Theory）。该理论认为，隐喻的理解是一个范畴归属判断。如果有人说"*My job is a jail*"（我的工作是监狱），那么该隐喻句就意味着将"JAIL"这个类的突显属性赋予某一特定的"JOB"。这样一来，"JOB"也就包含在以"JAIL"为典型成员的一个共同的、更为抽象的类范畴中。②（见图1-4）

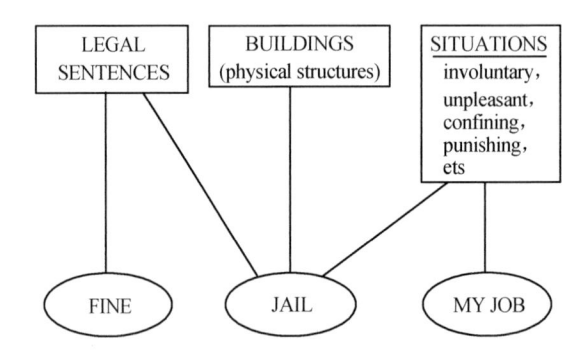

图 1-4 范畴归属理论

也就是说，在隐喻表达中，喻体词有两个潜在的指称：一个是字面的指称，比如上例中说的"实际的监狱"，而另外一个是由这个喻体词所例示的特定事物或情况的类，比如说，"限制性的、不愉快的、具有惩罚性的场景"。当这样一个类范畴被用来描述某个特定的隐喻对象的时候，这个类范畴就发挥着归属性范畴的角色，它为所描述的对象提供了属性。上例中，"jail"（监狱）就发挥着

---

① Glucksberg, S. and McGlone, M. S., "When love is not a journey: what metaphors mean", *Journal of Pragmatics*, Vol. 31, 1999.

② Glucksberg, S. and McGlone, M. S., "When love is not a journey: what metaphors mean", *Journal of Pragmatics*, Vol. 31, 1999.

这样的双重指称作用。格勒克斯堡进一步指出，如果是新的隐喻表达，要完成上述理解的过程，理解者一方面需要有目标域知识，另一方面还需要始源域知识和语境知识。① 三者相互作用，最后形成不同的理解。格勒克斯堡的观点被称为"最小化解释"理论，相应地，莱考夫的观点被称为"最大化解释"理论。两者的主要区别在于：①前者不预设我们在隐喻理解时需要引入丰富的概念映射，而后者预设了大量映射的存在；②前者假设人们在话语理解中会积极地建构解释，而后者认为理解只是从语义记忆中提取得来；③两者对知识来源的看法具有本质的差异，前者认为常规隐喻来源于语义记忆，新隐喻会根据语境的不同产生不同的归属性范畴，而后者更强调语义记忆中关联的、可及的概念隐喻。②从这样的比较中，我们可以看到在隐喻的具体理解机制方面，范畴归属理论和概念隐喻理论各有侧重，具有很强的互补性。但是，范畴归属理论所给出的分析仍然是框架性的，它没有讲新范畴生成的原则是什么，机制和过程是什么。因此，它有待于进一步完善。

范畴归属理论的上述思想被吸收进了关联理论。威尔逊（Wilson, D.）和卡斯顿（Carston, R.）从词汇语用学的角度指出，隐喻的理解可通过词汇扩大或缩小来形成一个可以涵盖隐喻目标域的特定概念（ad hoc concept）。③

词汇缩小指的是一个词传递了比它编码的意义还要具体的意义，形成了更小的外延（more restricted denotation）。而词汇扩大指的是用一个词传递比解码获得的意义更具概括性的意义（a more

---

① Glucksberg, S. and McGlone, M. S., "When love is not a journey: what metaphors mean", *Journal of Pragmatics*, Vol. 31, 1999.

② Glucksberg, S. and McGlone, M. S., "When love is not a journey: what metaphors mean", *Journal of Pragmatics*, Vol. 31, No. 12, 1999.

③ Wilson, D. and Carston, R., "Metaphor, relevance and the 'emergent property' issue", *Mind & Language*, Vol. 21, No. 3, 2006.

general sense），从而扩大了具体语言的外延（linguistically-specified denotation）。① 从逻辑学内涵与外延之间关系的角度看，内涵与外延是一种反变关系。内涵增加，外延的范围就缩小；内涵减少，外延的范围就扩大。如日常生活中，"美女"一词的外延常常会被扩大涵盖各种类型的女性，而"秘书"一词的外延常常会被缩小，甚至专指女性秘书。不管词汇缩小，还是词汇扩大，我们都可以用下面这个公式表达：

$$word \rightarrow [CONCEPT] \rightarrow [CONCEPT^*]$$

在上面这个公式中，一个词语经过解码形成一个反映字面意义的概念 [CONCEPT]。这个 [CONCEPT] 为进一步的推理提供线索。在语境的作用下，通过词汇缩小（内涵增加）或扩大（内涵减少），形成一个具体情境中恰当的概念 [CONCEPT*]，我们称之为特设概念。从符号学的角度看，不管是 [CONCEPT]，还是 [CONCEPT*]，都是符释的一部分。如果一定要区分，我们可以将前者称为一级意指，后者称为二级意指。威尔逊和卡斯顿指出，词汇理解中尤其会涉及一个特设概念或具体情境意义（occasion-specific sense）的建构，该过程基于编码概念（encoded concepts）、语境信息（context information）和语用期待或原则（pragmatic expectation or principles）。在词汇语用学中，特设概念是一个非常有用的分析工具，既有普遍的灵活性，同时也有坚实的心理学和符号学依据。

从关联理论的角度看，语用学的目的是要解释听话人是如何从话语和语境提供的线索中推出说话人传递的意图。②特设概念的提出虽然描述了词汇理解过程中百科知识的激活和选择过程，但没有说

---

① Wilson, D. and Carston, R., "A unitary approach to lexical pragmatics: Relevance inference and ad hoc concepts", in Kasher, eds., *Pragmatics*, Vol. II, London: Routledge, 2012.

② Wilson, D., "Parallels and differences in the treatment of metaphor in relevance theory and cognitive linguistics", *Intercultural Pragmatics*, Vol. 8, No. 2, 2011.

明是什么触发了特设概念的建构,是什么决定了建构的方向,这种建构过程又是什么时候停下来的。关联理论认为,关联原则可以对上述问题的回答提供一个比较具体的方案。

关于关联在认知和交际中的作用,关联理论有两个基本的假设[①]:

(1) 关联的认知原则 (Cognitive Principle of Relevance):

人类的认知倾向于寻找最大程度的关联性。

(2) 关联的交际原则 (Communicative Principle of Relevance):

每一个明示的意向性交际行为都预设了其自身具有最佳关联性。

在关联的认知原则中,关联最大化意味着人类的认知发展会在进化的选择压力下不断地提高认知资源的使用效率,这与人类行为普遍遵循的经济性原则是一致的。作为一种人类认知系统的普遍运行规则,人类的感知机制、回忆机制和推理机制实际上都遵循这条原则,即持续追求认知效果的扩大和处理努力的减少。既然人类的认知系统运作遵循关联最大化原则,那么在人类交际中,说话人只有提供一种对听话人来说具有足够关联性的刺激,才能引起听的关注,而这种关注正是成功交际的基础。[②] 因此,我们就可以从关联的认知原则中推出交际的关联原则,即每个明示的意向性交际行为都预设了其自身具有最佳关联性的假定。

根据关联理论,交际中一个明示刺激(Ostensive Stimulus)对某人来说是否具有最佳关联,取决于两个条件:首先,该刺激必须具有足够的关联性值得听话人做出处理的努力;其次,该刺激必须

---

① Sperber, D. and Wilson, D., *Relevance: Communication and Cognition* (2nd edition), Beijing: Foreign Language Teaching and Research Press, 2003/ Blackwell Publishers, 1995.

② Wilson, D., "Parallels and differences in the treatment of metaphor in relevance theory and cognitive linguistics", *Intercultural Pragmatics*, Vol. 8, No. 2, 2011.

是与说话人的能力和偏好相称的最具关联性的选择。①在交际中，说话人基于自己的偏好和能力，选择一个具有最佳关联的明示刺激，听话人接收到该明示刺激后，先假定该明示刺激具有最佳关联，然后通过解码（decode）获得词汇意义，并以此为线索，沿着最省力的路径，推断出一个整体性的解释以满足对关联的期待。这个整体性的解释也就是说话人意图传递的信息。这个推理的过程就是关联引导下的理解启发式：

a. 遵循一条最省力的路径来构建出对话的解释（例如消除歧义和不确定指称，调整语言字面意义，应用语境假设，推导蕴含义，等等）。

b. 一旦达到了说话人所期待的关联程度，推理过程就停止了。②

关联引导下的理解启发式是特设概念和关联原则的组合，可以回答我们前面提出的有关什么触发了隐喻理解的特设概念建构、沿着哪个方向建构、什么时候停止推理等问题。与范畴归属理论相比，关联理论对隐喻理解的分析，既保留了概念动态性思想，同时也增加了概念变化的方向和原则，同时在隐喻理解和语用分析方面与概念隐喻理论形成了很强的互补关系。③ 受关联理论的启发，本书将在第三章第四节从博弈论语用学的角度对隐喻使用的多主体互动过程进行形式分析。

从符号学的角度看，隐喻理解的过程就是意指的过程，是建立符释的过程。在上文介绍中，我们可以看到概念隐喻理论强调意指

---

① Wilson, D. and Sperber, D., "Relevance theory", in L. R. Horn and G. Ward, eds., *The Handbook of Pragmatics*, Oxford: Blackwell, 2004, p.256.

② Wilson, D., "Parallels and differences in the treatment of metaphor in relevance theory and cognitive linguistics", *Intercultural Pragmatics*, Vol. 8, No. 2, 2011.

③ Tendahl, M. and Gibbs, R. W., Complementary perspectives on metaphor: Cognitive linguistics and relevance theory, *Journal of pragmatics*, 2008.

过程中概念结构性映射的重要地位，而范畴归属理论和关联理论则强调意指过程中概念范畴的动态调整。而具体如何调和两者之间的关系成了隐喻理论研究中需要面对的一个重要问题。结构映射（structure-mapping）理论试图为这一问题的解答提供一个更为微观细致的描述。

结构映射理论关注隐喻是如何被处理的。该理论把隐喻、类比和相似性结合起来考虑，旨在分析类比推理的结构映射理论可以用来揭示隐喻理解的基本过程。[1]根据结构映射理论，类比是包含共同关系结构对齐的两种场景之间的映射。类比映射既包含了两个情境之间的结构性对齐，还包含了投射性推理。其中，对齐指的是两个场景中的元素和关系建立一组明确的对应关系。这个对齐的过程会受到结构一致性原则的限制：①基础（base）场景和目标（target）场景中的元素需要一一对应；②连接也需要是平行的，即相关的谓词和论元也需要对应。此外，对齐的选择还受到系统性原则的引导，所以包含因果之类高阶限制性条件的匹配关系要优于相互独立的对应关系。同时，系统性原则还会引导类比推理的具体过程，并不是所有的要素都会随意地投射到目标场景，而只有那些有助于建立共同系统性映射的要素才可以。[2]基于上述思想，学者们建构了结构映射引擎（Structure-Mapping Engine，SME）用来刻画类比推理的过程。图1-5展示了SME映射的三阶段[3]：

---

[1] Gentner, D., "Structure mapping: a theoretical framework for analogy", *Cognitive Science*, Vol. 7, 1983.

[2] Gentner, D. and Bowdle, B., "Metaphor as Structure Mapping", in Gibbis, R. W. eds., *The Cambridge Handbook of Metaphor and Thought*, Cambridge: Cambridge University Press, 2008, p. 110.

[3] Gentner, D. and Bowdle, B., "Metaphor as Structure Mapping", in Gibbis, R. W. eds., *The Cambridge Handbook of Metaphor and Thought*, Cambridge: Cambridge University Press, 2008, p. 112.

20 / 隐喻使用中的推理

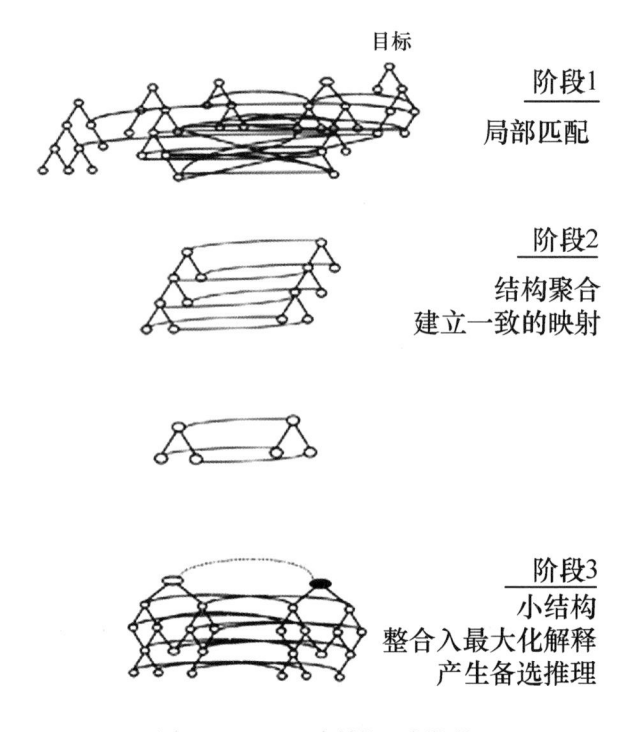

图 1-5　SME 映射的三个阶段

在结构映射的第一阶段，SME 会根据语义相似性对两个表征系统进行随机的局部匹配。这个阶段会包含很多不一致的和多对一的匹配。在第二阶段，这些局部匹配会合并成一个具有结构一致性的簇，我们称其为核心模块。这些核心模块就是一种局部的具有深度结构的映射关系。在第三阶段，核心模块会整合入一个或若干个具有结构一致性的整体解释。这个整体解释里面是大量一对一的对应关系和具有平行关系的链接。SME 虽然不能产生所有的解释，但它会通过逐步的整合，吸收更多的核心模块。此外，SME 还会基于映射关系所提供的算法，将基础场景中的元素投射到目标场景作为备选推理。该过程会产生很多事先没有预计到的新结果。这也正是类比推理具有创造性的重要原因。学者们认为，SME 具有无须事先设定对比的要点、无须区分字面理解还是非字面理解、推理的过程是否符合心理直觉等特点，因此很适合用来处理隐喻的理解过程。SME 的这些思想也启发了诸多隐喻理解计算模型的建构。

莱考夫将隐喻定义为概念系统的跨域映射，并在话语的分析基础上寻找背后的概念映射结构。与莱考夫对概念隐喻的界定相比，结构映射理论所提供的分析相对来说更为精细，但对于隐喻理解时是否需要建立对应关系，仍存有诸多争议。例如，上文所提到的范畴归属理论和关联理论的就不以结构上的比较作为前提。作为对这种争议的应对，结构映射理论又发展出了新的理论变体，即隐喻生涯理论（the career of metaphor）。该理论认为，隐喻的理解存在阶段性的问题，新隐喻的理解以概念映射为主，发展成常规隐喻后，其理解就以范畴归属判断为主。[1]这就是说，隐喻生涯理论通过引入规约性从动态的视角来理解不同隐喻认知机制的差异，尝试将两种不同的理论解释融合在一起。根据隐喻生涯理论，隐喻从新颖到规约，再到死隐喻，经历了整个"生涯"过程（见图1-6）。

图1-6显示了隐喻生涯理论所说的四种可能的隐喻类型。新颖隐喻（Novel Metaphor）属于第一阶段。该阶段，喻体词只有字面义，本体词也是字面义。两者在理解的过程中，通过结构映射，建立了一个临时性的隐喻范畴。规约隐喻（Conventional Metaphor）属于第二阶段，既包含了字面义，又包含了隐喻义。规约隐喻具有多义性。字面义与隐喻义之间通过相似性连接在一起。规约隐喻的理解既有可能通过比较，也有可能通过范畴归属来实现。隐喻的生涯并不会仅仅停留在规约隐喻阶段，而是会继续向死隐喻发展。死隐喻有两种不同的类型。第一种有点像规约隐喻，喻体词会形成两个意义表征，但不同之处是两者之间不再有联系，我们可以称其为

---

[1] Bowdle, B. and Gentner, D., "The career of metaphor", *Psychological Review*, Vol. 112, No. 1, 2005.

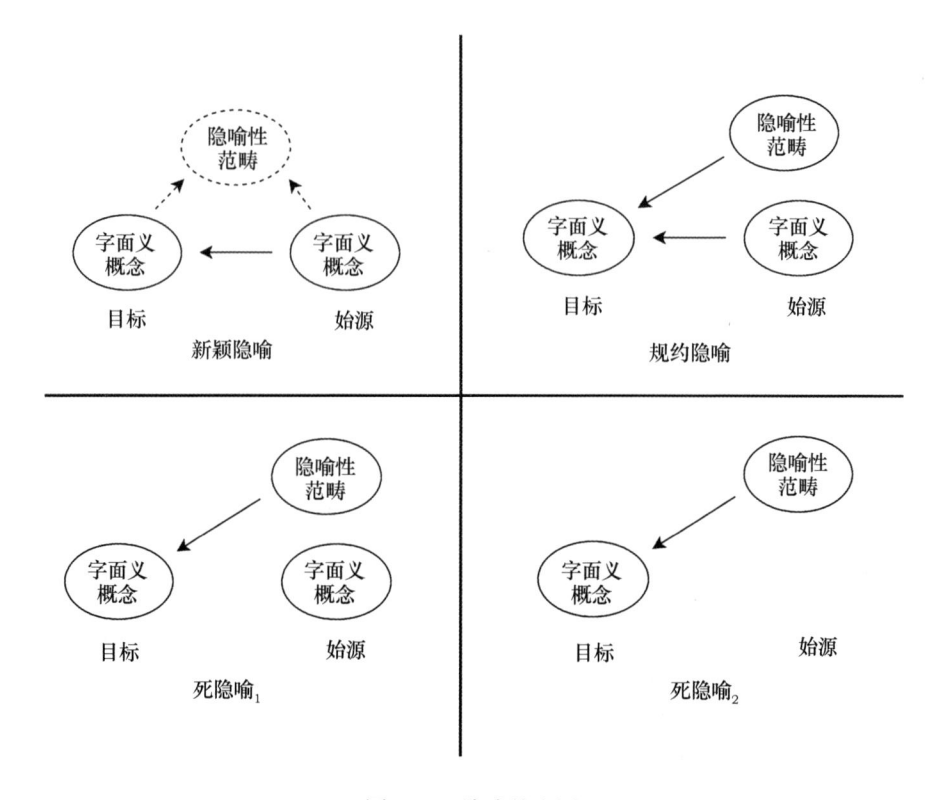

图 1-6 隐喻的生涯

I 型死隐喻。第二种死隐喻的字面义消失，只留下了隐喻义，我们可以称其为 II 型死隐喻。

从符号学的角度看，隐喻生涯理论从动态的角度反映了符号意义的演变，揭示了隐喻的使用过程中符号意指关系和指称关系的不断变化。符号意义的生成是符形与符释，即能指和所指相结合的过程。意义生成以后并不是静止不变而是发展变化的，它有一个类似于生物体那样的繁殖衍生的过程，包括意义的增长、意义的延伸、意义的变异、意义的消亡和意义的再生。[①] 词语的隐喻性使用是意

[①] 黄华新、徐慈华：《论意义的"生命"历程》，《哲学研究》2004 年第 1 期。

义延伸的一种重要方式，如计算机语言中的"网络""病毒""社区""聊天室"等，就属于词语意义延伸后的规约隐喻。正如语言学家帕默尔所说，"也许意义扩展的最丰富的源泉是词的比喻性应用，好比我们说山的'脚'、公司的'头儿'。这种方式的频繁使用，会使一个词失去它的狭窄的本义，以致它的词源差不多被遗忘"①。一个词在失去本义后，就成了我们上面所说的 II 型死隐喻。在符号意义的生命历程中，也有类似生物体的由老化而衰亡的现象。然而不同的是，消亡了的意义可以在一定条件下"起死回生"。②赵毅衡在《文学符号学》一书中说："被消义后的比喻是能复活的，也就是说，重新使之具有激发形象的能力。在符号学中，这称为'再义化'。"③如词语"秋波"、成语"遍体鳞伤"，如果按字面翻译成外语，会使外国读者惊羡不已。"秋水的波"指的是媚眼，伤痕竟然能被形象地描述为鱼鳞。因此，从符号的生命历程理论来看，隐喻生涯的各个阶段不是一个线性的过程，而会在具体使用场景的影响下，有交叉，有反复，有循环。不可否认，隐喻生涯理论对后来的刻意隐喻理论和相关的认知研究都产生了重要的影响。在本书第二章，我们将深入探讨刻意隐喻理论。该理论的一个重要观点就是强调刻意隐喻的理解是有意识地基于结构的映射。

隐喻语句的理解除了映射和投射之外，还可能涉及更为复杂的概念整合过程。我们来看下面两个例子：

[45] If Clinton were the Titanic, the iceberg would sink.
（要是克林顿是泰坦尼克号，沉掉的就会是冰山了。）

[46] My surgeon is a butcher.

---

① [英] L. R. 帕默尔：《语用学概论》，李荣译，商务印书馆1983年版，第71页。
② 黄华新、徐慈华：《论意义的"生命"历程》，《哲学研究》2004年第1期。
③ 赵毅衡：《文学符号学》，中国文联出版公司1990年版，第178页。

(我的医生是屠夫。)

例句［45］是1998年美国总统克林顿面临"性丑闻"事件期间广为流传的一句话。在这个隐喻中，克林顿被比作泰坦尼克号客轮，冰山则代表丑闻。在真实的泰坦尼克号事故中，沉没的是泰坦尼克号客轮，而不是冰山。如果仅仅靠莱考夫的跨域映射理论和特纳的结构映射理论，理解的结构可能就会是：克林顿在丑闻中惨遭不幸，因为冰山沉没被映射了过来。但例句［45］却超越和调整了这种映射，让释话人产生了不同的理解。同样，在例［46］的理解中，如果根据范畴归属理论或词汇语用学的理论，很难直接得出"我的医生不称职"这样的解释。因此，认知心理学家法康尼尔（Fauconnier, G.）和特纳（Turner, M.）提出了概念整合理论（Conceptual Integration Theory, CIT）。

概念整合是心理空间的整合。所谓"心理空间"指的是在说话和思考时，为了当下的理解和行动，根据语言表达所提供的线索而建立的概念包（conceptual packet）。[①]从符号学的角度看，这个过程就是从符形到符释的意指过程。概念整合通过跨空间的部分映射将两个输入心理空间（input mental space）匹配起来，在形成一个类属空间（generic mental space）的同时，产生一个可以得到动态解释的复合空间（blended mental space），复合空间内的要素和关系都是由两个输入空间的选择性投射而得到。这四个心理空间通过认知投射彼此连接，构成一个概念整合网络。[②] 根据概念整合理论，隐喻句［46］的理解过程可描述为：首先，形成两个输入空间，一个是输入空间"surgeon"，另一个是输入空间"butcher"。然后，从

---

① Fauconnier, G. and Turner, M., "Conceptual integration network", *Cognitive Science*, Vol. 22, No. 2, 1998.

② Fauconnier, G. and Turner, M., "Conceptual integration network", *Cognitive Science*, Vol. 22, No. 2, 1998.

输入空间"surgeon"中选择性地将"一个人在手术室里为病人治病而做手术"的情形投射到复合空间里。同时,又从输入空间"butcher"中选择性地将一个屠夫拿着牛刀杀牛时的样子投射到复合空间中。最后,在组合、完善、精演等心理操作的基础上,形成一个全新的复合空间。在这个复合空间里,一个屠夫模样的人穿着手术服在手术室里,以粗暴地对待牛的方式对待一个病人。这样就可以推出医生是不称职的。如果用概念隐喻理论中的跨域映射,我们只能得到下图这样的映射关系(见图1-7)。

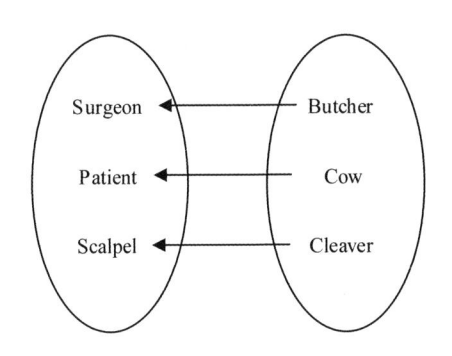

图1-7 "Surgeon"和"Butcher"之间的概念映射

例句[46]的理解显然无法通过类似图1-7所描述的简单、直接的跨域映射得到细致的描写。因此,我们可以看到,概念整合理论在解释隐喻现象时比概念映射理论具有更强的动态性、灵活性和开放性。我们可以将概念整合理论看作映射理论的完善和发展。从总体上看,概念整合理论本身就是一个理论集合体,它有结构映射理论和范畴归属理论的影子,同时也引入了情绪、心理模拟和在线加工等概念工具,呈现出了较强的解释力。

在上文关于隐喻推理机制的一系列理论介绍中,我们可以看到,范畴归属理论、关联理论、结构映射理论、概念整合理论等理论关注的是实时在线的推理,而概念隐喻理论关注的是普遍性的、稳定的、脱离语境的认知结构。不同的理论所关注的认知资源会有很大的差异。从符号学角度看，隐喻理解时所需要的认知资源就是符释，我们需要对符释的内容和类型进行细分。那么这些不同类型的认知资源之间到底是一种怎样的关系呢？[①] Kövecses（2020）提出了多层级概念隐喻理论（Multilevel View of Conceptual Metaphor）。该理论根据图式化程度将概念结构分为由高到低的四个层级[②]（见图1-8）。

```
图式化程度最高      意象图式
                  认知域
                  框架
图式化程度最低      心理空间
```

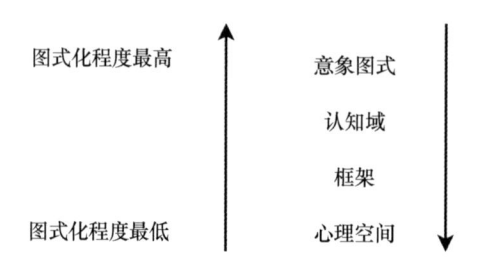

图1-8 四层级概念结构

在隐喻使用过程中，层级结构中的意象图式（image schema）、认知域（domain）、框架（frame）和心理空间（mental space）同时发挥作用。其中，意象图式包括内部建构的直接的前概念结构、高度图式化的格式塔和持续的类似模式，它们源自涉身经验，具有跨文化的共通性。如概念"JOURNEY"（旅行）预设了一个更为图式化的结构"MOTION"（运动），或更具体一点"SOURCE-PATH-GOAL MOTION"（来源—路径—目标型运动）。认知域是一个连贯的主要以命题方式存在的用于描述语义单元的概念化区域。在层级结

[①] Kövecses, Z., *Extended conceptual metaphor theory*, Cambridge, United Kingdom, New York, NY: Cambridge University Press, 2020, pp. 51-54.

[②] Kövecses, Z., *Extended conceptual metaphor theory*, Cambridge, United Kingdom, New York, NY: Cambridge University Press, 2020, p. 51.

构中，认知域属于意象图式的下一层，像"JOURNEY"（旅行）、"BODY"（身体）、"BUILDING"（建筑物）等认知域，都是通过一个或多个意象图式获得意义的。框架与认知域很像，如果一定要区分，那么可以将框架理解为认知域中特定的构成部分。框架中包含的信息要比认知域更为具体。例如"BODY"（身体）这个认知域可以通过 PERCEPTION、INGESTION、EXCERSISING 等多个不同的框架得以详尽说明。用于详尽描述认知域的框架通常由角色（roles）和角色之间的关系构成，而且这些角色可以被填入特定的值。特定交际场景中具体的话语会赋予角色以特定的值。对于概念整合理论，我们已经说过，心理空间（mental space）是我们在思考和谈话时，为了当下的理解和行动用框架和认知模型建构起来的。不同层级的概念结构涉及的意识程度是不同的，它们所对应的记忆类型也是有差异的。我们可以用图 1-9 表示[①]。

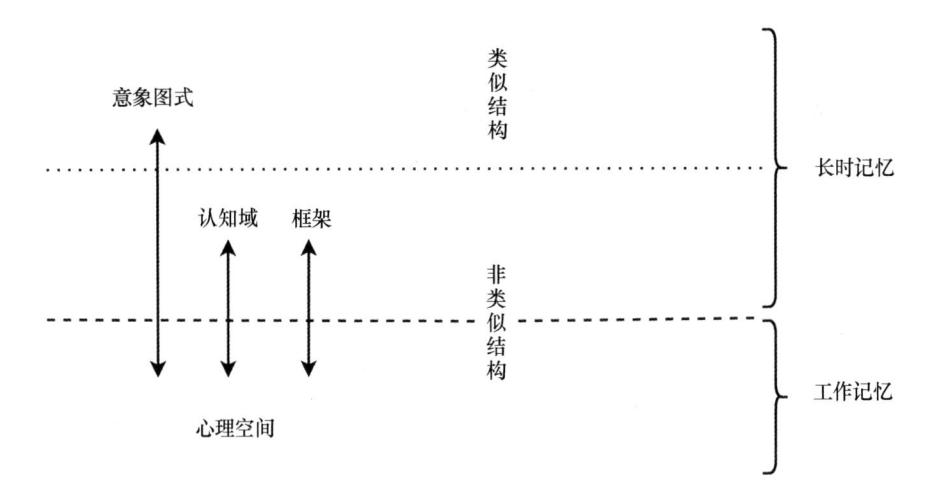

图 1-9 不同概念层级之间的激活和建构关系

① Kövecses, Z., *Extended conceptual metaphor theory*, Cambridge, United Kingdom, New York, NY: Cambridge University Press, 2020, p. 70.

图1-9中上面一条细点的虚线区分了类似结构和非类似结构。下面一条粗点的虚线区分了哪些与长时记忆有关，哪些与工作记忆有关。垂直的双向箭头表明高阶图式结构可以用来建构心理空间，同时心理空间也可以激活高阶图式结构。总体上看，概念结构是隐喻认知的基础，Kövecses 关于概念结构的上述区分有助于我们更好地理解隐喻推理时涉及的概念结构到底是一种怎样的关系，有助于更好地理解不同的隐喻理论关注的重心所在。在隐喻交际过程中，层级结构中的意象图式、认知域、框架和心理空间同时发挥作用。意象图式源自自身身体经验，具有跨文化的共通性，属于无意识认知；认知域和框架知识是特定语言文化社团约定俗成的集体概念表征，存储于社团所有成员的长时记忆中，是一种集体无意识，且因文化而异；心理空间是个体在交际过程中实时构建的话语空间，是基于意象图式并整合语境和话语因素，对认知域和框架空位的细节填充过程，是一种有意识认知。[1] 从符号学的角度看，隐喻理解就是符释的互动。清晰地理解符释的具体内容和类型，是隐喻理论建构的基础性工作。认知语言学和认知心理学所提供的诸多概念，一方面有助于我们更好地去分析隐喻理解所涉及的认知资源，为隐喻使用的推理创造工具，另一方面也在一定程度上丰富了符号学关于符释的分析手段。

索绪尔认为，"语言符号所包含的两项要素（能指和所指）都是心理的，而且由联想的纽带连接在我们的脑子里。我们要强调这一点"[2]。这就是说，意指关系的建立是一个心理过程，隐喻理解的上述理论都旨在揭示和刻画这个具体的心理过程。皮尔斯同样也认为从符形到符释的过程是一个心理过程。他指出，"一个符号会在所涉及的那个人的头脑中创建一个与之相对应的符号，或一个更为复杂

---

[1] 范振强：《多层级概念隐喻的溯因推理及意识性研究》，《外语学刊》2022年第2期。
[2] ［瑞士］索绪尔：《普通语言学教程》，高名凯译，商务印书馆1980年版，第102页。

的符号。我将新创的这个符号称为前面那个符号的符释（interpretant）"①。皮尔斯的上述论述，除了明确指出符释的形成是一个心理过程之外，还包含了另外两个重要的思想：第一是符号链的想法。皮尔斯的"符释"与索绪尔的"所指"的不同之处就在于：符释也是一种符号。也就是说，一个符号的符释（i）本身就有可能成为解释者头脑中新的符形（r）。以此类推下去，就会形成一个符号链（见图 1-10）。

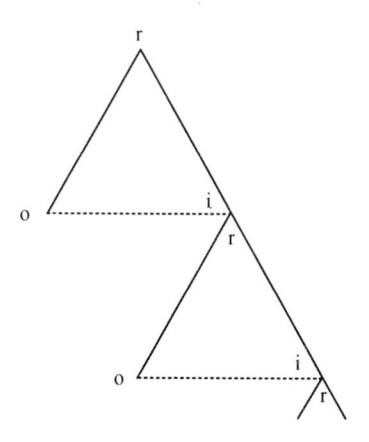

图 1-10 皮尔斯符号链

符号链的建立意味着解释者头脑中的符释是一个概念结构系统。这种观念与现代隐喻理论的基本立足点是一致的。黄华新认为，我们可以将隐喻语言从符形到符释的意指过程展开为一个多级符号链。初始符号为完整的隐喻表达，主体在交际中结合动态语境进行选择和调整，通过符号推理转码得到与语境相容的解释。② 根据他的隐喻符号链思想，隐喻的理解可以分为三个不同层级的意指关系。第一

---

① Peirce, C. S, "Logic as semiotic: the theory of signs", in Innis, R. E., ed., *Semiotics: An Introductory Anthology*, Bloomington: Indiana University Press, 1985, p. 5.
② 黄华新：《认知科学视域中隐喻的表达与理解》，《中国社会科学》2020 年第 5 期。

层级指过程依靠的是语言的群体约定,一个隐喻概念经由说话人表达后,就成了听话人需要解读的符号,其符释是语句的字面义,对象是该字面义所表述的事态。通常情况下,隐喻表达会与常识相违背,迫使听话人将符释作为新的符形,继续延伸符号链。第二层级的意指主要考虑说话的背景信息,在进一步对以字面义为符形的符号进行解释时,通过排除与当前语境产生冲突的要素得到一个可相容的语义解释,相应的对象是作为现实世界一部分的事态。当然该解释仍然可能包含过多的信息,呈现为一个比较含混的符号,此时就需要第三层意指对交际过程中的信息进行提取并支持推理,一般可以通过搜索上下文关键词继续对符号进行进一步的解释。最终得到与上下文相关的限制性相容语义,就是该隐喻在当前语境下所能达到的充分理解。隐喻理解的基本符号链形式如图 1-11 所示。

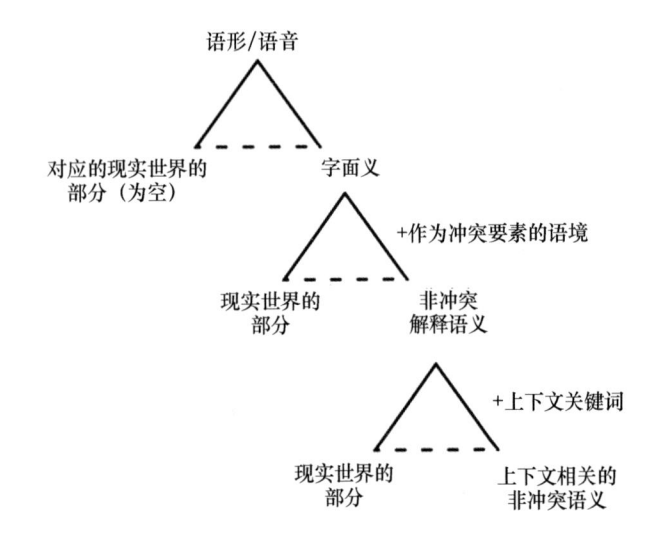

图 1-11　隐喻语言理解的符号链

从上述符号链思想中,我们可以看出,隐喻不仅是词(符形)的替换,还是两个概念系统之间的互动。但问题的关键是概念系统之间的互动是如何进行的。不同隐喻理论对其作出的说明不但各不相同，而且都还处于比较模糊的阶段。根据皮尔斯有关符释的思想，符号链建立的过程实际上可以理解为是一个对话性思考（dialogical thought）或内在反思（internal reflection）的过程。[①]隐喻理解中涉及的选择性投射和语义抑制等认知活动，从某种意义上说也是一个自我论辩的过程。因此，我们在研究隐喻使用中的推理时，要重点考虑这个内在的对话性思考过程。

在皮尔斯的符号学体系中，还有一个重要的概念是"认知主体"。皮尔斯在对符号进行界定时，明确地提到了符号使用中的主体。任何符号的使用都是相对于特定的主体而言的。但是旨在寻找共同认知内容和普遍理解机制的隐喻认知研究，却有意无意地弱化了认知主体的存在。很多学者已经认识到这个问题，例如英国学者卡梅伦等人就指出："我们常常在特定的语言使用环境中研究隐喻语言，这就需要将认知和社会文化联系起来。但是，这种多维视角似乎在这半个世纪中丢失了。起先是因为很多语言学、哲学领域中的隐喻研究者将形式逻辑作为论证的基础，后来则是由于认知心理学家将大脑比作计算机，在信息处理的范式中研究隐喻。"[②] 不关注特定的语言使用环境，忽视认知与社会文化的联系，这种多维度研究视角的丢失在很大程度正是由于认知主体的缺失和弱化导致的。近年来提出的刻意隐喻理论（详见第二章第一节）和隐喻的语用综观研究[③]（详见第二章第二节）将认知、交际和社会等多维因素考虑进隐喻分析中，大大拓宽了隐喻研究的视野。

在当下的数字化时代背景下，越来越多的信息被编译为不同类

[①] Chandler, D., *Semiotics: the Basics*, London: Routledge, 2007, pp. 32–33.

[②] Cameron, L and Low, G., *Researching and Applying Metaphor*, Cambridge: Cambridge University Press, 1999, p. 8.

[③] 参见徐慈华《选择与适应——汉语隐喻的语用综观研究》，中国社会科学出版社 2009 年版。

型的符号，符号化传播已经逐渐成为信息交互的主流形式。隐喻本身也是一种符号现象，可以是语言符号，也可以是图像或声音等形式的符号。所以，我们应该进一步以具有元学科性质的认知符号学为切入路径，尝试对隐喻生成和理解中一系列复杂的认知过程给出一个相对完整的符号学解释框架，① 本书后续的大部分内容，就是在这个方向上所做的努力。

第三节 隐喻研究的未来趋势

根据皮尔斯对符号的理解，符释总是相对于某个特定的主体来说的。因此，我们需要在符号的三元结构和两组二元关系基础上增加一个重要的要素——认知主体（a）（见图 1-12）。

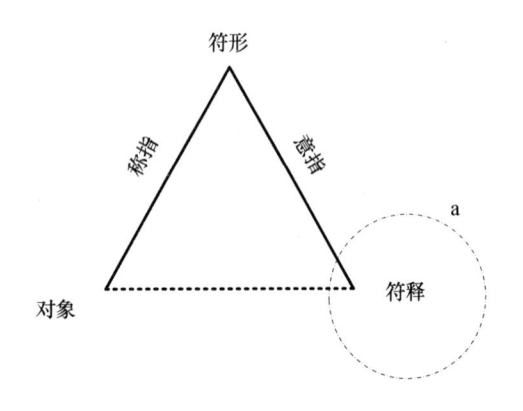

图 1-12 带认知主体的符号三角

随着认知主体的加入，多个不同维度的问题随之而来。首先，如果这个认知主体是人类，那么他理解隐喻的物质条件就是大脑，我们就需要深入思考隐喻理解的神经生物学基础。其次，人作为认

---

① 黄华新：《认知科学视域中隐喻的表达与理解》，《中国社会科学》2020 年第 5 期。

知主体，他通过多种感官通道感知世界，感知的多样性决定了符号的多模态性，并进一步决定了隐喻存在的丰富性和多样性，因此除了思考以语言形态存在的隐喻之外，以视觉、听觉、触觉、味觉等形态存在的隐喻或多种形态并存的多模态隐喻也需要引起足够的重视。再次，隐喻语言是主体间相互交流的重要手段，其使用受到特定概念隐喻体系的影响。如果某个认知主体的集合被确定，那么我们就可以通过分析该认知主体的集合所生成的真实隐喻文本，揭示该主体集合的共同信念和价值观。最后，如果认知主体是某种模拟人类智能的人工智能软件设计，那么我们就需要立足于此类主体的独特性，重新思考机器理解的潜在价值。

当前隐喻研究的发展大多与上述问题密切相关，其研究趋势在某种程度上都反映出了对主体因素的关注和重视。在认知神经科学领域，学者们主要通过事件相关电位（ERP）、正电子发射断层扫描（PET）、脑电图（EEG）、脑磁图（MEG）、近红外功能成像（fNIR）、功能性核磁共振（fMRI）等非介入的、无创的、动态的活体脑成像技术探讨隐喻理解的神经生物学基础。此类研究主要是在实验条件下用不同类型的符形刺激物（包括字面义句子和隐喻句子）刺激被试，并借助脑成像技术探测不同脑区在理解中的激活情况。对于隐喻理解的脑区定位，各路专家众说纷纭，目前主要存在"右脑说"、"左脑说"和"全脑说"三类。[1]"右脑说"认为，隐喻的理解依赖于右脑。研究者发现，右脑损伤患者对隐喻的认知具有不可否认的困难。在左、右脑损伤患者分别阅读同样的隐喻句并选择与之意义匹配的图片任务中，右脑损伤患者比左脑损伤患者更困难。[2]一项 PET 研究显示，在理解与本义句相关且具有相同结构

---

[1] 王小潞：《汉语隐喻认知与 fMRI 神经成像》，浙江大学出版社 2019 年版，第 93—94 页。
[2] Winner, E. and Gardner, H., "The comprehension of metaphor in brain-damaged patients", *Brain*, Vol. 100, No. 4, 1977.

的隐喻句时，右脑的前额皮质、颞中回、楔前叶、后扣带回等脑区呈现出血流量的增加，这表明右脑脑区主要参与了隐喻句的加工。① 在针对汉语母语者的 ERP 研究中发现，在加工本义句和隐喻句时，N400 脑电波在左脑几乎没有区别，而在右脑却显示出区别，特别是右侧前额的 F8 电极位，说明汉语隐喻句加工也更多地涉及右脑。②

但也有些研究提出了不同的看法，认为没有发现明显的支持右脑参与隐喻理解的证据。③ 这一立场强调隐喻理解的神经基础在左脑。在一项针对母语是希伯来语的左、右脑损伤患者的研究中，研究者给他们和同年龄段健康对照组被试分别呈现常规隐喻短语和非合理意义的本义短语，然后要求进行口头阐释。结果显示，左脑损伤患者比右脑损伤患者和同龄对照组在解释隐喻短语时明显会更加困难。④ 这支持左脑是正确理解隐喻的基础。

此外，还有些研究支持全脑说，认为隐喻理解是左右脑协同工作的结果。相关研究表明，左、右两半球的加工过程均支持隐喻理解，左脑利用句子制约效应来挑选和整合那些只与语境相关的本义与隐喻义，而右脑也许对句子语境不太敏感，则可用来保留某些替换理解所引起的激活。⑤

最近的一项研究表明，右脑确实参与了隐喻的理解，而且隐喻

---

① Bottini, G., Corcoran, R. and Sterzi, R., et al., "The role of the right hemisphere in the interpretation of figurative aspects of language: a positron emission tomography activation study", *Brain*, Vol. 117, 1994.

② 王小潞：《汉语隐喻认知与 ERP 神经成像》，高等教育出版社 2009 年版。

③ Lee, S. S. and Dapretto, M., "Metaphorical vs. literal word meanings: fMRI evidence against a selective role of the right hemisphere", *NeuroImage*, Vol. 29, No. 2, 2005.

④ Giora, R., Zaidel, E. and Sorker, N. G., et al., "Differential effect of right-and left-hemisphere damage on understanding sarcasm and metaphor", *Metaphor and Symbol*, Vol. 15, No. 1, 2000.

⑤ Rapp, A. M., Leube, D. T. and Erb, M., et al., "Brain activation during processing of metaphors-an eFMRI study", *NeuroImage*, Vol. 13, No. 6, 2001.

的熟悉度和理解难度会对不同脑区的激活产生重要的影响。①熟悉度和理解难度，总是相对于特定的主体而言的。相同的认知主体，在不同的认知阶段面对相同的隐喻语言，所采用的认知策略和启动的认知资源实际是有差异的。这说明认知主体在不同认知阶段所处的认知状态已经发生了动态变化。

此外，认知神经科学家还进一步开展不同类型认知主体之间的比较研究。例如，在汉语隐喻理解的研究中，研究者就倡导被试应尽量做到多元化。如果能够涉及不同年龄层次、不同文化背景的被试，就可以开展组群之间的比较。对前者的比较可以使我们了解认知个体由于年龄增长而发展的隐喻认知能力及其所涉及的脑区，对后者的比较可以让我们看到不同文化背景造成认知个体对隐喻表达不同解读背后的脑机制。② 多种类型认知主体之间的比较研究，将进一步深化我们对隐喻理解的神经生物学基础的认识。

批评隐喻分析是当前隐喻研究中另一个重要的方向，旨在通过对话语背后的概念隐喻进行系统分析来揭示一个特定的个体或群体所持有的心智模式、价值观念和情感取向。该研究方向的基础就是莱考夫等人提出的概念隐喻理论。莱考夫等人认为，我们的价值观并非独立的，它必须形成与我们赖以生存的隐喻性概念系统相一致的系统。③因此，我们可以通过对隐喻文本的分析揭示潜藏在文本之后的信念和价值观。作为一种批评话语分析的新方法，批评隐喻分析是一种以概念隐喻理论为基础，结合语料库技术，并借鉴认知语言学和语用学领域的相关思想，来研究话语中的隐喻现象，考察话语隐喻的认知功能和交际意义，进而揭示话语群体的信仰与态度等

---

① Schmidt, G. L. and Seger, C. A., "Neural correlates of metaphor processing: the roles of figurativeness, familiarity and difficulty", *Brain & Cognition*, Vol. 73, No. 3, 2009.
② 王小潞:《汉语隐喻认知与 fMRI 神经成像》，浙江大学出版社 2019 年版，第 168 页。
③ [美] 莱考夫、约翰逊:《我们赖以生存的隐喻》，何文忠译，浙江大学出版社 2015 年版，第 20 页。

意识形态层面意义的分析范式。① 现有的大量研究已经表明，这是一种深入研究语言、思维和社会之间复杂关系的崭新方法。②

国内外学者运用批评隐喻分析方法来研究不同领域的话语活动背后所隐藏的信仰、态度和情感问题。Lakoff（1991）分析了美国政府是如何系统地使用隐喻来为海湾战争的合法性进行辩护的；Goatly（2002）过分析了香港教育话语中概念隐喻的局限性和不一致性；Cameron（2003）研究了教育话语中的隐喻使用背后的教育理念；Charteris-Black（2004）借助批评隐喻分析方法，对政治话语、经济话语、新闻话语和宗教话语中的隐喻及其相关问题进行了全面的考察；Koller（2004）分析了商务新闻话语的隐喻现象及其与性别的关系；Musolff（2008）通过分析种族话语和宣传话语中的隐喻，对具有意识形态意义的隐喻进行了解读，指出了批评隐喻分析在隐喻映射重现和话语历史理解中的重要作用。Pérez-Sobrino（2013）分析了《纽约时报》中对伊朗绿色革命的报道所涉及的"国家是人"（NATION IS A PERSON）的概念隐喻，揭示了隐喻的社会建构作用和意识形态再现功能。Atanasova（2018）从批评隐喻的角度分析了与"减肥"相关的隐喻表达以及不同主体的角色认知。Bas（2020）研究了土耳其语和英语对"民主"一词的隐喻表达，揭示了不同文化背景下个体的认知差异。③

纪玉华和陈燕（2007）是国内较早介绍批评隐喻分析的学者。他们以英美政客在跨文化语境中的演讲为语料，介绍了批评隐喻分析的具体应用。丁海燕和汪少华（2010）从批评隐喻分析和语法隐

---

① 邱辉：《隐喻认知与心智模式——中国企业家话语的批评隐喻研究》，浙江大学出版社2022年版，第23页。

② Charteris-Black, J., *Corpus approaches to critical metaphor analysis*, Palgrave Macmillan, 2004.

③ 邱辉：《隐喻认知与心智模式——中国企业家话语的批评隐喻研究》，浙江大学出版社2022年版，第23页。

喻分析的视角探讨了中美两国就公司法中关于"公司"一词的不同概念化过程及其各自的意义建构。陈敏（2010）以语料库为基础，分析了经济话语中的概念隐喻，揭示了概念隐喻背后的社会文化特征与意识形态功能。林宝珠（2012）对比分析了中美政治话语中隐喻的意识形态力量，认为政治演讲中的隐喻可以实现灌输演讲者的观点、引导听众的思考方向、激发听众情感和劝说听众的目的。凤群（2013）利用批评隐喻分析研究了四位美国总统的演讲，从中探讨了隐喻折射出四种各有特色的政治神话。翁青青（2013）利用批评隐喻分析的方法定量分析了英国、加拿大、中国在德班气候大会发言中的隐喻使用差别，从概念隐喻的角度定性分析各方所用隐喻背后隐含的政治动机和身份建构。孙亚（2013）从批评隐喻分析的视角研究了教育话语、健康话语以及商务话语等不同话语类型，探讨了潜藏在隐喻背后的意识形态意义。李曙光和杨玲（2019）分析了美国排华话语的隐喻表达，揭示了隐喻认知所建构的意识形态是如何影响当地人对华人华侨的歧视态度的。[①]

在商业领域中，批评隐喻分析也经常被国内外学者用来分析企业家如何建构对"企业家""企业""做企业""创业"等概念的认知的。而这些概念的建构正是企业家心智模式的重要组成部分。Pitt（1998）通过历时研究跟踪了两位创业者在数年内对自己角色的隐喻性描述，提炼出了"突击队员""偷猎者""拓荒者""勘探员"等诸多概念隐喻。Dodd（2002）基于企业家的人生故事，提炼了用于描述美国企业家精神的七个隐喻：旅行、比赛、养育、建造房子、战争、疯狂举动以及激情行为。Cardon等（2005）具体分析了亲子隐喻与商业行为之间的关系，并指出了该隐喻所存在的局限性。Clarke等（2014）深入研究了用于理解企业成长的

---

① 邱辉：《隐喻认知与心智模式——中国企业家话语的批评隐喻研究》，浙江大学出版社2022年版，第24—25页。

生物隐喻，探讨了该隐喻是如何影响研究者和决策者的相关思考的。邱辉（2022）以中国企业家演讲中的隐喻话语为研究对象，以定性分析为指导，以定量统计为支撑，在概念隐喻的基础上，结合批评隐喻分析和语料库语言学的方法，从概念隐喻角度对中国企业家心智模式进行了归纳与提炼，为中国企业家的心智模式研究开辟了一条新的路径。[①]

批评隐喻分析一般包含三个步骤，分别是隐喻的识别（identification）、隐喻的解读（interpretation）和隐喻的阐释（explanation）。其中，隐喻的识别是指识别出语篇或话语中的隐喻性语言表达，隐喻的解读是指参照概念隐喻来说明这些隐喻性语言表达之间的关系并将它们进行归类，而隐喻的阐释则是解释隐喻使用背后的意识形态动机。[②]下面我们简要介绍一下邱辉（2022）对企业家隐喻话语的具体分析过程。第一步是建构一个较大规模的语料库，收集了《总裁的智慧——中国顶级 CEO 演讲录》第 1 至 8 册的全部内容，总规模约为 153 万字，然后围绕"企业是什么""做企业是做什么"两个重要主题，运用 Pragglejaz 团队提出的隐喻识别程序（MIP）[③] 找出语言隐喻，并建立带标注的隐喻语料库。第二步是从认知的层面对第一步获得的语言隐喻进行分类，并找出各自的始源域，然后归纳出隐藏在隐喻表达式中的概念隐喻，并进行始源域的分类统计[④]（见表 1-1）。

[①] 邱辉：《隐喻认知与心智模式——中国企业家话语的批评隐喻研究》，浙江大学出版社 2022 年版。

[②] Charteris-Black, J., *Corpus approaches to critical metaphor analysis*, Hampshire & New York: Palgrave Macmillan, 2004.

[③] Crisp, P., Gibbs, R. and Deignan, A., et al., "MIP: A Method for Identifying Metaphorically Used Words in Discourse", *Metaphor and Symbol*, Vol. 22, No. 1, 2007.

[④] 邱辉：《隐喻认知与心智模式——中国企业话语的批评隐喻研究》，浙江大学出版社 2022 年版，第 33 页。

表 1-1　　　中国企业家隐喻话语语料库始源域分布情况

始源域	频数（次）	百分比
战争	1397	24.90
人体	1348	24.03
旅行	1056	18.82
体育	824	14.69
物体	334	5.95
植物	209	3.73
游戏	172	3.07
亲情/养育	76	1.35
气候	65	1.16
容器	25	0.45
其他	104	1.85
总计	5610	100

通过对每类始源域中各种隐喻表达语句和关键词汇的分析，研究者可以梳理出始源域语义网络。以占比最高的战争隐喻为例，其相应的语义网络分析结果如图 1-13 所示。[①] 在该语义网络图中，我们可以看到战争隐喻包括了谋略、部署、防御、攻打、武器、战果、军队/军人等七大子类，涉及"农村包围城市""战略分析""以少胜多""战线""突破口""游击队""围攻""抢占""正规军"等概念。同理，其他类型的始源域也可以做相同的分析。

---

① 邱辉:《隐喻认知与心智模式——中国企业话语的批评隐喻研究》，浙江大学出版社 2022 年版，第 36 页。

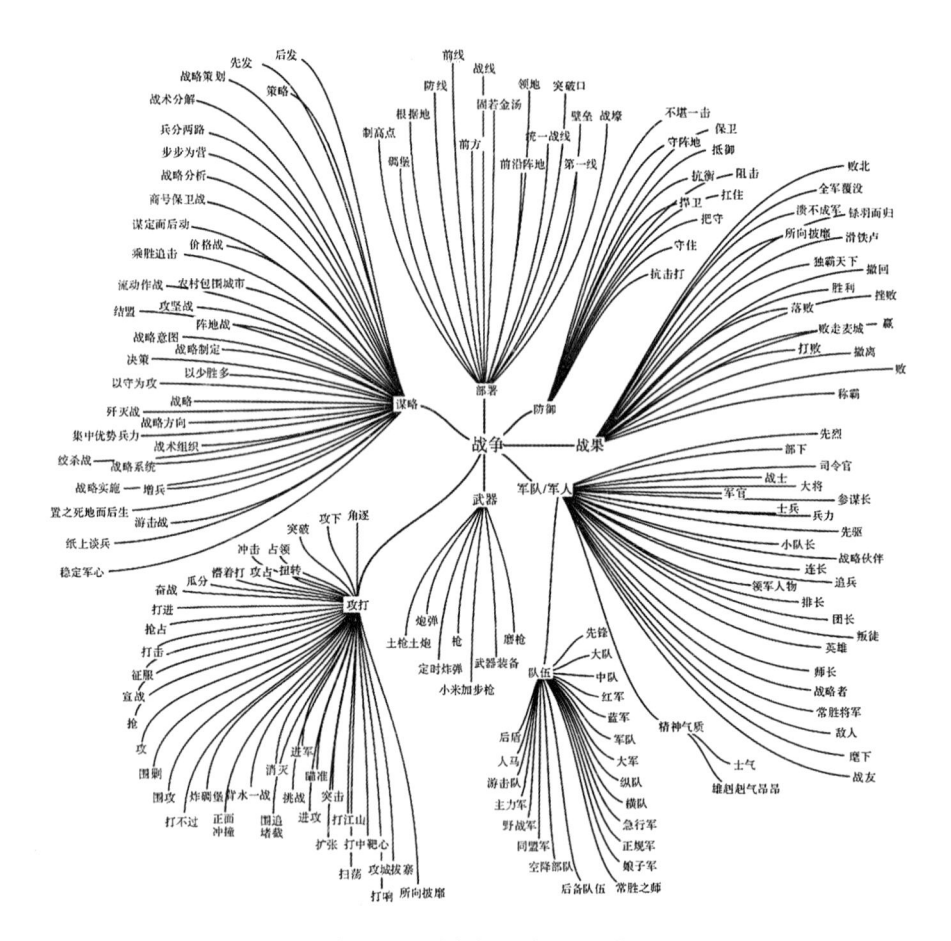

图 1-13 战争始源域语义网络

第三步是对企业家话语中概念隐喻进行整理、分类与统计，进一步思考哪些概念隐喻处于支配性地位，哪些概念隐喻处于辅助性地位，不同的隐喻建构了怎样的推演系统[①]（图1-14）和社会现实，它们是如何影响企业家的心智模式和价值观的，又是如何影响企业家的行为和决策的。

[①] 邱辉：《隐喻认知与心智模式——中国企业话语的批评隐喻研究》，浙江大学出版社2022年版，第68页。

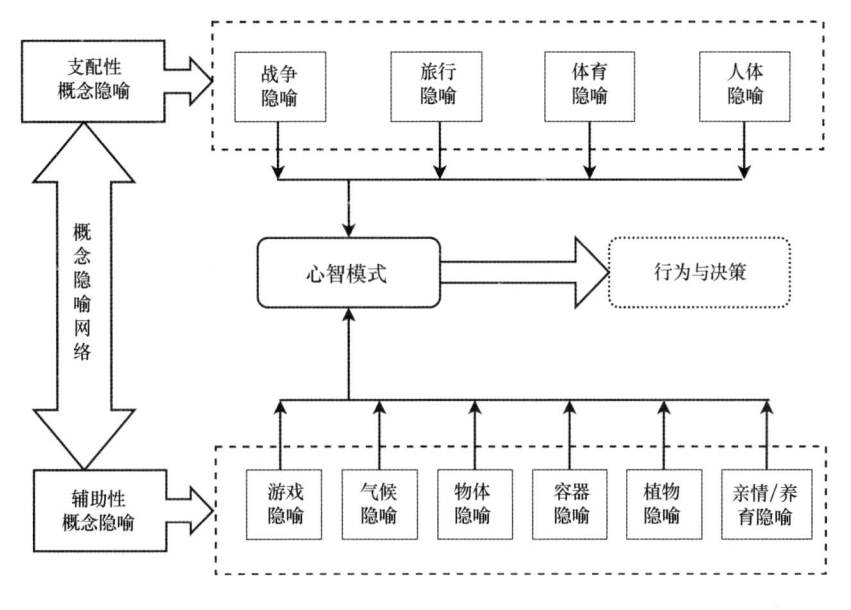

图 1-14 企业家心智模式

从这三个步骤中,我们可以看到批评隐喻分析与传统的概念隐喻分析之间的重要区别。批评隐喻分析注重具体而真实的隐喻文本,以及与该文本密切关联的认知主体。正是因为对认知主体的密切关注,才能将具体社会和文化因素有机地融入相关的分析之中。Hart(2008)在 van Dijk 的批评话语分析模式"话语(discourse)—社会认知(Social Cognition)—社会结构(Social Structure)"(见图 1-15 左图)。的基础上提出了批评隐喻分析模式"隐喻(metaphor)—规约性复合体(Entrenched Blends)—社会结构(Social Structure)"(见图 1-15 右图)。从符号三角看,模型中的"话语"和"隐喻"属于符形,"社会认知"和"规约性复合体"属于符释,而"社会结构"是一种社会实在,属于"对象"。批评隐喻分析的基本路径就是从符形切入去寻找符形背后具有系统性的符释,并根据符释来揭示社会实在。

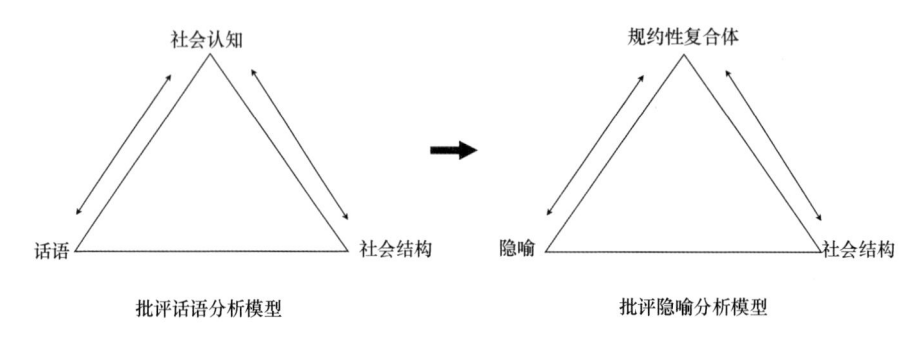

图 1-15　从"批评话语分析"到"批评隐喻分析"

在未来的研究中，批评隐喻分析的发展不但会体现在真实话语文本隐喻界定技术的完善上，而且更多地会体现在结合具体的领域和场景对不同类型认知主体的充分挖掘，以及相互之间的比较上。在本书的后续章节中，我们还会看到批评隐喻分析所提供的工具和方法十分重要，它可以帮助我们更好地识别和理解概念隐喻在文本型隐喻论证、多模态隐喻论证、问题求解认知等领域中所发挥的重要作用。

莱考夫等人强调，我们的概念系统大部分是隐喻的[①]。隐喻语言只是这些概念系统的外在表现。由于人类作为认知主体，拥有多种感知通道，所以除了语言符号之外，图像符号、声音符号、手势符号、触觉符号、气味符号等其他符号形式也可以成为隐喻的表现方式。人类认知主体在生物学上的独特能力，决定了隐喻使用在符形上的多样性。因此，从多模态的角度分析隐喻也越来越受到关注。根据用于表达始源域和目标域的符形是否同属于一种模态，隐喻可分为单模态和多模态两种不同的类型。前者指的是，目标域和始源域只用或主要用一种模态来呈现的隐喻；

[①]　[美]莱考夫、约翰逊：《我们赖以生存的隐喻》，何文忠译，浙江大学出版社2015年版，第1页。

后者指的是，始源域和目标域分别用或主要用不同的模态来呈现的隐喻。①在符号三角中（见图1-16），如果符形1和符形2为同一种模态，那么该隐喻即为单模态，如果两者不属于同种模态，那么该隐喻即为多模态。

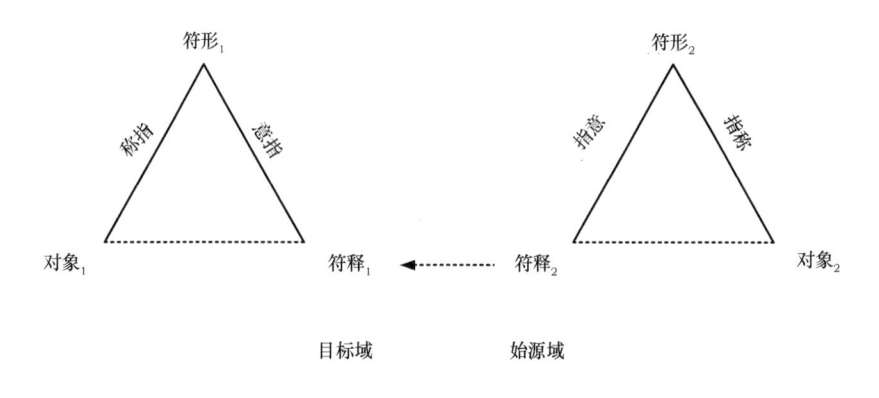

图1-16 多模态隐喻的符号结构

在很多广告中，多模态隐喻十分常见。例如，卡巴雷罗分析了西班牙的葡萄酒平面广告是如何描述葡萄酒的。②

图1-17（左图）广告中，除了三瓶由远及近的葡萄酒之外，还有一个标题"The Latest Generation"（最新的一代）。这则广告背后的概念隐喻是：酒是人。目标域直接用图像来表征，而始源域则是通过语言。因此，是一个多模态隐喻。在图1-17（右图）的广告中，一瓶酒用毛巾包裹放在婴儿躺的篮子里。画面左侧有这样一段文字：有了葡萄酒，生活就是不一样。只有在地窖中的橡木桶里成长，你才算得上出身高贵。这也是

---

① Forceville, C. J. and Urios-Aparisi, E., *Multimodal Metaphor*, Mouton De Gruyter, 2009, pp. 23 - 24.

② Caballero, R., "Cutting across the senses: Imagery in winespeak and audiovisual promotion", in Forceville, C. J. and Urios-Aparisi, E., eds., *Multimodal Metaphor*, Applications of Cognitive Linguistics, Vol. 11, 2009.

一个多模态隐喻，其概念隐喻为：酒是婴儿。目标域用图像表征，辅以语言描述。同样地，始源域借助转喻图像和文字描述进行表征。

图 1-17　西班牙"Torre Muga"和"Montecillo"葡萄酒广告

多模态隐喻除了可以用静态的图像来表示之外，还可以用动态的视频。例如，於宁（2009）对中央电视台一则教育公益广告进行了分析[①]（图 1-18）。

---

① Yu, N., "Nonverbal and multimodal manifestations of metaphors and metonymies: A case study", in Forceville, C. J. and Urios-Aparisi, E. eds., *Multimodal Metaphor*, Berlin, New York: De Gruyter Mouton, 2009, pp. 119–146.

第一章　符号学视域中的隐喻研究　/　45

图1-18a. 做出跳舞的姿势

图1-18b. 跳着舞经过村庄

图1-18c. 跳着舞经过高墙

图1-18d. 跳着舞经过雕塑

图1-18e. 在摩天大楼上跳舞

图1-18f. "心中有舞台"

图1-18g. 与同伴跳舞

图1-18h. 跳着舞经过雕塑

图1-18i. 跳着舞经过高墙　　　　　图1-18j. 一路引领大家跳舞

图1-18k. 领舞并与大家起舞　　　　图1-18l. "心有多大，舞台就有多大"

图1-18m. 再次一个人独舞　　　　　图1-18n. 站着凝望远方

图1-18　公益视频广告"心有多大，舞台就有多大"

这则视频广告包含了丰富的媒介形式，有视觉、听觉和文字。其背后的概念隐喻是：

LIFE IS A JOURNEY（人生是一场旅行）
LIFE IS A STAGE（人生是一个舞台）

广告中，用了大量的镜头展示了舞者在不同的场景中跳舞的样子。这是用视觉模态表达始源域。而广告中间插入的文字"每个人心中都有一个大舞台"和"心有多大，舞台就有多大"，则同时对始源域和目标域进行了表达，因而构成了多模态隐喻。多模态隐喻研究的基本思想虽然来源于概念隐喻，但这种分析范式十分重视修辞和语用维度的因素对隐喻生成和理解的影响。例如在葡萄酒广告中，如果解释者不知道那个篮子平时是放婴儿的，那么他就很难准确地理解这个隐喻。因此，多模态隐喻的深入分析也同样离不开对特定认知主体的描写与刻画。

在多模态隐喻研究中，有些学者开始将视觉隐喻单独区分出来。2018年，荷兰阿姆斯特丹大学斯蒂恩（Gerard J. Steen）主编了《视觉隐喻：结构与加工》一书[①]。书中分析了大量以图像为主的例子。

图1-19 视觉隐喻产品广告

---

① Steen, G. J., *Visual Metaphor*: *Structure and Process*, Amsterdam/Philadelphia: John Benjamins Publishing Company, 2018.

在该书的前言中，Wilbert Spooren 指出隐喻图像的理解是一个十分复杂的过程，受到图像类型、视觉不协调及其消除、始源域和目标域区分、两个概念域的背景知识、图像和文字的相互作用、图像中的修辞手法、文化因素等诸多因素的影响。值得一提的是，斯蒂恩等人在语言隐喻识别程序（MIPVU）的基础上，改编形成了视觉隐喻识别程序（VISMIP），具体包括如下七个步骤[①]：（1）通览全图，观察图中视觉的和语言的构成要素，明确概要的意义理解，涵盖指称意义、抽象意义、立场和主题；（2）在指称意义的基础上，结构化标注主体、动作、受体、客体、情境等描述性内容；（3）结合标注，发现不协调的视觉单元，决定其类型为"主题—不协调"或"属性—不协调"；（4）检验这些不协调的视觉单元能否通过某种比较整合进主题框架，以确保图像主题和表征属性在指称意义上的连贯；（5）借助 WordNet 等工具，检验是否跨域比较；（6）检验比较是否为图像主题的间接话语；（7）若步骤（4）—（6）结果肯定，则对图像的该视觉单元作隐喻标记。

从 Pragglejaz 小组探讨开发隐喻识别的 MIP（Metaphor Identification Procedure）[②] 方法，到改进扩展更加可靠、有效的语言隐喻识别程序 MIPVU，再到针对视觉隐喻识别的 VISMIP（Visual Metaphor Identification Procedure），斯蒂恩等人持续推动了隐喻理论在刻意隐喻（Deliberate Metaphors）、多模态隐喻（Multimodal Metaphor）等方向上的研究进展，还先后主导构建了"阿姆斯特丹自由大学在线隐喻语料库"（全球最大的手工标注隐喻语料库）和"视觉隐喻语料库"（全球首个专门研究视觉隐喻的语料库）[③]，为引入跨学科

---

① Steen, G. J., *Visual Metaphor: Structure and Process*, Amsterdam/Philadelphia: John Benjamins Publishing Company, 2018, pp. 65–78.

② Crisp, P., Gibbs, R. and Deignan, A., et al., "MIP: A Method for Identifying Metaphorically Used Words in Discourse", *Metaphor and Symbol*, Vol. 22, No. 1, 2007.

③ 荷兰隐喻实验室网站 http://metaphorlab.org 提供两个语料库的开源检索。

视角、运用跨学科方法提供了重要平台。此外，荷兰隐喻实验室近年来在隐喻的修辞、论辩维度也开展了相关研究，深刻分析了隐喻在不同情境中发挥作用的机制、功能与效果，从语言、思维、交际三个方面促进了人们对隐喻的理解。

随着人们对隐喻认知机制和表现形式的认识的不断深化，语言学、心理学、逻辑学和计算机科学领域的专家和学者开始尝试运用各种形式化的手段和方法对隐喻的推理过程进行刻画和分析。根据不同的形式化技术路线我们可以将相关的研究分为：基于逻辑的方法、基于语义优先的方法、基于知识表示的方法、基于统计语料库的方法。[①]

下面我们着重介绍一下基于逻辑方法方面的研究。斯坦哈特（2009）在对结构映射理论进行修正的基础上提出了 NETMET 隐喻逻辑系统。[②] 该理论采用扩展的谓词演算（Extended Predicate Calculus，XPC）对概念网络进行表征。XPC 主要在两个方面拓展了传统的谓词逻辑对词项内涵的表征。一是在命题中增加论元角色（thematic roles）。这里所说的论元角色类似于费尔摩（Fillmore, C.）在格语法中提出的"格"，如施事格（AGENT）、受事格（PATIENT）、对象格（OBJECT）、工具格（INSTRUMENT）、来源格（SOURCE），等等。例如，"小王捕鱼"可用标准谓词逻辑转写为：捕（小王，鱼）。虽然可以通过主目的顺序来体现论元角色，但这种体现既不清楚，也不充分。而 XPC 可以弥补这种不足，例句可转写为：捕（AGENT：小王，PATIENT：鱼）。二是在命题中引入指索词（indexes），增加对事件的表征能力。如果用指索词"e"代表事件，那么例句"小王捕鱼"就可以改写为：(∃e)（ACTION (e, 捕) & AGENT (e, 小王) & PATIENT (e, 鱼)）。意思是，

[①] 黄孝喜、周昌乐：《隐喻理解的计算模型综述》，《计算机科学》2006 年第 33 卷第 8 期。

[②] [美] E. C. 斯坦哈特：《隐喻的逻辑：可能世界中的类比》，黄华新、徐慈华等译，浙江大学出版社 2009 年版，第 40—43 页。

存在一个事件 e，其动作是捕，施动者是小王，受动者是鱼。有了指索词"e"，我们就可对带嵌套结构的句子进行表征。例如，"老李看见小王捕鱼"就可以改写为：（∃e）（∃f）（（ACTION（e，看见）& AGENT（e，老李）& OBJECT（e，f）&（ACTION（f，捕）& AGENT（f，小王）& PATIENT（e，鱼）））。扩展的谓词演算所具有的对嵌套结构的表征能力，有助于我们在特定的动态语境中实现对词项内涵的动态表征。总体上说，斯坦哈特所提出的 XPC，为词项内涵提供了一个比较细致、全面的表征。但是，对人工知识网络建构的过分依赖，使其很难适应计算机自动处理的要求。

斯坦哈特主张用逻辑空间来表征认知域。他认为，逻辑空间是由各种属性和个体组合而成的。为了避免特征冲突，逻辑空间需要根据事件集合进行划分，这些事件集合被称为情境。[1]隐喻逻辑中，情境 S 和情境 T 之间的可及性（accessibility）是通过类比建立的（见图 1-20）。

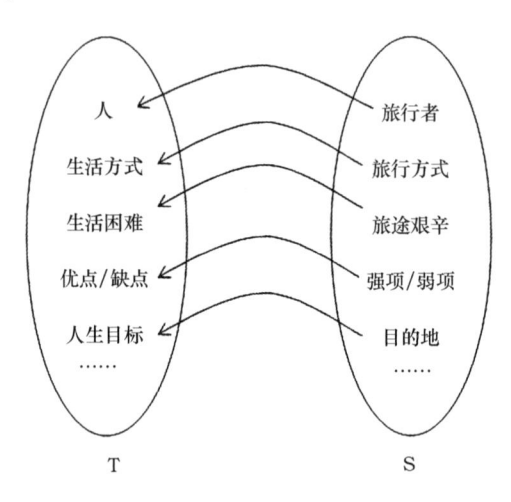

图 1-20　"人生是旅行"的类比映射

---

[1] ［美］E. C. 斯坦哈特：《隐喻的逻辑：可能世界中的类比》，黄华新、徐慈华等译，浙江大学出版社 2009 年版，第 44—45 页。

情境 S 是情境 T 可及的，当且仅当 S 可类比于 T。如果 S 可类比于 T，那么就存在一个类比映射函数 f 将 S 中的个体（事件或属性）与 T 中的个体对应起来。T、S 都是认知域，T 被称为目标域，S 被称为源域。T、S 之间建立的关系就是映射关系（mapping）。若将 T、S 看作两个集合，那么，两者之间的映射关系就是一个函项（或函数）。集合论对映射是这样定义的：在给定两个集合 T、S 中，如果有一一对应关系存在，对于任意 b∈S，有唯一的 a∈T 与之对应，我们就说其对应是一个由 S 到 T 的映射，用 f 表示映射，记为：$f: S\rightarrow T$。对于任意 b∈S，经映射后变为 a∈T，则记为：$a = f(b)$。为了区别于其他的映射关系，我们将在隐喻基础上建立的映射，记为：$f_M: S\rightarrow T$。那么，上图可以改写为：

f_M：旅程→人生

旅行者	→ 人
旅行方式	→ 生活方式
旅途艰辛	→ 生活困难
强项/弱项	→ 优点/缺点
目的地	→ 人生目标

在类比映射的基础上，认知主体要继续进行下一步操作，即类比转移。类比转移（analogical transference）也称为跨域投射，可以被看作一个归纳推理过程，其前提是源域和目标域中的命题，结论是经过类比转移的表达。简单地说，就是根据在源域和目标域中的已知命题，归纳推出目标域中的未知命题。类比转移的内容有时候是某种属性，有时候是某种关系。斯坦哈特将这个转移过程分为两种不同的类型[①]：

---

① ［美］E. C. 斯坦哈特：《隐喻的逻辑：可能世界中的类比》，黄华新、徐慈华等译，浙江大学出版社 2009 年版，第 136—137 页。

①属性的转移

$$F_1(x), \cdots F_{k-1}(x), F_k(x), \cdots F_n(x)$$
$$F_1(y), \cdots F_{k-1}(y),$$
$$\therefore \quad F_k(y), \cdots F_n(y)$$

②关系的转移

$$R_1(..x..), \cdots R_{k-1}(..x..), R_k(..x..), \cdots R_n(..x..)$$
$$R_1(..y..), \cdots R_{k-1}(..y..),$$
$$\therefore \quad R_k(..y..), \cdots R_n(..y..)$$

隐喻推理的过程，就是不断通过隐喻映射函数和集合 S 的值，计算集合 T 的值。隐喻类比推理本身的或然性决定了通过映射 f_M 建立起来的关系，也必然是一种或然性的假设。不管是日常语言交际，还是计算机自然语言理解，过多的不确定性必然会导致理解的失败。那么，如何从隐喻映射结果的或然性走向隐喻语言理解的确定性呢？

斯坦哈特认为，可以通过引入溯因推理的证实功能来实现。他认为，现有的基本溯因推理模式，是一种简单溯因，主要存在两方面问题：其一是未能考虑到规则［如果 H……那么 E］的多种可能性，其二是未能考虑 E 可能获得较好解释这一事实。因此，他对其做出了改进：（1）E 有某种程度的合情性；（2）规则［如果 H……那么 E］是被单独证实的；（3）在所有已知的形式为［如果 K……那么 E］的规则中，［如果 H……那么 E］是最合情的；（4）由此（溯因推理得出）：H 的合情程度与 E 的合情程度成正比。[1]斯坦哈特在此基础上进一步提出了溯因推理的复杂模式。该模式的独特之

---

[1] ［美］E. C. 斯坦哈特:《隐喻的逻辑：可能世界中的类比》，黄华新、徐慈华等译，浙江大学出版社 2009 年版，第 206 页。

处在于，要考虑这样一种情况：前提 H 没有直接蕴含 E，只有通过引入其他陈述 $\{R_1, \cdots, R_n\}$，才能联合推出 E。

隐喻理解通过类比推理形成诸多假设，然后在语境基础上通过溯因推理论证假设。这个推理的过程就是寻求最佳解释的过程。斯坦哈特结合复杂溯因推理，给出了隐喻命题的溯因推理证实过程[①]：

$L_1, \cdots, L_m$ 都是合情的并且是字面命题；

$R_1, \cdots, R_n$ 全部得到单独支持或者是分析性的；

对于 $R_1, \cdots, R_n$ 中的每个规则 R，要么 R 在 T 中，要么 R 在给定的类比（S，T，f_M）中，通过归纳逻辑得到支持；

$\{L_1, \cdots, L_m\}$ 中的某个 L_i 不可能被 $\{R_1, \cdots, R_n\}$ 单独衍推；

$\{M\} \cup \{R_1, \cdots, R_n\}$ 最佳衍推 $\{L_1, \cdots, L_m\}$；

∴ M 是一个较为合情的隐喻命题。

其中，M 是类比迁移 A（S，T，f_M）产生的隐喻命题，字面衍推 $\{L_1, \cdots, L_m\}$ 就是论证陈述 $\{E_1, \cdots, E_m\}$；规则 $\{R_1, \cdots, R_n\}$ 是本来属于目标域或者其本身是通过类比迁移添加过来的。语境因素就可以通过规则 R_i 来引入。因此，我们在隐喻理解的形式化中，需要增强对语境因素的系统表征，通过溯因推理来消解隐喻推理中跨域映射所带来的不确定性。

张威（2004）从解决逻辑全知问题和隐喻的语义真值角度，建构了首个汉语隐喻逻辑系统。[②] 他主要参考局部框架理论，用池空间概念来替代可能世界，通过引入理解算子 U_p、关系符 < 和格式

---

① ［美］E. C. 斯坦哈特：《隐喻的逻辑：可能世界中的类比》，黄华新、徐慈华等译，浙江大学出版社 2009 年版，第 208 页。

② 张威、周昌乐：《汉语隐喻理解的逻辑描述初探》，《中文信息学报》2004 年第 5 期。

塔规则，构建了整个逻辑系统。在该逻辑系统中，词项的内涵是以池空间的方式得以表征的。所谓池空间，就是由某些属性或命题组成的集合。例如，"律师是狐狸。"中，词项"律师"和词项"狐狸"可用理解算子 U_p 表示为：

$$U_{(法院,罪犯,案件,狡猾)} 律师$$
$$U_{(森林,狡猾,多疑,兔子)} 狐狸$$

公式的意思是，主体在池空间 p（$p=$ {法院，罪犯，案件，狡猾}）下，理解"律师"；主体在池空间 p（$p=$ {森林，狡猾，多疑，兔子}）下，理解"狐狸"。用这种方法表征词项内涵，优点是可以利用在语料统计基础上形成的相关语义网络来不断地丰富池空间。随着语料库语言学的发展，利用统计方法来建构词项内涵的方法越来越受到关注，通过引入这些基于统计的方法，在一定程度上可以有效提高基于逻辑规则的知识库构建方法的表征能力。但现有的池空间表征方法也存在着明显的不足之处：它过于侧重属性，而对概念与概念之间关系的表征比较弱。

此外，Genabith（2001）利用类型理论对隐喻的意义进行了讨论；Vogel（2001）则倡导采用动态语义学来描述隐喻；Hanis（2002）引入自适应逻辑 ALM 来处理像"A is B"这样的隐喻；Barnden（2002）建立了基于规则的 ATT-Meta 隐喻推理系统；黄孝喜（2005）开始尝试在隐喻的逻辑释义系统中引入认知主体的主观因素。还有一些学者借助逻辑学的工具和方法对隐喻的相关问题进行了深入的探讨。如，郭贵春、安军（2007）对隐喻的逻辑特征进行了探讨；周北海（2007）在蒙太格类型论的基础上提出了新语义学概念理论，并用它来探讨隐喻的形式化表征问题；黄华新、徐慈华（2008）对隐喻语句的真值条件作了初步分析。黄华新、洪峥怡（2019）用隐喻真值条件语用学将隐喻真值条件的研究从语义学拓展到了语用学，将隐喻句的语义看作经语境调和的内容的函数。这种调适具体体现为转变源域类型和限制隐喻函数对性质的选择。洪峥怡、黄华新（2021）还尝试在情境语义学的框架下综合隐喻理解过程中的语义和语用因素，对经典的概念隐喻体系进行重构。该文指出，隐喻概念的功能是通过对信息进行抽象和还原，得到同时满足源域和目标域性质的新情境，实现情境转移。

就总体情况而言，隐喻的逻辑研究虽然已取得了很大的进展，但仍有不足之处：①隐喻语言在语形层面上具有丰富的形态多样性，现有的逻辑研究只涵盖了有限的几种简单类型；②隐喻语言在语义层面上具有很强的模糊性和动态性，现有的逻辑分析没有充分考虑语用因素，从而大大削弱了语义推理系统的逻辑释义能力；③目前做得比较好的几个隐喻逻辑推理系统，都是以英语为蓝本，面向汉语的研究仍十分薄弱；④由于受到主流隐喻认知研究范式的影响，多数学者都把目光集中在隐喻的理解过程，因此，隐喻生成的逻辑研究仍留有很大的发展空间。

从符号学角度看，隐喻语言的识别和分类，不但涉及符形的组合关系，而且涉及相关语义的跨域性，以及相关词汇的指称变化。现有的隐喻识别计算虽然已经考虑到语形和语义的结合，但隐喻句的语形多样性、语义丰富性和指称灵活性大大增加了建立通用形式化表征的难度。隐喻知识的形式化主要体现在对符释的描写上。如果人类作为认知主体，其符释是一个复杂的开放系统，其构成要素不但包括了结构性的语义信息，同时还会包含很多涉身性的构成要素，如情绪、心理意象等。而后者的形式化是现有的知识表示方法所难以全面把握的。此外，语境信息的描述和利用方面，同样存在一些难以逾越的障碍。人类在理解隐喻时所用到的语境信息的广度和提取语境信息的灵活性是现有的知识本体所难以达到的。最后，在隐喻意义的获取方面，由于认知主体的差异，其理解策略也会有很大的不同。正是由于上述种种困难，迄今为止尚未能建立一个能够稳定处理真实文本的隐喻推理系统。①

近年来，随着自然语言处理和深度学习技术的蓬勃发展，隐喻识别和理解的研究也得到了快速发展。比佐尼（Bizoni, Y., 2017）②等利用词语向量强大而有效的表征能力结合基础神经网络架构来处理隐喻，在名词性隐喻和形容词性隐喻的识别任务上取得了较好的效果。雷（Rei, M., 2017）③等通过有监督的语义相似网络进行隐喻识别，以在网络中添加门控机制的方式完成了语义特征的提取。除了隐喻的识别外，隐喻推理形式化表征的一个重要目的是提升计算机自然语言处理能力。从符号使用的主体角度看，我们要提高计算机隐喻理解模型的可用性，我们可以采取两种不同的路径：第一，通过增加感知系统、扩展知识库、更新算法等方法提高计算机作为认知主体的能力，使其计算过程不断接近人类认知；第二，对认知主体（计算模型）进行恰当的限定，可限定在某些隐喻使用的领域，也可限定在隐喻理解的某些阶段，从而使隐喻计算模型的效力和领域适用性得以提高。例如，马丁（Martin, 1990）在分析常规隐喻知识的基础上，提出了一种基于隐喻知识的隐喻解释、描述和获取系统 MIDAS，并应用于 UNIX 教学系统中。内海（Utsumi, 2011）以一种简化的方式对隐喻理解的过程进行计算模拟，并将其用于不同隐喻理解理论的检验。④ Rai 和 Chakraverty（2020）对最近几十年隐喻计算领域的工作进行了全景式梳理，并

---

① 黄孝喜：《汉语隐喻认知的计算研究》，浙江大学博士后出站报告，2011 年，第 7 页。

② 参见 Bizoni, Y., Chatzikyriakidis, S. and Ghanimifard, M., "Dep Learning: Detecting Metaphoricity in Adjective-Noun Pairs", *Procedings of the Workshop on Stylistic Variation*, 2017, pp. 43 – 52.

③ 参见 Rei, M. and Bulat, L., et al., "Grasping the Finer Point: A Supervised Similarity Network for Metaphor Detection", *Conference on Empirical Methods in Natural Language Procesing*, 2017, pp. 1537 – 1546.

④ Utsumi, A., "Computational exploration of metaphor comprehension process using a semantic space model", *Cognitive Science*, Vol. 35, No. 2, 2011.

在分析了当前诸多隐喻计算技术之后指出，我们经常会使用隐喻来探讨非常个人化的主题，因此隐喻问题也会因人而异，未来的研究需要考虑进行更多个人化的隐喻计算。[①] 这也进一步说明，我们在隐喻计算领域的探索中，需要将认知主体有效地纳入分析视野中。

从符号学角度看，当前的隐喻研究在很大程度上体现了"对象—符形—符释"相结合的全局性视角，以及对特定认知主体的重视。在很长的一段时间内，不同学科研究范式下的隐喻仍然会有各自的侧重点，但符号学所提供的这种全局性的视角和对特定认知主体的密切关注，将会使不同领域中的研究发现能够更好地整合起来，共同促进我们对隐喻现象的理解和认识，从而为隐喻使用的推理问题研究奠定良好的基础。

[①] Rai, S. and Chakraverty, S., "A Survey on Computational Metaphor Processing", *ACM Computing Surveys*, Vol. 53, No. 2, 2021.

第 二 章

隐喻使用的推理机制

在第一章的介绍中,我们可以看到莱考夫的概念隐喻理论在当今隐喻研究中具有奠基性的作用,对其后的诸多理论产生了重要的影响。而这个理论的一块重要基石就是隐喻的无意识性。针对这一点,以斯蒂恩(Steen,G. J.)为代表的学者们提出了旨在突显隐喻使用具有意识性的刻意隐喻理论。该理论认为,隐喻使用并不都是无意识的,它在特定情况下会涉及人的有意识认知,而且我们不能只局限于认知维度,还要考虑语言和交际维度。虽然刻意隐喻理论本身没有提出一个统一的模型来分析隐喻的使用,但它为隐喻使用的语用顺应论[①]夯实了理论基础。从隐喻使用的语用顺应论角度来看,不管是隐喻的生成,还是隐喻的理解都是一个在特定环境下不断做出选择的过程。这个过程所涉及的推理机制又可以通过溯因推理进行深入的描写和刻画。

第一节 有意识与无意识的隐喻使用[②]

近些年来,刻意隐喻理论(Deliberate Metaphor Theory,DMT)

[①] 参见本章第二节和徐慈华的《选择与适应——汉语隐喻的语用综观研究》,中国社会科学出版社2009年版。

[②] Xu, C., Zhang, C. Wu, Y., Enlarging the scope of metaphor studies, *Intercultural Pragmatics*, Vol. 13, No. 3, 2016.

的提出引起了很多争论。这些争论不但推动了隐喻理论自身的发展，同时也有助于我们更为全面地认识和理解隐喻这样一种普遍存在而又十分复杂的现象。我们认为，刻意隐喻理论的贡献是无法否认的，它不应该被轻描淡写为是传统修辞学隐喻观的简单重现。刻意隐喻理论是学者们在将概念隐喻理论与具体的话语实践相结合的基础上发展起来的，它对于意识和交际维度的关注是对当前隐喻研究的有益补充和新的发展。当然，我们也应该注意到，刻意隐喻理论在部分细节上也存在一些有待商榷的地方。

一　对意识的强调

根据刻意隐喻理论，隐喻的使用可以区分为刻意隐喻使用和非刻意隐喻使用。"刻意隐喻用法是刻意地将隐喻当隐喻来使用。与之不同的是，从听话人角度看，非刻意隐喻没有体现出隐喻的形式，仅仅用作谈论各类话题时一种有效的语言手段。"[①] 那么，什么是"刻意地把隐喻当隐喻来使用"呢？"如果一个隐喻的结构表明受话人注意力短暂地从目标域中的语言表达甚至词组上转移到该隐喻性表达所激活的始源域上，这个隐喻就是刻意使用的"[②]。不管是意图性的使用还是注意力的迁移，都涉及一个十分重要的认知状态：意识。斯蒂恩认为，刻意隐喻与有意识的隐喻思维之间存在密切的关系。他进一步指出，"刻意隐喻包含有意识的（隐喻性）思维，因为始源域和目标域概念在工作记忆中被分别激活和触及。这些概念来自不同的概念域，在同一话语中共现，它们是在隐喻上相

[①] Steen, G. J., "Developing, testing and interpreting Deliberate Metaphor Theory", *Journal of Pragmatics*, Vol. 90, 2015.

[②] Steen, G., "Developing, testing and interpreting Deliberate Metaphor Theory", *Journal of Pragmatics*, Vol. 90, 2015.

关的概念和所指对象"①。

我们认为，刻意隐喻理论对意识的强调是该理论对当前隐喻研究所作出的最大的贡献。长期以来，在概念隐喻理论的指引下，我们开展了大量的隐喻研究。这些研究一般采用如下研究路径②：首先，收集和界定相关的隐喻表达；其次，区分始源域与目标域，并给出相应的名称；最后，为了更加准确地阐述概念隐喻的内容，我们需要建立如下相应的映射关系加以说明（见图2－1）。

```
Source: JOURNEY                    Target: LOVE
the travelers              ⇒       the lovers
the vehicle                ⇒       the love relationship itself
the journey                ⇒       events in the relationship
the distance covered       ⇒       the progress made
the obstacles encountered  ⇒       the difficulties experienced
decisions about which way to go ⇒  choices about what to do
the destination of the journey ⇒   the goal(s) of the relationship
```

图2－1 "JOURNEY"与"LOVE"之间的概念映射

毫无疑问，莱考夫等人所提出的这一里程碑式的研究路径，有助于我们更好地理解日常表达背后所潜在的概念系统。但这种研究路径也常常使我们过分聚焦于概念系统及其运行过程的无意识性。在认知语言学的研究路径中，隐喻认知的无意识性也被进一步强化。心理学家Gibbs就曾明确地指出，人们在交流时，常常需要建立无意识的涉身心理模拟，隐喻自然也毫不例外。③ 但我们也发现了一些可靠的事实：概念隐喻理论可能只为我们讲出了一部分真

---

① Steen, G., "Deliberate Metaphor Affords Conscious Metaphorical Cognition", *Journal of Cognitive Semiotics*, Vol. 5, 2013.

② Kövecses, Z., *Metaphor: A Practical Introduction (Second Edition)*., New York: Oxford University Press, 2010, pp. 4 – 9.

③ Gibbs, R. W., *The Cambridge handbook of metaphor and thought*, New York: Cambridge University Press, 2008, pp. 164 – 165.

相。我们在生成和理解某些隐喻（如刻意隐喻）时，并不完全是无意识的，有时候会处于一种有意识的状态。Baumeister 和 Masicampo 指出，意识使我们进行有意义的、序列性的思维得以可能，它对于人类的交际活动至关重要。[①] 很难想象，我们可以抛下意识，仅靠无意识就可以对隐喻的使用进行全面而充分的理解。

刻意隐喻理论对有意识地使用隐喻的强调可能会让有些人觉得，它是传统修辞学隐喻观的回归和复苏。这样的评价是不恰当的。刻意隐喻理论并没有无视和抛弃概念隐喻理论，而是提醒我们重新认识被概念隐喻理论所忽略和淡忘的事实。刻意隐喻理论对于意识的强调，将有助于拓宽现有的隐喻理论的聚焦点，从而有助于我们更系统地理解现实生活中我们是如何生成和理解隐喻。我们认为，对于意识的强调，将会引发新的探讨和思考。首先，有意识的隐喻思维与无意识的隐喻思维是何种关系？两者是如何相互影响的？其次，有意识的隐喻思维是在何种条件下发生的？存在充分条件或必要条件吗？有相应的启动信号吗？Gibbs 通过心理学实验的方式测试了各种语用线索（pragmatic signals）是否能够触发人们有意识地理解规约隐喻。[②] 遗憾的是，实验结果并不能确认刻意隐喻所预设的效应。Gibbs 的实验是一种非常有意义的尝试，但无法给出一些判决性的结论。此外，有意识的隐喻使用必然涉及不同层面的策略性选择，我们应该建立一种怎样的理论框架去系统地描述这个选择的过程呢？这些都是需要我们在接下来的研究中认真思考的问题。本章第二节将在刻意隐喻理论的基础上，结合语用顺应论，具体阐释隐喻使用的语用顺应论理论框架。

[①] Baumeister, R. F. and Masicampo, E. J., "Conscious thought is for facilitating social and cultural interactions: how mental simulations serve the animal-culture interface", *Psychological Review*, Vol. 117, No. 3, 2010.

[②] Gibbs, R. W., "Do pragmatic signals affect conventional metaphor understanding? A failed test of deliberate metaphor theory", *Journal of Pragmatics*, 2015.

二 隐喻的三维模型

刻意隐喻的提出不仅让语言使用中的意识问题回归到人们的视野之中,也拓展出了人们全面认识隐喻现象的一个新维度。根据刻意隐喻理论,说者(或写者)在生成刻意隐喻时,会通过一定的信号(语用标记)引导听者(或读者)有意识地将该隐喻当作隐喻来处理。[①] 具体地说,"刻意隐喻是说话人发出的一种显性邀请,引导受话人走出原先在话语中占主导地位的目标域,透过不同于以往的始源域来看待目标域。而非刻意隐喻中不存在这一特定的交际目的,它并没有打算改变受话人在当前话语事件上的视角"[②]。这就说,刻意隐喻涉及交际主体间的有意图的信息传递。因此,刻意隐喻理论将交际维度引入对隐喻的分析,也就十分自然了。

在过去的四十多年中,隐喻研究的认知转向虽然推进了人们对隐喻认知机制的认识,但它没有对隐喻语言结构、隐喻使用语境、隐喻使用主体和这些因素之间的动态关系给予足够的重视。很多学者比较早地认识到了这个问题,例如英国学者林恩·卡梅伦就指出,这种多维视角似乎在这半个世纪中丢失了。[③]斯蒂恩进一步指出,"旧的当代隐喻理论将语言中的隐喻和思维中的隐喻之间的关系弄反了,开启的隐喻研究属于'认知—科学'范式。虽然其他进路下的隐喻研究,比如功能和应用语言学或话语分析,也受到了这一范式发展的启发。但这些进路下研究的发展也清晰暴露出'认知—语言学'方法太过局限的问题,它们无法囊括隐喻的所有重要

[①] Steen, G. J., "The contemporary theory of metaphor—now new and improved!", *Review of Cognitive Linguistics*, Vol. 9, No. 1, 2011.

[②] Steen, G. J., "The contemporary theory of metaphor—now new and improved!", *Review of Cognitive Linguistics*, Vol. 9, No. 1, 2011.

[③] Cameron, L. and Low, G., *Researching and applying metaphor*, Cambridge University Press, Cambridge, 1999, p. 8.

方面"①。那么，如何整合当前隐喻研究中所取得的成果？如何平衡隐喻语言、认知和交际之间的关系？如何建立面向日常隐喻使用的统一连贯的分析框架？这些问题就变得十分迫切。

斯蒂恩深刻地认识到：刻意隐喻的存在是现有的语言维度的隐喻研究和思维维度的隐喻研究所无法涵盖和解释的。新事实的发现和现有理论解释力的不足，强有力地驱动了新理论的建构。因此，斯蒂恩提出了三维度隐喻模型：第一个维度是语言维度，主要涉及比喻与隐喻之间的对立关系；第二个维度是思维维度，主要涉及常规隐喻与新奇隐喻之间的对立关系；第三个是交际维度，主要涉及刻意与非刻意之间的对立关系。②我们同意斯蒂恩的看法，这三个维度相互补充，既有助于我们独立地分析各个隐喻在语言、概念和交际维度上的特性，又有助于我们全面地理解各维度之间的相互影响。我们也同意斯蒂恩的判断，三个维度的相互作用会对各种生成、理解、互动、习得、学习和保持过程产生影响。③但是，我们担心的是如何在这个综合性的宽阔视角下，对隐喻使用的各个层面做出统一连贯的解释。本章第二节中所介绍的隐喻使用的语用顺应论正是试图解决斯蒂恩所提出的问题的一种尝试和探索。

三 隐喻理解与结构映射

根据刻意隐喻理论，刻意隐喻一般会在听者那里形成一个有意识的跨域映射，而非刻意隐喻却与之不同，它的理解是以范畴归属和词汇消歧的方式进行的。这可以说是刻意隐喻理论在隐喻理解的

---

① Steen, G. J., "The contemporary theory of metaphor-now new and improved!", *Review of Cognitive Linguistics*, Vol. 9, No. 1, 2011.

② Steen, G. J., "The Paradox of Metaphor: Why We Need a Three-Dimensional Model of Metaphor", *Metaphor and Symbol*, Vol. 23, No. 4, 2008.

③ Steen, G. J., "The contemporary theory of metaphor—now new and improved!", *Review of Cognitive Linguistics*, Vol. 9, 2011.

具体机制上对刻意隐喻和非刻意隐喻之间的区别进行说明。这一说明在一定程度上得到了隐喻生涯理论[①]的支持。根据隐喻生涯理论，隐喻首先是以结构映射的方式得以理解的，而在规约化后，其理解方式就变成了范畴归属。

刻意隐喻理论的上述区分在总体上似乎说得通，但在细节上却显得过于粗糙。根据刻意隐喻理论对刻意隐喻的定义，刻意隐喻的认知有两个重要的特征：一是有意识的，二是概念上的映射。而非刻意隐喻也具有两个特征：一是无意识的，二是范畴归属。刻意隐喻和非刻意隐喻是两组相对的概念，前者属于正概念，后者属于负概念。从集合论的角度看，那些不属于刻意隐喻的隐喻类型，应该就可以划入非刻意隐喻的范畴。但事实上，我们却无法这样做。其中，主要的原因在于存在以下两种情况。

首先，存在"有意识范畴归属推理"的隐喻。根据范畴归属理论，"在隐喻中，喻体词（vehicle term）有两个潜在的指称对象：一个是字面指称，而另一个则是以这个喻体为典型代表的事物或情境的类范畴。如果这个范畴被用于描写一个隐喻本体，那么它就发挥一个赋予隐喻本体以特征的归属性范畴的作用"[②]。如在隐喻表达"My job is a jail"中，喻体词"监狱"会形成两个指称，其一是现实世界中关押犯人的地方，其二是那些具有限制性、压制性、惩罚性等特征的事物或情境范畴。隐喻理解时，前一个指称被抑制，而后一个指称发挥类范畴的作用。我们没有任何理由简单地认为隐喻理解中涉及的范畴归属推理不会有"意识"的参与。与范畴归属理论十分相似的一种解释是关联理论对隐喻理解所做出的说明。根据关联理论，隐喻的理解是关联原则指导下，词汇的所指对象范围扩

[①] Bowdle, B. F. and Gentner, D., "The career of metaphor", *Psychological Review*, Vol. 112, No. 1, 2005.

[②] Glucksberg, S. and Mcglone, M. S., "When love is not a journey: What metaphors mean", *Journal of Pragmatics*, Vol. 31, No. 12, 1999.

大和缩小的过程。① 这个过程当然是一个词汇消歧的过程，但是这个过程存在复杂的推理，也难以将所有的过程都归入无意识。隐喻生涯理论希望通过引入时间维度来调和概念映射与范畴归属之间的矛盾。但这种简单地将概念映射放在隐喻理解的前期阶段，将范畴归属放在后期阶段的序列安排，显然有些草率。②

其次，存在"无意识概念映射推理"的隐喻。概念隐喻理论认为，隐喻性的表达是概念隐喻的外化，隐喻性表达的理解会激活概念隐喻。这里所说的概念隐喻就是两个概念系统之间的跨域映射。目前已经有大量的心理语言学实验证明，概念隐喻常会在隐喻的理解中被激活，而这种激活也常常是在无意的状态下完成的。③ Gibbs 进一步指出，"文学中传统隐喻和新奇隐喻暗含概念隐喻映射，许多认知诗学研究对这些映射包含的多种修辞和美学效果进行了检视"④。可以毫不夸张地说，这是过去四十多年中，我们在隐喻研究中所取得的最大成就之一。但是，在刻意和非刻意的区分中，此类大量存在的隐喻类型却显然没有得到恰当的安排。也正是在这一点上，刻意隐喻理论招致了十分严厉的批评："斯蒂恩自称因为刻意隐喻理论强调交际中的隐喻，所以刻意隐喻理论是隐喻研究的一条新路径。但是令人惊讶的是，他没有参考其中任何一个研究，而且也没有承认任何一个实证研究中，人们在理解话语中的隐喻时实际上是如何推理的。"⑤

---

① Wilson, D., "Parallels and differences in the treatment of metaphor in relevance theory and cognitive linguistics", *Intercultural Pragmatics*, Vol. 8, No. 2, 2011.

② 关于范畴归属理论、关联理论和隐喻生涯理论的介绍详见第一章第二节。

③ Nayak, N. P. and Gibbs, R. W., "Conceptual knowledge in the interpretation of idioms", *Journal of Experimental Psychology*, Vol. 119, No. 3, 1990.

④ Gibbs, R. W., "Categorization and Metaphor Understanding", *Psychological Review*, Vol. 99, No. 3, 1992.

⑤ Gibbs, R. W., "Does deliberate metaphor theory have a future?", *Journal of Pragmatics*, Vol. 90, 2015.

四 隐喻生成与隐喻的有意使用

下面,让我们再回到刻意隐喻理论对刻意隐喻的定义:刻意隐喻用法是刻意地将隐喻当作隐喻来使用。斯蒂恩具体地说,在刻意隐喻的使用中,表达者明确地希望听者或读者在理解隐喻时建立跨域映射。[①] 在各个定义中,除了我们前面探讨的意识问题、映射问题、交际维度问题外,还涉及生成和理解两个不同的过程。当前的隐喻研究中,我们的很多理论把重心放在隐喻的理解这方面,而对隐喻的生成缺乏必要的关注或只是轻描淡写。斯蒂恩明确地指出,"说话人或者写作者有时确实会在说话或写作过程中反复忖度,然后选择一个修辞手段,比如将隐喻当作隐喻来使用"[②]。Gibbs 显然也十分赞同这一看法:"在这一点上斯蒂恩是完全正确的,'说话人或者写作者有时确实会在说话或写作过程中反复忖度,然后选择一个修辞手段,比如将隐喻当作隐喻来使用'。"这就是说,隐喻使用的意识性不仅体现在隐喻的理解中,也体现在隐喻的生成过程中。因此,我们可以在刻意隐喻理论中看到一种新的希望,一种能够在隐喻生成和隐喻理解之间保持必要的平衡的可能性。在隐喻使用的语用顺应论中,我们可以看到隐喻生成与理解都是一个不断做出选择的过程。这个选择的过程有时是有意识的,有时是无意识的。而在概念隐喻理论视角下,隐喻生成维度和有意识的维度被严重忽略了。刻意隐喻理论从某种程度上说是一种有益的提醒和补充,为隐喻使用的语用顺应论提供了坚实的理论可能性。

沿着这一思路,我们也许可以进一步细分出如下四种可能的情况:①隐喻的生成是无意识的,隐喻的理解也是无意识;②隐喻的

[①] Steen, G. J., "Developing, testing and interpreting Deliberate Metaphor Theory", *Journal of Pragmatics*, Vol. 90, 2015.

[②] Steen, G. J., "Developing, testing and interpreting Deliberate Metaphor Theory", *Journal of Pragmatics*, Vol. 90, 2015.

生成是无意识的，但隐喻的理解是有意识的；③隐喻的生成是有意识的，但隐喻的理解是无意识的；④隐喻的生成是有意识的，隐喻的理解也是有意识的。在这四种情况中，概念隐喻理论主要关注的典型情况是第一种，而刻意隐喻理论主要关心的典型情况是第四种。在我们的日常生活中，我们运用概念隐喻理论的方法和技术对无意识生成的大量隐喻话语进行分析，寻找其背后的概念隐喻，并对其进行意识形态分析的过程，就应该属于第二种情况。而第三种情况，可能也会存在。发话人有意识地选择一些规约性的隐喻表达以激活特定的概念隐喻，但由于所用隐喻是规约性的，所以听话人的理解可能就是无意识的。我们认为，这种细致的区分可以进一步丰富刻意隐喻理论在作出具体预测时的准确性，同时也可以推导出可以被进一步验证的假设。刻意隐喻理论突出了有意识的隐喻使用，使隐喻的推理问题重新回到了人们的视野。因为基于这种有意识的使用，我们可以将隐喻的生成和理解看作一个不断做出选择的过程。既然是一个选择，就自然会涉及诸多推理的问题。但刻意隐喻理论显然没有在这方面进行深入的研究，自然也没能提供可行的分析模型和方案。下一节将从语用顺应论的角度进一步对隐喻使用的具体选择过程进行一种统一连贯的分析。

第二节　语用顺应论视角下的隐喻使用[①]

一　隐喻使用的语用学分析

很多语用学理论提出者，如格赖斯、塞尔、斯珀波和威尔逊等都曾对隐喻现象做过大量的研究工作。[②] 现有的隐喻语用分析面向

[①] 徐慈华、黄华新：《汉语隐喻的语用综观探析》，《浙江大学学报》（人文社会科学版）2008 年第 5 期。

[②] 徐慈华：《选择与适应——汉语隐喻的语用综观研究》，中国社会科学出版社 2009 年版，第 7—20 页。

日常生活中隐喻使用的实际情况，将会话原则、言语行为规则和语境因素等相关内容纳入对隐喻的研究中，这是很有意义的。但这些研究也存在明显的不足。首先，现有的分析和解释都是从某个特定的理论角度提出的，各个理论解释之间独立性强、兼容性差，未能形成一个统一的研究范式。其次，现有的分析和探讨着重点放在隐喻的识别和理解上，而对隐喻的产生并没有给予足够的关注。因而，这样的理论分析是不完整的。最后，没有对语境系统的内部结构，以及语境各要素与隐喻使用之间的具体关系做出说明。隐喻生成者、隐喻理解者的不同与源域的选择有怎样的关系？源域的选择会受到哪些社会因素和物理条件的影响？不同信息通道和文体特征如何影响隐喻使用？隐喻理解中的语境是如何动态生成的？隐喻理解的认知操作如何在语境干涉下完成？等等问题，都无法在现有的语用研究中找到满意的答案，而这些问题也正是我们需要着力关注的焦点。

目前已有大量的研究表明，隐喻的生成和理解受到多种力量的影响。这些力量包括持久的隐喻性概念、之前已理解的隐喻性言语、肢体运动、动作、性别、职业、时刻变化的亲密度与距离、特定社会文化群体中的常规对话、具体语言和文化等。为了检视个人、语言、认知、情感和社会这些不同参数对隐喻的共同影响，Gibbs 和 Cameron 引入了复杂动态系统及相关的概念来解释隐喻表达的稳定性和变化性。[1] 作为一种不同于 Gibbs 的解决方案的尝试，本节的目标是要阐述一种基于语用顺应论的语用学分析，为隐喻的使用提供一个统一连贯的分析框架。

---

[1] Gibbs, R. W. and Cameron, L., "The social-cognitive dynamics of metaphor performance", *Cognitive Systems Research*, Vol. 9, No. 1, 2008.

二 语用顺应论的理论视角

语用顺应论（Adapt Theory of Pragmatics，ATP），也常被称为语用综观论，是由比利时学者耶夫·维索尔伦（Jef Verschueren）提出的。该理论影响深远，被认为是欧陆语用学走出困境的一次富有成果的尝试。

维索尔伦认为，"语言使用是（在说话和解释中同时进行的）一个连续不断的语言选择过程"[①]。那么，如何才能理解这个"做出选择"的过程呢？维索尔伦认为，至少需要三个处于不同层次但又相互联系的关键概念：变异性（Variability）、协商性（Negotiability）和适应性（Adaptability）。[②] 其中，变异性指的是决定可能进行选择的范围的语言特性；协商性指的是选择不是机械的，而是受到一些灵活的原则和策略的指引；适应性语言使人从范围不定的一系列可能性中通过协商做出选择，以此方式来满足交际需要的特性。

围绕着"适应性"这个核心概念，维索尔伦进一步指出了语用描写和语用解释所分派的四项明确的任务。[③] 第一，必须确认适应性的语境相关成分。这些成分包括交际语境中必须和语言选择相互适应的全部要素，它涉及的范畴，从物理语境中的方方面面（如距离影响到说话声音的大小），到说话人和听话人之间的关系，以及交际双方的种种心态。第二，必须参照不同层次的语言结构来谈论适应性。适应过程可以在符号系统—渠道—代码—风格—言语活

---

① ［比］维索尔伦：《语用学诠释》，钱冠连、霍永寿译，清华大学出版社2003年版，第15页。
② ［比］维索尔伦：《语用学诠释》，钱冠连、霍永寿译，清华大学出版社2003年版，第69页。
③ ［比］维索尔伦：《语用学诠释》，钱冠连、霍永寿译，清华大学出版社2003年版，第77—78页。

动—语篇类型—言语行为—命题内容—句子和词组—词—语音等多个语言结构层次上发生和施行。第三，任何一种语用学描写或语用解释，都必须解释其所研究的现象中体现出来的适应性动态过程。换句话说，即适应过程在时间轴上的发展过程。这里需要充分体现选择的协商性，必须回答：交际原则和策略在产生和解释选择的做出和协商过程中是按何种方式使用的。第四，还必须考虑到适应过程的意识突显性。在适应过程中，意识突显性具有程度的差异。并非所有的选择，包括产出性选择和解释性选择，都具有同样的意识性和目的性。适应过程可能呈现三种状态：意识到、半意识到、未意识到。这种对语言使用中意识层度的区分，与斯蒂恩等人所强调的隐喻的刻意使用思想相吻合，为相关理论的融合与重构创造了必要的条件。维索尔伦最后做了总结，"这四项任务合起来可以看作是对任一给定的语言现象所投射的充分的语用学综观所必不可少的要素"①。

　　语用顺应论的哲学渊源来自进化认识论，进化认识论则是受到达尔文生物进化论的启发。达尔文在《物种起源》一书中，条理清晰，论据翔实地阐述了具有划时代意义的生物进化论思想。(1) 生物变异。由于受到生物内部本性和外部生存环境影响，生物会发生变异，而且数量惊人。(2) 生存竞争。高繁殖率与食物和生存空间的有限性之间的矛盾，导致了生物与无机物界、生物种群之间、生物内部个体之间存在普遍的竞争和斗争。(3) 适者生存。生存竞争中，绝大多数个体死亡，只有那些具有有利变异的少数个体得到生存和繁衍。② 可见，维索尔伦关于语言使用的思想与达尔文进化论之间存在很强的对应性（见图2-2）。

---

　　① [比] 维索尔伦：《语用学诠释》，钱冠连、霍永寿译，清华大学出版社2003年版，第79页。

　　② [英] 达尔文：《物种起源》，舒德干等译，北京大学出版社2005年版。

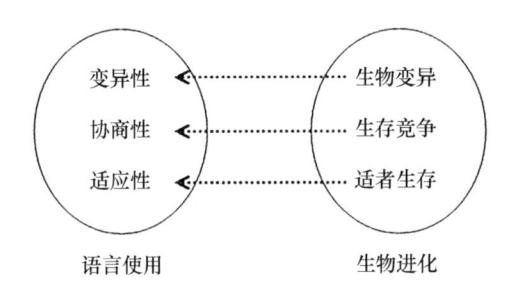

```
变异性  ←·······  生物变异
协商性  ←·······  生存竞争
适应性  ←·······  适者生存

语言使用         生物进化
```

图 2-2 语言使用于生物进化之间的对应关系

维索尔伦在对语用顺应论作简要回顾时指出,"我所使用的适应这一概念不是凭空得来的,而可以看作是社会科学中'一个正在兴起的范式'的一个例子。尤其值得一提的是,进化认识论已经把生物学理论,尤其是它的自然选择范式,扩展到行为和社会——文化的各个方面,包括语言、学习和科学"①。显然,维索尔伦在方法论上采用了隐喻的方式建构了语用顺应论的基本框架。隐喻方法在科学探索和科学理论建构方面中所具有的方法论价值,已经引起了越来越多的科学哲学家的重视和关注。语用顺应论的提出可以说是再一次验证了隐喻认知的理论建构功能。

维索尔伦指出,"正如不可能给语用学指派一个基本的分析单元那样,也不可能鉴别出一个具体的相关对象。语用学涉及的是语言性行为的全部复杂现象。从这一视角出发,我们无法研究认知问题而不考虑社会和文化,也无法只考虑文化问题而撇开其认知基础和对认知的启示"②。因此,语用学就成了一种从认知、社会和文化的整体角度对语言使用现象的综合研究。作为研究人们如何使用语

---

① [比]维索尔伦:《语用学诠释》,钱冠连、霍永寿译,清华大学出版社2003年版,第309—310页。
② [比]维索尔伦:《语用学诠释》,钱冠连、霍永寿译,清华大学出版社2003年版,第9页。

言的语用学,也就成了语言学与其他人文学科和社会科学的结合点。语用顺应论所持有的综观视角与刻意隐喻理论所主张的三个维度高度一致,因而语用顺应论可以为刻意隐喻理论提供具体的分析框架和工具。

正如卡梅伦和斯蒂恩等学者所指出的那样,隐喻的使用是一种语言、认知和交际现象,需要多学科的共同关注。但是,对于"我们是如何使用隐喻的"这样一个问题,却从未形成过一个统一的认识,也无理论上的章法可循。语用顺应论所特有的跨学科视角,对于这个问题的回答提供了一个很好的分析框架。

三 隐喻生成的机制

我们为什么要使用隐喻?这是隐喻研究所不可回避的问题。如果把隐喻生成看作一种策略性的选择,那么这种策略只有具备了适应性,才有可能被语言使用者所选择。适应性应该如何来衡量?隐喻又是如何体现这种适应性的?当发话人选择以隐喻方式表达对某一目标域(本体)的体验时,就需要寻找合适的始源域。那么,发话人将遵循什么原则,采取何种策略来寻找始源域,能找到哪些始源域,又是如何对其做出适应性评估的?下文将对上述问题做深入探讨。

(一)隐喻生成的动因

语言选择必须与语境系统相适应。为了尽可能满足语境系统的要求,发话人常常会试探性地提出多个可供选择的方案,然后经过比较,筛选出最具适应性的方案。适应性应该如何来衡量呢?在自然界中,具备较高适应性的生物从消耗—功效的角度看,可分为两种不同的类型:一是在消耗量相同的情况下,功效多者适应性更强;二是在功效相同的情况下,消耗量少者更具适应性。借用经济学中的术语就是"经济性"。经济性与消耗量成反比,与功效成正比。经济性程度越高，适应性的程度也就越高。同理，我们可以用经济性来评价语言选择的适应性程度。在语言使用过程中，对于经济性的追求，实际上就是要达到语言选择的适应性。在多种可供选择的语言备选方案中，如果一种方案投入少、产出大，即经济性程度最高，那么它就具备了最佳适应性。语言适应的过程也就成了寻找最经济的选择的过程。这一思想与关联理论中的最佳关联思想高度吻合。这在某种程度上可以说明，语用顺应论预设了关联理论的存在。

从语用顺应论的角度看，只有当隐喻生成具有最佳适应性，发话人才会选择使用隐喻。而衡量最佳适应的重要标准就是经济性。如果我们能够证明隐喻表达具备了较好的经济性，那么就能证明隐喻生成具有最佳适应性。自然也就能够理解，我们为什么要选择使用隐喻。徐慈华、黄华新等人分别从隐喻式命名和隐喻式陈述两个方面阐述了隐喻使用的经济性。[1]

(二) 始源域的可及性

发话人选择以隐喻方式表达对某一目标域（本体）的体验时，就需要寻找合适的始源域。那么，发话人将遵循什么原则，采取何种策略来寻找始源域，能找到哪些始源域？这就涉及始源域的可及性问题。所谓可及性，指的就是某一概念域成为始源域的可能性。简单地说，一个概念域对于某一发话人而言，在某一特定方面与目标域有相似属性，那么该概念域就有可能成为始源域。相似性是始源域可及性的基础。当发话人要以隐喻方式表达某一新的认识和发现时，发话人就需要寻找同样具有该特征的概念域，然后再确定意指该概念域的符形。这个过程就是一个相似联想的过程，也是一个从认知的此岸（目标域）到彼岸（始源域）的过程。

---

[1] 黄华新、徐慈华：《隐喻表达与经济性原则》，《浙江大学学报》（人文社会科学版）2006年第5期。

在相似联想的过程中，发话人可能会激活多个具有特定属性的概念域。例如，当我们要以隐喻方式表达原子结构中电子环绕原子核运行的情形时，我们会想起太阳系，也可能想起打靶用的靶纸。从一个目标域中，根据相似性演绎出多个可供选择的始源域，就好像一个生物体衍生出了多个子代个体，而且每个个体既有相似性，又有差异性。这就是维索尔伦所说的变异性在隐喻生成中的一种体现。始源域的适应性选择就是在这个可能的范围中做出的。

（三）始源域选择的标准

如果仅仅从相似点的角度看，一种属性或特征在发话人的头脑中会激活多个具有这种属性或特征的认知域。[①] 那么，发话人到底应该遵循什么原则来选择最具恰当性的始源域呢？这就涉及源域的可接受性问题。其中，最佳个体关联是影响始源域可接受性的首要因素。

要理解什么是最佳个体关联，首先要了解什么是关联。用斯珀波和威尔逊的话说就是，"在特定的语境中，一个假设是关联的，当且仅当这个假设在那个语境中有语境效果"[②]。关联有程度之分，它与语境效果成正比，与认知投入成反比。所谓最佳关联，指的就是"话语理解时付出有效的努力后获得足够的语境效果"。

斯珀波和威尔逊认为，"我们都生活在同一个物理世界中。我们花费一生的精力从这个共同的环境中获取信息，并建构起对它的最有可能的心理表征。我们建立起来的表征是不同的，一方面是因为我们有限的物理环境是不同的，另一方面是因为我们的认知能力也不一样。每个人的感知能力的有效性也是不一样的，而且推理能

[①] 这个寻找和激活的过程将在本章第四节关于溯因推理的探讨中具体说明。

[②] Sperber, D. & Wilson, D. *Relevance: Communication and Cognition.* Beijing: Foreign Language Teaching and Research Press, 2003 / Blackwell Publishers Ltd. 1995. p. 122.

力也不同"①。因此，即使在一个有限的共同环境中，某个特定个体或群体可及的认知环境也是不一样的。简单地说，这就是认知环境的个体差异性。对于某个特定的个体或群体而言，如果某个认知语境的可及性差，意味着他对该认知语境就不熟悉，那么他就需要更多的认知努力去接近这个认知语境。

基于认知环境的个体差异，斯珀波和威尔逊提出了个体关联的观点，"在某一特定的时间，一个假设对于某个个体是关联的，当且仅当，这个假设与这个个体可及的一个语境或多个语境关联"②。隐喻生成总是指向某个或某一群特定的释话人，哪怕是以假想的对象。因此，在始源域选择的时候，要遵循最佳个体关联原则。最佳个体关联性的程度越高，就意味着释话人获得特定语境效果所需的认知投入越小。也就是说，只有具备最佳个体关联性的始源域，才能获得更高的可接受性。

在隐喻生成中，为了让释话人获得最佳个体关联，发话人就需要选取释话人熟悉的事物，也就是说要选取更容易激活特定认知域的喻体词。孔子曾提出过"能近取譬"的观点。这里的"近"实际上有两层含义：其一是靠近发话人，即喻体是发话人熟悉的事物；其二是靠近释话人，即喻体是释话人所熟悉的事物。

四 隐喻理解的机制

与隐喻生成相同，隐喻理解也是一个不断做出选择的适应过程。在话语的理解过程中，释话人一接触到话语，就要开始做选择。他首先要面对的第一个选择就是以字面义的方式理解，还是以隐喻的方式理解，或者是以其他方式理解。如果选择以隐喻方式进

---

① Sperber, D. & Wilson, D. *Relevance*: *Communication and Cognition*. Beijing: Foreign Language Teaching and Research Press, 2003 / Blackwell Publishers Ltd. 1995. p. 38.

② Sperber, D. & Wilson, D. *Relevance*: *Communication and Cognition*. Beijing: Foreign Language Teaching and Research Press, 2003 / Blackwell Publishers Ltd. 1995. p. 144.

行理解,那么他就需要通过激活或抑制等认知操作,以选择不同的概念内容。这个选择的过程需要进一步在语境中得到确认,语境信息的不足就会导致隐喻理解上的误解。

(一)隐喻理解的触发条件

在隐喻表达生成的最后阶段,发话人会有意或无意地使用各种手段来表达自己有隐喻地使用这个句子的意图。这也正是刻意隐喻理论所强调的重点。从理解的角度看,释话人就需要寻找相应的线索和证据来识别出发话人的意图,从而做出正确的理解策略选择。这些线索可以分为以下三种不同的类型。

第一是语形线索。在英语中,常常会出现像"metaphorically""practically""actually"或"virtually"等词。这些词的存在会在很大程度上引导释话人选择以隐喻的方式理解遇到的话语。第二是语义线索。比较明显的特征是出现语义异常或语义距离。从语义层面上看,My job is a jail. 有一个明显的范畴错置,因为 job 和 jail 的外延没有交集,即 [job] ∩ [jail] = Ø。虽然学者们对于隐喻理解的本质仍有很多分歧,但是不可否认语义距离和语义冲突对于隐喻的识别具有重要的价值。隐喻语义的矛盾性是一种表面现象,它实际上可以看作隐喻的信号。第三是语用线索。语义距离和语义冲突会出现在句子中,也可能出现在句与句、句与语篇之间。有时一个句子孤立地看很难判断它是不是隐喻的,这就需要引入语用因素。从某种意义上说,某一语言表达成为隐喻的第一要素就是从语用角度或语境角度来看,它是异常的。在隐喻识别程序 MIP 中有一个重要的步骤是确定语境义与基本义是否存在鲜明的对比。[1] 在视觉隐喻识别程序 VISMIP 中,就包含发现不协调的视觉单元。[2] 这些冲突

---

[1] Pragglejaz 团队:《MIP:一种识别语篇中隐喻性词汇的方法》,载唐孝威、黄华新主编《语言与认知研究》(第六辑),社会科学文献出版社 2012 年版,第 3 页。

[2] Gerard J. S., *Visual Metaphor: Structure and Process*, Amsterdam: John Benjamins Publishing Company, 2018, pp. 69 – 30.

和异常实际上就是语义和语用层面上的线索。当释话人接触某一话语信息时，选择以隐喻的方式来理解该话语，实际上就是对各类隐喻信号做出适应性反应。

(二) 概念域内容的选择

哲学家布莱克（Black，M.）认为，隐喻的理解是基本主词和次要主词所引发的隐含复合体之间的互动。[①] 莱考夫则更为明确地指出，现代意义上的隐喻指的是"概念系统内的跨域映射"[②]。选择以隐喻方式进行理解后，释话人需要通过特定选择性推理来建构概念结构。Kövecses 将隐喻理解所可能激活的结构分为意象图式、认知域、框架、心理空间等四个不同的层次。[③]

在隐喻理解中，释话人并不是无限制地激活所有可能的语义特征。而是根据语境提供的信息，选择某种特定的视角，然后再建构相应概念结构。也就是说，认知主体建构一个怎样的概念结构取决于他的选择。选择不同，生成的概念结构也不同。当释话人根据语境选择某种视角后，会建构起两个局部性的动态概念域，并在这两个概念结构之间建立互动关系。概念结构间的互动，从概念映射理论的角度看，就是建立起映射和投射关系。例如：

人生就是一场旅行。

释话人可以从通常的事件脚本角度建构本体词和喻体词的概念域。例如，"旅行"的概念域包括旅行者、旅行方式、旅途艰辛、强弱项和目的地等要素。与此相应，"人生"的概念域包括人、生

[①] Black, M., "*More about Metaphor*", in Ortony, A., ed., *Metaphor and Though*, Cambridge: Cambridge University Press, 1993, pp. 27 – 28.

[②] Lakoff, G., "*The Contemporary Theory of Metaphor*", in Ortony, A., ed., *Metaphor and Thought*, Cambridge: Cambridge University Press, 1993, p. 203.

[③] 详见第一章第二节相应部分。

活方式、生活困难、优缺点和人生目标等。两者在认知互动中建立了映射关系。但即使建构了这样一个映射关系，不同的释话人仍可能做出完全不同的语义选择。这说明语义网络之间的投射具有选择性。

在隐喻理解过程中，并不是所有的相关概念和命题都一次性激活，并全部投射过去的。而是根据认知语境和交际意图有选择性地局部激活和投射的。这个有选择性地局部激活和投射的过程与认知上的语义抑制有密切的关系。

（三）语义选择的确证

面对多种概念激活和语义选择，释话人应该如何判断？从生物进化角度看，只有那些比较好地适应其所在环境的物种才能在激烈的竞争中生存下来。语义选择也是如此，只有那些适应特定语境的语义才能最终被确定下来。例如隐喻句：市场是大海。在释话人的头脑中，可能会激活如下映射：

企业家	→	渔夫
企业	→	渔船
利润	→	鱼
风险	→	风浪

但上述的理解并不具有唯一性。"大海"这个词可能激活的是"大鱼""小鱼""虾米"等概念，相应的"市场"这个词可能激活"大公司""小公司""小工厂"等概念。两者建立起了映射关系。因为"大鱼、小鱼和虾米"之间存在吃与被吃的关系，而具有残酷性，因此，"大公司、小公司和小工厂"之间的那种关系也具有残酷性。

那么，到底哪种解释是发话人真正要传递的意思呢？释话人就要结合语境信息，通过溯因推理，对两种不同的语义假设进行适应性判断。Hobbs 等人认为，"溯因推理是一种寻求最佳解释的推理。话语中句子的理解过程可以被看作是为句子为何为真提供最佳解释的过程"[①]。不仅如此，我们之所以选择了某个假设，是因为该假设比其他假设能更好地解释观察到的事实。本章第四节将深入探讨溯因推理在隐喻生成与理解中的作用。

哲学家波普尔在《猜想与反驳》一书中指出，"知识，特别是我们的科学知识，是通过未经证明的（和不可能证明的）预言，通过猜测，通过对我们问题的尝试性解决，通过猜想而进步的。这些猜想受批判的控制；就是说，由包括严格批判检验在内的尝试的反驳来控制"[②]。波普尔的思想同样可以从进化论的角度进行理解。同样，我们也可以借用波普尔的"猜想—反驳"模式来看待隐喻理解中的适应性选择问题。释话人在隐喻理解过程中会形成诸多语义假设。这些语义假设同样面临着"生存"问题，那些适应语境要求、经受得住检验和反驳的语义假设被释话人提取出来，而另外一些假设则很快会被放弃。也正是通过这样一个过程，释话人使自己对隐喻的理解逐渐接近发话人的表达意图。

从上述分析中我们可以看到，隐喻的理解可以是一个充满试错和不断修正的过程。这个过程允许释话人根据语境的变动进行多次协商和调整，而现有的隐喻理解理论似乎在这方面并没有给予足够的重视。

（四）隐喻理解中的误解

误解是日常言语交际中经常发生的现象，也是修辞学和语用学研究中的重要问题。隐喻理解的解释性选择中，同样都涉及了指称

---

① Hobbs, J. R., Stickel, M. E., Appelt, D. E. and Martin, P., "Interpretation as abduction", *Artificial Intelligence*, Vol. 63, No. 1, 1993.

② ［英］波普尔：《猜想与反驳——科学知识的增长》，傅季重译，上海译文出版社 2005 年版，第 1 页。

确定、语义理解和语用推理等问题。因此，从意义角度对一般话语误解现象所做的分析对于隐喻误解问题的研究来说，仍然具有很强的借鉴意义和参考价值。但是，隐喻的理解有其自身的独特性。首先，隐喻理解中存在双重指称的问题，不但有一级指称，而且还有二级指称，这是非隐喻语言中所没有的；其次，虽然隐喻理解离不开字面意义，但是隐喻所要传达的命题意义均非字面意义，它与语境有很密切的关系，应该说这些命题意义均属于话语中暗含的意义，而且隐喻表达还要在此基础上实现多种交际意图。正是这些特征的存在使隐喻误解的问题变得更为复杂。常见的隐喻误解主要是对指称的误解，对命题的误解，以及对话语用意的误解等三种情况。

亚里士多德将隐喻看作"把一个属于别的事物的词给予另一个事物"。从符号学角度看，这实际上就意味着，原有指称关系的破裂和新的指称关系的建立。利科更为明确地指出，"诗歌语言的指称概念根植于隐喻陈述的分析中，这种指称概念打算排除日常语言的指称并且以具有双重身份的指称概念为范例"[1]。隐喻生成过程中存在指称变动，从而出现了双重指称。隐喻理解过程中，就要根据具体语境，判断隐喻句中喻体词的实际指称。如果判断错误，就会出现误解。

导致释话人对隐喻产生误解的最主要的原因是语境的不完备性。释话人无法建构一个有效的认知语境来为正确的选择提供足够充分的引导和支持。话语理解中的解释性选择，好比是水，在重力的作用下，沿着特定的地势蜿蜒前进。如果缺乏语境信息，就好像把水放在水平的玻璃面上一样，不知流向何方。我们会进一步追问：为什么这些情况下释话人不能得到足够的语境信息？其中，一

---

[1] [法]利科：《活的隐喻》，汪堂家译，上海译文出版社2004年版，第316页。

部分责任应归于发话人，是他没有给释话人提供足够的话语信息。但更主要的原因在于释话人自身在话语交际中所处的位置。在第五章的烟草广告案例中，很多信息的接收者并不是目标客户群，也未能建立足够的认知语境，因此往往会把广告当成一个宣传人生道理的公益广告。

维索尔伦指出，释话人是一个功能性实体，可以扮演多种不同的角色。[1] 这些角色首先是所有"出席"或处于一个言语事件附近的到场人的一个次类。然后，还可以根据参加与非参加的标准，将释话人的角色分为参加者和非参加者。其中，参加者又可分为受话人和近旁参加者；非参加者又包括旁听者、飘言入耳者。飘言入耳者又可以进一步再分为：（可见）偷听者和（隐藏）偷听者。角色不同，所建构的语境就会有差异，在隐喻理解上也会有不同的可能性。

由于发话人在源域和隐喻表达的选择中遵循了最佳个体关联原则，所以隐喻好比是发话人为特定的释话人定做的点心，其他人当然难以享用。我们看到很多隐喻误解的例子，主要是因为释话人在某个特定的言语事件中扮演的不是受话人的角色，而是非参加者的角色，有时候最多只能算是一个旁听者，或飘言入耳者。因此，也就不难理解，产生误解的这些释话人为什么没有获得充分的语境支持。从这个角度看，处于非参加者位置的释话人要避免误解，不但要对发话人的心智世界、社交世界和物理世界有充分的认识，同时还要对处在那个特定的言语事件中的受话人的相关状态有充分的认知。

---

[1] ［比］维索尔伦：《语用学诠释》，钱冠连、霍永寿译，清华大学出版社2003年版，第95页。

第三节　科学知识传播中的隐喻选择[①]

在上一节的讨论中，我们可以看到隐喻的生成和理解都是一个不断做出选择的过程。作为人类知识交流和共享的重要类型，科学传播中存在大量的隐喻使用现象。本节将以科学知识传播中的隐喻使用为领域案例，来分析和检验隐喻使用的语用顺应论在具体实践中的适用性。

一　科学传播中的隐喻使用

隐喻性词语、短语、句子和语篇普遍存在于众多科学文本之中，而这些正是隐喻认知的外在表现。通过对这些隐喻语言的系统研究，我们可以深入理解和把握科学传播活动的隐喻性特征。

科学社会学家贝尔纳曾将科学交流分为科学家之间的交流和科学家面向公众的交流。[②] 前者是科学共同体内部的传播，后者是科学共同体面向社会公众的传播。在科学共同体内部传播中，新发现的很多事实或规律常常需要进行隐喻性命名，新提出的理论或方法也常常要以隐喻的方式得以陈述。在科学发展史上，这样的例子比比皆是。17世纪英国科学家威廉·哈维在描写心室与心房的和谐运动时，用的是"火器"之喻。他讲道："心脏的机械装置像是一个火器，触动扳机后，便激发了打火石，打火石撞击钢铁，产生火花，火花点燃火药，火焰扩展，进入枪膛，引起爆炸，击出弹丸，从而完成了射击。凡此种种，发生的速度极快，像是在一瞬间完成的。"（哈维《心血运动论》，2007）18世纪的科学大师牛顿是这样描写光的折射的："光线的可折射性是它们从一种透明体或媒质进

[①] 范振强、徐慈华：《隐喻认知与科学传播》，《自然辩证法研究》2011年第5期。
[②] ［英］贝尔纳：《科学的社会功能》，陈体芳译，商务印书馆1982年版，第398页。

入另一种时被折射即被弯转而偏离原路的属性。"（牛顿《光学》，2011）该表达根源于概念隐喻"光的运动是一种物体的运动"。这与牛顿提倡的光的粒子说是一致的。

19世纪的博物学家达尔文在阐述生物进化论时，隐喻性地使用了大量经济学术语，如"丰富""稀缺""竞争""分配""选择"等。这些术语的隐喻性使用虽然也带来一些争议和误解，但不可否认它们为进化论理论体系的阐释和说明提供了必要的词汇和概念工具。Al-Zahrani（2008）对达尔文的《物种起源》进行了全面的分析，他发现：达尔文的自然选择理论是在一个隐喻体系中表达的，而且这一隐喻体系前后表现出惊人的一致性和连贯性。[1] Al-Zahrani指出，《物种起源》全书涉及"NATURE ARE MOTHERS"（自然是母亲）、"NATURE ARE BREEDER"（自然是饲养员）、"LIFE IS WAR"（生命是战争）、"LIFE IS A RACE"（生命是赛跑）、"EVOLUTION IS PROGRESS"（进化是进步）。其中，"NATURE ARE MOTHERS"（自然是母亲）是所有概念的基础。这些概念隐喻为达尔文组织对自然的观察、建构进化的相关概念提供了"理想化的认知模型"（ideal cognitive models）。

20世纪德国气象学家魏格纳在解释"大陆漂移学说"时，也使用了大量的隐喻语言。他写道："南美洲高原与非洲高原在数百万年以前原是相互接合的一整块大陆，自白垩纪时才最初分裂成两部分，以后它们就像漂浮的冰山一样逐步远离开来。"（魏格纳《海陆的起源》，2006）在《海陆的起源》中，还存在着大量从"大陆是漂浮的冰山"这一概念隐喻中衍生出来的隐喻表达，在此不作一一枚举。

据考证，物理学概念"夸克"（quark）是从爱尔兰著名现代派

---

[1] Al-Zahrani, A., "Darwin's metaphors revisited: Conceptual metaphors, conceptual blends and idealized cognitive models in the theory of evolution", *Metaphor and Symbol*, Vol. 23, 2008.

作家詹姆斯·乔伊斯的小说《芬尼根守夜》中借用来的。在这部小说中,"quark"代表的是一种海鸟的鸣叫声,德语中的意思是"乳酪"。美国物理学家盖尔曼在给假想的例子命名时偶然读到小说中的一句话"Three Quarks for Muster Mask"。由于假想中的粒子也是三个一组,因此就将其命名为"夸克"。在物理学概念的生成与发展史中,在浩如烟海的物理学理论典籍中,这样的物理学隐喻的例子不胜枚举。[1]

计算机科学领域同样存在大量的隐喻。"计算机科学领域中有着所有学科中最为丰富的语言。你走进一间安全严密、温度精确控制在 20 摄氏度的房间,并在里面发现病毒、特洛伊木马、蠕虫、臭虫、逻辑炸弹、崩溃、论坛口水战、双绞线转换头,还有致命错误……在其他领域中,你能遇到这些吗?"[2] 事实上,在计算机科学中,无论是硬件领域还是软件领域,离开隐喻而谈论其专门术语是不可能的。[3]

正如科学共同体的内部传播离不开隐喻一样,在科学共同体面向社会公众的传播中,也存在大量的隐喻语言。刘华杰将科学传播分为:一阶科学传播与二阶科学传播。前者指对科学事实、科学进展状况、科学技术中的具体知识的传播;后者指对与科学技术有关的更高一层的观念性的东西的传播,包括科学技术方法、科学技术过程、科学精神、科学技术思想、科学技术之社会影响等的传播。[4] 一阶科学传播中的隐喻语言如:"无线电望远镜的天线的形状,也是多种多样的,有的像一片很长的金属带子或很大的勺子,有的像一排排栅栏,有的像很大的捞水饺的罩滤"(王绶琯《从新的"窗

---

[1] 安军:《科学隐喻的元理论研究》,科学出版社 2017 年版,第 45 页。
[2] [美]迈克康奈尔:《代码大全》,金戈等译,电子工业出版社 2006 年版,第 9 页。
[3] 安军:《科学隐喻的元理论研究》,科学出版社 2017 年版,第 47 页。
[4] 刘华杰:《整合两大传统:兼谈我们所理解的科学传播》,《南京社会科学》2002 年第 10 期。

口"瞭望宇宙》);"大气温度高于海表温度时,则海洋从大气中吸收热量,因此海洋是气候的调节器,又是气候的记忆器"(黄荣辉《我国的气候灾害》);"如果我们把一个固氮菌比作一座合成氨工厂的话,那么固氮酶就是其中的主要车间"(卢嘉锡《化学模拟生物固氮》)。

也有属于二阶科学传播的隐喻语言:"20世纪以来,天文学家把许多恒星分门别类,好像生物学家把动物分门别类那样"(戴文赛《牛郎织女》);"现代科学,面广枝繁,不是一辈子学得了的。惟一的办法就是集中精力,先打破一缺口,建立一块或几块根据地,然后乘胜追击,逐步扩大"(王梓坤《林黛玉的学习方法》);"要迅速地走上科研的第一线,要在第一线上敢拼敢打,要打硬仗,打进攻仗!这就必须有一些不计个人得失的自我牺牲的精神"(何祚庥《敢于创造 善于创造》);"科学的道路是曲折的。学术上的顽固堡垒,往往需要各路兵马从不同的角度加以围攻,才有可能攻克"(韩济生《痛与不痛的秘密》)。

隐喻语言在科学传播中广泛存在已是不争的事实,但在很长的时间内学者们对隐喻语言的态度却褒贬不一。在逻辑实证主义传统的长期影响下,科学陈述的语言常常被认为是严密的、精确的、无歧义的。由此,具有"不确定性"的隐喻语言也要求被严格地排除在科学陈述之外。但随着20世纪后实证主义科学观的兴起,人们对科学陈述的认识发生了根本性的变化。国内外已有多位学者从科学观的演变历程、科学陈述的自身特征、科学隐喻的功能等角度对科学隐喻语言存在的合理性问题进行了比较充分的论证。除此之外,我们还需要对隐喻语言在科学传播中的可靠性做必要说明,即隐喻语言凭什么能被用来描述事实和解释科学现象。

科学语言可以被看作对客观世界真实性的描述,属于可以进行真假判断的断定式言语行为。如果隐喻语言同样具有真值条件，那么它就可以被用来作为科学陈述语言。黄华新等人认为，"真值是命题与事态之间的一种对应关系，是命题最基本的属性。隐喻语句的真值条件分析与非隐喻句的分析并没有本质的不同，两者都是建立在对命题与事态之间对应关系的判断基础上"①。某个隐喻语言形式在特定语境中可能包含一个命题或命题集合。如果我们要对该隐喻语言形式的真值做出判断，我们就需要找到与其所包含的命题或命题集合相对应的事态。吉纳比（Genabith, J.）从标准类型论的角度探讨了隐喻语句的真值条件问题。② 例句"海洋是气候的调节器"可解释为：海洋具有调节器的一些属性，或者说，海洋具有调节器的一些典型属性。那么该例句的真值条件可表述为：

$[\exists P\ (\forall x\ (Sea\ x \to P\ x)\ \land \forall x\ (Adjuster\ x \to P\ x))] = 1$，当且仅当 存在一个 P，并且 $[Adjuster] \cup [Sea] \subseteq [P]$

意思是说，存在一个属性 P，并且这属性是所有海洋具有的，而且也是所有调节器所共有的。从外延的角度看，如果存在（简单或复杂）属性 P，P 指称一个实体集合，其中包括了谓词海洋的外延和谓词调节器的外延成员，那么上述隐喻语句就为真。③ 正是由于我们可以对隐喻语言的真值条件做出判断，所以隐喻语言在科学传播中被用于描写科学事实或解释科学现象才有了真实的可靠性。也正是由于此种特性，以隐喻语言形式存在的科学知识和科学理论同样可以被新发现的科学事实所证伪。

二 隐喻的科学传播价值

从当代的隐喻理论看，隐喻的本质就是以熟悉的经验和知识来

---

① 黄华新、徐慈华：《隐喻语句的真值条件》，《哲学研究》2008 年第 4 期。
② Genabith, J., "Metaphors, Logic, and Type Theory", *Metaphor and Symbol*, Vol. 16, No. 1&2, 2001.
③ 该表述与范畴归属理论的基本思想一致。

理解另一个较为陌生的对象，它通过认知结构的调整为认知主体提供了重新看待客观世界和特定事物的方式。在科学探索事业的发展历程中，我们可以看到，科学实践逐渐在职业化中固定下来，并在细致的分工协作中形成了制度。科学研究者之间、科学研究者与社会公众之间的"知识鸿沟"正在不断扩大。但同时，科学的社会维度日益凸显，跨学科交叉研究的趋势日见明朗。在此背景下，不同群体之间的张力必须得到一定程度的消解，"知识鸿沟"也必须在某些层面上得以跨越。科学传播的目的在于实现科学信息的共享和公众科学素养的提升。从认知角度看，这种信息的共享和素养的提升最终体现在科学传播受众认知结构的变化上。隐喻认知在科学传播中的重要价值就体现在，它以一种兼具经济性和启发性的方式改变了科学传播受众的认知结构。

1. 隐喻语言的经济性。语言是科学传播的重要载体。由于隐喻认知自身的特点，使隐喻语言成为一种具有高度经济性的表达方式[①]。三国时期的刘劭在《人物志·材理》中说道："善喻者以一言明数事，不善喻者，百言不明一意。"可见，我国古代学者对隐喻语言的经济性已早有深刻的洞见。所谓"经济性"，指的就是以尽可能少的投入获得最大的效果：在投入既定的情况下，尽量扩大效果；在效果不变的情况下，尽可能减少投入。隐喻语言的经济性主要由隐喻认知的如下特点促成。

一是系统性。隐喻是概念系统间的跨域映射。通过这种跨域映射，隐喻语句可以衍推出多个命题。以隐喻句"原子是一个小型太阳系"为例，其局部概念映射关系可由图2-3表示。

[①] 黄华新、徐慈华：《隐喻表达与经济性原则》，《浙江大学学报》（人文社会科学版）2006年第3期。

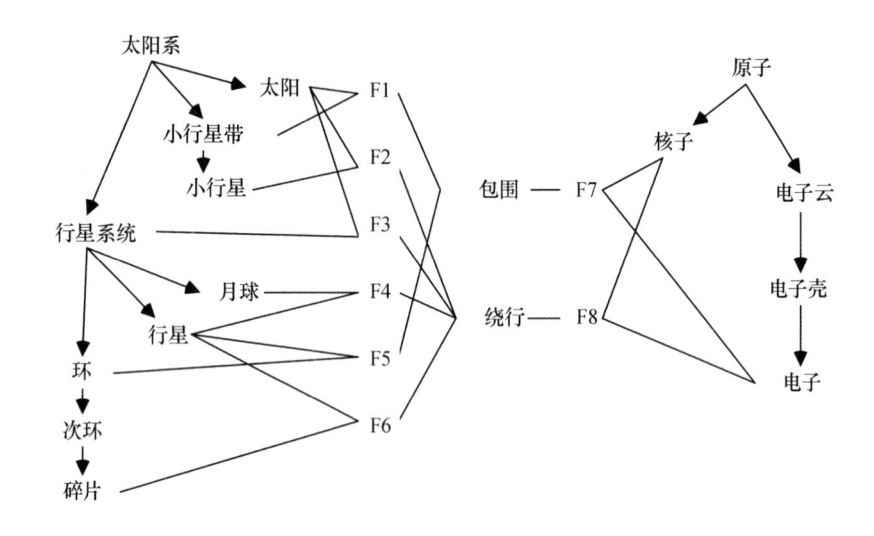

图 2-3　"太阳系"和"原子"的局部概念映射①

在该例中,"太阳系"是喻体词,它会在认知主体中激活一个由"太阳""小行星带""小行星""行星系统""月球""行星""环形轨道""包围""沿环形轨道绕行"等概念构成的系统。同时,该系统会选择性地将内部关系投射到原子概念系统中,形成如"电子包围着原子核""电子沿环形轨道绕着原子核运行"等命题,从而实现"以一抵多"的表达经济性。隐喻语句除了可以传递多个命题意图外,还可以实现多个语旨意图和语效意图。从语用角度看,隐喻语句在特定语境中所实现的认知效果还会在某种程度上得到增强。

二是助记性。记忆与信息的组织有密切的关系。分类、叙述结构和关系想象等方式都可以导致良好的长时记忆。在隐喻认知过程中,上述三种类型的关系加工均有涉及:隐喻理解的认知过程可以

---

① [美] E. C. 斯坦哈特:《隐喻的逻辑:可能世界中的类比》,黄华新、徐慈华等译,浙江大学出版社 2009 年版,第 68 页。

被看作一种范畴归属性判断；它也常常会通过概念整合创造出一个个奇特的图像或场景；在新隐喻产生的初期，隐喻也总是与意象相伴。① 因此，隐喻语言提供的信息也更容易被记住和使用。

隐喻认知的助记性在科学教育领域得到了广泛的认可。隐喻在我们获取全新知识的过程中发挥着一种核心的作用，其重要的教育功能在于，首先使学习材料更有助于记忆，其次是帮助学习者从熟知领域进入未知领域。② 台湾交通大学开展了一项名为"科学文本的隐喻使用与读者理解"的实验。实验证实："隐喻可以为读者连接长期记忆，能够帮助他们以其自有知识体系来理解新的科学理论知识或信息"，从而起到一种重要的教学法作用。③ 在学习的巩固过程中，知识需要从短时记忆转变为长时记忆。科学语言的助记性在实现特定认知效果的前提下有效减少了学习者在巩固记忆方面投入的认知努力，从而体现了隐喻语言在传播科学知识方面所具有的经济性。

2. 隐喻认知的启发性。隐喻语言是一种旨在传递曲折义的语言表达形式。它并不直接告诉受众所要传达的信息，而是为受众提供一个可能的探寻范围和认知线索，让受众经过一番曲折，才能获得需要的信息。语言哲学家塞尔（Searle, J. R.）认为，"解释隐喻如何起作用的问题是解释说者意义和语句或语词意义如何分离这个一般问题的一个特殊的情况"④。即当说者说 S 是 P 时，他意谓 S 是 R。其中，P 是字面意义，R 是表述意义。也就是说，表达者生成一个隐喻表达式，旨在启发释话人寻找某个恰当的意义。隐喻的字面意义为我们提供了某种具有指向性的认知进路。我们可以通过

---

① 黄华新、徐慈华：《隐喻表达与经济性原则》，《浙江大学学报》（人文社会科学版），2006 年第 3 期。
② ［英］贝尔纳：《科学的社会功能》，陈体芳译，商务印书馆 1982 年版，第 584—589 页。
③ 转引自郭贵春《隐喻、修辞与科学解释》，科学出版社 2007 年版。
④ ［美］A. P. 马蒂尼奇编：《语言哲学》，牟博等译，商务印书馆 1998 年版，第 805 页。

特定语境下的进路选择，达到意义理解的目的。这是一种启发性的认知方式，它充分利用了受众原有的知识。正所谓，"以其所知喻其所不知"，这与当前盛行的建构主义教育理念是一致的。

在科学共同体面向社会公众进行科学传播时，太多的科学术语和专业知识常常会让学习者望而却步。很多科学教育工作者发现，多数学习者在学习不熟悉的且抽象的科学概念时会觉得十分困难，在情感上也不喜欢学习那些与日常生活联系得不紧密的较为抽象的科学材料。由于隐喻认知的启发性，在传递新知识的时候充分利用了认知主体的旧知识，因此知识的学习过程也就不再是一个"另起炉灶"或"大兴土木"的过程，而仅仅是一个"添砖加瓦"或"拼接重组"的过程。从学习策略来看，这种启发式的知识获取方法大大降低了学习材料的难度，增加了学习过程的趣味性，从而在保证"有理、有趣"的前提下使学习者仅通过较少的认知努力即可获得新知。

在科学共同体内部的传播中，深具启发性的隐喻认知同样十分重要。美国科学哲学家托马斯·库恩以范式理论为基础，将科学发展的不同阶段分为常规科学时期和科学革命时期。[①] 在常规科学时期，科学家在一个关于世界的共同假定下开展解谜或解难题活动。而在科学革命时期，旧有的假定发生了危机，科学家必须发明新的理论取而代之。一个新的理论以隐喻的方式呈现出来，就更容易为科学共同体的其他成员所理解和接受。作为一种全新的看待事物的方式和角度，新的理论隐喻会启发科学共同体成员产生如同格式塔转换一般的认知效果。原先被排除在外的科学事实，在新隐喻的指导下获得了意义，原有的科学事实在新的隐喻和模型中得到了新的描述和审视，新的科学事实在隐喻的启发下逐步被发现。这也是我

---

① [美]库恩：《科学革命的结构》，金吾伦等译，北京大学出版社2003年版。

们常说的隐喻认知的框架效应。难怪乎，库恩认为，"隐喻、类比、模型是新概念诞生的助产士，是指导科学探索的强有力的手段"。而这种作用的发挥正是源于隐喻认知的启发性。

从隐喻使用的语用顺应论角度看，科学隐喻正是因为具有经济性和启发性，才获得更强的适应性，才会在语言使用的选择中胜出。这也在一定程度上可以更好地解释科学隐喻大量存在的原因。

三 隐喻使用与科学传播的效率

20世纪科学普及事业的蓬勃发展，大致经历了"传统科普"阶段、"公众理解科学"阶段和"科学传播"阶段。[①] 作为科学普及的新阶段，科学传播呈现出了多主体性、动态性、开放性和互动性等复杂系统所具有的特征。如何提高科学传播的效率，也就成了诸多科学传播工作者需要面对的问题。

隐喻认知在改变交际双方的认知状态方面所具有的经济性和启发性，可以有效跨越知识的障碍和鸿沟，很好地提高科学传播的效率。但是，隐喻认知功能的发挥是有条件的。不同的认知主体对于同一个隐喻语言的理解是有差异的，相同的隐喻语言在不同的语境下也会产生不同的认知效果，不恰当的使用反而会让人更加困惑。皮特瑞（Petrie, H. P.）和奥斯莱格（Oshlag, R. S.）指出，"对给定知识领域进行表征的某些方式可能对特定语境中的某些学生而言，是有用的。但是，作为专家的老师仍有必要形成多种多样的表征方式，以使不同语境下的各种不同的学生能够掌握"[②]。这就需要将语境分析引入科学传播，将科学隐喻语言的使用看作说者在特定语境下通过不同隐喻的选择来实现传情达意。

---

① 尹兆鹏：《科学传播理论的概念辨析》，《自然辩证法研究》2004年第6期。
② Petrie, H. P. and Oshlag, R. S., "Metaphor and learning", in Ortony, A., eds., *Metaphor and Though*, Cambridge: Cambridge University Press, 1993, p.591.

根据本章第一节和第二节所提出的有关隐喻使用的语用顺应论，隐喻的使用是一个不断做出选择的过程。在科学隐喻语言的生成过程中，施众扮演发话人的角色，他需要形成一个总的表达意图 I_n，该意图会进一步分解为若干个子意图（I_{n-1}、I_{n-2}、I_{n-3}…），包括若干命题意图、语旨意图和语效意图。最后以一个比较明确的表达意图为指导，选择具有语境恰当性的隐喻语言。从认知心理学角度看，施众做出选择的过程，涉及大量的元认知能力和心理模拟活动，常常是一个有意识地使用隐喻的过程。施众不但要激活关于双方认知能力、认知策略等方面的知识，同时还要完成计划、检查、监测、检验等有意识的认知调节活动。只有这样才能选择出具有最佳语境适应性的隐喻表达。

施众的意图对于隐喻的选择会产生较大影响。吉特纳（Gentner，D.）等人为了证明特定隐喻可以影响相关范围内的推理，曾以电学为例做过一个实验。[1] 他们为被试提供了水流隐喻和移动人群隐喻来帮助理解电的循环过程。实验结果发现，不同的隐喻方式对被试学习不同类型的电学知识有帮助。学习水流隐喻的被试因为了解水泵和储水器，因而他们就比较容易理解电池的构造和特性；而学习移动人群隐喻的被试熟知门对人群流动的规范作用，因此他们就更容易理解电阻的构造和特性。由此可知，如果施众的意图除了要受众掌握电的循环过程外，还要掌握电池的特征，那么就应该选择水流隐喻。如果施众要受众更好地掌握电阻的特征，那么就应该选择移动的人群隐喻。除了施众的意图之外，施众和受众的心智世界、社交世界、物理世界，以及上下文语境等科学传播的语境因素对具体隐喻的选择都会产生重要的影响。黄华新、俞国女等人已从社会语境的角度，对科学传播涉及的语境结构和特征做了深入分

---

[1] 刘爱伦等主编：《思维心理学》，上海教育出版社2002年版，第385页。

析。[①] 这对于更好地使用科学隐喻语言而言大有裨益。

围绕科学传播的效率，我们还需探讨的一个关键问题是：如何衡量某个科学隐喻在特定语境中的恰当性？从隐喻使用的语用顺应论角度看，答案就是最佳个体关联。认知语言学家斯珀波和威尔逊基于认知环境的个体差异，提出了个体关联的观点："在某一特定的时间，一个假设对于某个个体是关联的，当且仅当，这个假设与这个个体可及的一个语境或多个语境关联。"[②] 所谓最佳个体关联，就是指特定个体在理解话语时付出有效的努力，获得足够的语境效果。科学隐喻的生成总是指向某个或某一群特定释话人，哪怕是假想的对象。因此，在始源域（喻体）选择的时候，要遵循最佳个体关联原则。如果一个始源域具有最佳个体关联性，那么特定受众获得特定语境效果所需的认知投入就越小。也就是说，只有具备最佳个体关联性的始源域，才能获得更高的恰当性，才能达到更高的传播效率。例如：

（1）就像我们把一张撕碎的报纸按其参差不齐的断边拼凑拢来，如果看到其间印刷文字行列恰好齐合，就不能不承认这两片碎纸原来是连接在一起的。（魏格纳《海陆起源》）

（2）那雄凤蝶的身上发出一股香气。凤蝶凭触角一闻到这香气，好像阴电遇着阳电一般，就不由自主地跟它亲近。（董纯才《凤蝶外传》）

例（1）是魏格纳对"大西洋是一个大裂隙"所做的类比论证。如果碎报纸的拼合能够很好地被受众所理解，并且施众所要传

[①] 黄华新、俞国女：《社会语境中的科学传播》，《科学学研究》2004 年第 4 期。
[②] Sperber, D. & Wilson, D., *Relevance: Communication and Cognition*. Beijing: Foreign Language Teaching and Research Press, 2003 / Blackwell Publishers Ltd. 1995. p. 144.

递的信息在相关概念系统中具有较强的凸显性,那么这个始源域就具有最佳个体关联性。例(2)描写的是凤蝶相互吸引的状态。如果例(2)的受众不知道阴电吸引阳电是一种怎样的情况,那么这些喻体就不可能具有最佳个体关联性。隐喻语言也就丧失了生动性和形象性,自然也无法实现有效的信息传递。因此,在科学传播中,隐喻的使用必须坚持"能近取譬"的原则,在保证传播意图基本实现的情况下,充分了解受众的认知状态和特定信息在相关概念系统中的位置,从而实现隐喻语言的最佳个体关联性。

在科学知识的传播中,我们可以看到,隐喻使用的语用顺应论可以较好地解释科学知识传播中大量隐喻的存在,可以预测科学知识传播中需要考虑的系统性因素。因而,也在一定程度上验证了隐喻使用的语用顺应论的实践意义和应用价值。

第四节　溯因与隐喻:共同的内在机制[①]

本章第一节介绍并分析了在概念隐喻理论基础上发展完善而来的刻意隐喻理论。该理论强调隐喻使用的有意识性和"语言—认知—交际"三维视角。基于这种对意识性和多维视角的强调,本章第二节着重阐释了隐喻使用的语用顺应论,将隐喻的使用看作一个不断做出选择的过程,而该过程可以在进化认识论的整体视角下,通过变异性、协商性和适应性等概念得以整体性地理解。第三节进一步通过科学知识传播中的隐喻使用验证了理论的解释力和预测性。隐喻使用中的选择是一个推理的过程,因此我们需要进一步探讨核心环节的推理类型。

一个多世纪以前,美国哲学家皮尔斯提出了"溯因推理"这个

[①] 徐慈华、李恒威:《溯因推理与科学隐喻》,《哲学研究》2009年第7期。

概念。但相关思想在很长一段时间内并没有引起足够的重视。20世纪后半叶，随着科学哲学和人工智能的发展，溯因推理作为一个重要的认识论概念，逐渐成为当代逻辑和认知科学哲学研究的一个研究热点。[1] 在科学活动和日常生活中，溯因推理随处可见。[2] 正如玛格纳尼（Magnani）所说，溯因推理的存在如此普遍，就好像是人类生活的一部分，难以想象如果没有它，我们该如何生活和发展。[3] 溯因推理是一种创新性的思维方式，皮尔斯坚信，溯因推理是唯一一种能够引入新观念的逻辑操作。[4] 同时，溯因推理通过解释性假设的形成，力图将未知的现象纳入已知的认知图景中，以增进对客观世界的理解。

溯因推理的上述种种特征不禁让人想起认知科学中的另一个重要概念——隐喻。1980年，莱考夫和约翰逊在《我们赖以生存的隐喻》一书中指出，隐喻是一种普遍存在的认知方式；我们的概念系统都是以隐喻的方式建构的；它以已知的、熟悉的事物来理解和感受未知的、陌生的事物。四十多年过去了，来自诸多领域的大量实证研究进一步证实了莱考夫等人的想法。隐喻不只是语言上的修饰，还是人们对世界和自身行为进行概念化的基本图式。[5] 通过这种概念化过程，认知主体利用已有的经验和知识来理解未知的事物，并形成对事物新的理解和感受。

---

[1] 任晓明等：《逻辑学视野中的认知研究》，中国社会科学出版社2021年版，第181页。

[2] Thagard, P., "Abductive Inference: From Philosophical Analysis to Neural Mechanisms", in Feeney, A. and Heit, E. eds., *Inductive Reasoning: Experimental, Developmental, and Computational Aproaches*, Cambridge: Cambridge University Press, 2007.

[3] Magnani, L., *Abductive Cognition: The Epistemological and Eco-Cognitive Dimensions of Hypothetical Reasoning*, Berlin: Springer Press, 2009, p. 458.

[4] Peirce, C. S., *Collected Papers of Charles Sanders Peirce*, Vols. Ⅰ–Ⅵ (ed. by Charles Hartshorne and Paul Weiss), Vols. Ⅶ–Ⅷ (ed. By Arthur W. Burks), Cambridge, Mass.: Harvard University Press, 1931–1958.

[5] Gibbs, R. W., "Metaphor and Thought: The State of the Art", in R. W. Gibbs (ed.), *The Cambridge Handbook of Metaphor and Thought*, Cambridge: Cambridge University Press, 2008, p. 3.

溯因推理与隐喻认知之间的这些相似性，启发我们深入地思考一个问题：两者的背后是否存在一种共同的认知机制？如果是的话，那么溯因推理的机制应该能够比较清晰地描述当前仍然十分模糊的隐喻生成和演化过程。如果存在某种基础性的、共同的认知机制，那么这种机制也应该能够在现代智能理论框架和神经元活动模型中得到一致的解释。本节将在分析溯因推理的认知特征的基础上，以科学隐喻为案例，尝试运用溯因推理的机制来描述和阐释隐喻的生成和演化机制，进而在寻找人类认知过程的某些共同机制的基础上，为本章第二节提出的隐喻使用的语用顺应论分析提供更为微观的推理机制刻画。

一 溯因推理的认知特征

世间万物在一定的时空象限中都有相对固定的、可分辨的模式，它们是有组织、有结构的，因此是可以预测的。一切生物的生存都有赖于这个基本状况和前提。大脑在记忆中建立和存贮了事物和环境的模型（经验），并以此为基础不断地对我们看到的、听到的和感觉到的东西进行预测，如果与经验的预期不符，就进行更细致的比较，并做出新的假设。在霍金斯（Hawkins, J.）看来，基于经验的自联想式的预测、比较和假设是脑的基本活动方式，是智力和创造性的基础。[1] 与当前有关智力和认知过程的上述观点极为相似，皮尔斯指出，"如果我们认为，当事实与预期不符时，我们就需要做出解释的话，那么这个解释就必须是一个能够在特定环境下预测所观察事实（或必然的，抑或非常可能的结果）的命题。一个自身具有可能性，并且使（观察到的）事实具有可能性的假设就需要被

---

[1] Hawkins, J. and Blakeslee, S., *On Intelligence*, New York: Times Books, 2004, pp. 86 – 89.

采纳。这个由事实驱动的采纳假设的过程，就是我所说的溯因推理"①。

溯因推理有两个重要的认知特征：其一是创新性。皮尔斯将推理分为演绎推理、归纳推理和溯因推理。他认为，演绎推理论证的是必然性的事实，归纳推理解决的是实际上是什么的问题，而溯因推理仅仅暗示了某种事实是可能的。② 皮尔斯并不赞同那种认为新理论、新观念来源于归纳的传统观点。他认为，只有溯因推理能为我们带来新的观念。因为归纳推理只能用来确定某个值，而演绎推理产生的只是某个纯粹假设的必然结果。③ 由此可知，溯因推理在产生新观念的日常推理和科学推理中扮演着十分重要的角色。

毫无疑问，隐喻同样也是一种能够带来新观念的思维方式。隐喻通过把两个通常不被放在一起使用的意义进行不同寻常的关联，来完成其组合功能。人们通过这种关联整合实现了对世界的某种新洞察。根据皮尔斯的思想，溯因推理的创新性也是通过某种关联整合过程来实现的。"这（溯因推理）是一种洞察性的行为，尽管这种洞察可能是错误的。虽然假设中的不同要素都已经存在于我们的头脑之中，但是我们此前从来没有想过将其放在一起。正是这种将这些要素放在一起的想法使我们在深思之前，闪现出了某种新的暗示。"④

如果我们赞同皮尔斯所说，溯因推理是唯一一种产生新观念的思维方式，那么我们就可以推知隐喻也应该是一种溯因推理。正如索伦森（Sorensen，B.）指出，如果新的认知只有通过隐喻才可能

---

① Peirce, C. S., *Collected Papers of Charles Sanders Peirce*, Vols. Ⅶ, 1931–1958.
② Peirce, C. S., *Collected Papers of Charles Sanders Peirce*, Vols. Ⅴ, 1931–1958.
③ Peirce, C. S., *Collected Papers of Charles Sanders Peirce*, Vols. Ⅴ, 1931–1958.
④ Peirce, C. S., *Collected Papers of Charles Sanders Peirce*, Vols. Ⅴ, 1931–1958.

产生，那么隐喻就必定具备了溯因推理的主要性质。① 这也就暗示着我们可以将隐喻的生成纳入溯因推理的视域之中。

其二是相似性。溯因推理的触发条件是事实与预期不符，如新事实、异常事实的出现。溯因推理的目的就是要形成假设以解释这些事实。其逻辑形式可用如下简单溯因推理模式表示：

$$C$$
$$H \rightarrow C$$
$$\therefore H$$

公式的意思是：(1) 一个令人惊讶的事实 C 被观察到；(2) 如果 H 为真，那么 C 会是一个不言而喻的事实；(3) 因此，有理由相信 H 为真。其中，符号"→"只表达 H 与 C 之间在认知上所具有的某种关系，因此它不同于经典逻辑中的实质衍推。

皮尔斯在谈到事实与假设的关系时指出，"在溯因推理中，事实是通过类似之处来暗示一种假设的。这种类似之处就是事实与假设的推论之间的相似"②。考古学中有一个被频繁引用的案例，那就是化石发掘者是如何识别出一块局部暴露的骨骼碎片就是原始人头盖骨的一部分。首先，这块碎片是轻度弯曲的，这表明它是脑比较大的动物的头盖骨的一部分；其次，脑在内层表面上留下的印痕也非常模糊，这也能说明这块头盖骨是原始人类的。根据皮尔斯的观点，碎片的性质和形状就是观察到的令人惊奇的事实，规则是发掘者已有的知识和经验。溯因推理所要做出的假设是：这块碎片是原始人头盖骨的一部分。该案例的推理过程可进一步用皮尔斯的公式③表示为：Any M is, for instance, P′P″P‴, etc.; S is P′P″P‴,

---

① Sorensen, B, "Comments regarding Charles Sanders Peirce's notion of consciousness, abduction, and the hypo-icon metaphor", *Semiotica*, Vol. 172, 2008.
② Peirce, C. S., *Collected Papers of Charles Sanders Peirce*, Vols. Ⅶ, 1931 – 1958.
③ Peirce, C. S., *Collected Papers of Charles Sanders Peirce*, Vols. Ⅱ, 1931 – 1958.

etc.；∴ S is probably M。其中，M 就是原始人头盖骨，P′P″P‴ 就是原始人头盖骨的性质和形状，S 就是正在发掘中的骨骼碎片。我们之所以认为 S 就是 M，是因为它们都具有共同的属性 P′P″P‴。也就是说，溯因推理的认知基础是相似性。正是基于相似性，我们可以通过溯因推理对新发现的事实进行分类，并对其进行概念化，将两个原来认为完全不同的事物纳入同一个范畴中。

隐喻的生成同样基于相似性。相似性是隐喻生成的前提，没有相似性，隐喻也就无从谈起。当认知主体要表达对某一目标域的特定属性的认识但又苦于没有恰当的现成方式来表达时，他就会寻找和选择另一对象作为表达的媒介（始源域），其基础就是相似性。正是通过相似性，认知主体实现从认知的此岸（目标域）向认知的彼岸（始源域）的跨越。这个概念化的过程同样离不开相似性。由此，我们可以在认知机制上找到隐喻与溯因推理具有共通性的依据。

基于上述认识，下文将尝试以溯因推理的认知机制来描述和阐释科学隐喻的生成和演进过程。

二 科学隐喻的生成与演化

在科学探索实践中，科学家们经常会发现一些新的现象或与理论预测不符的事实。这时，他们就会有强烈的动机去思考为什么会出现这样的情况，并形成假设来解释这一现象。在近代电学的发展中，美国科学家富兰克林做出的一个重要贡献就是统一了人们对天电（天上的雷电）和地电（莱顿瓶中的电）的认识。在用莱顿瓶进行放电实验的过程中，富兰克林面对着火花的闪光和噼啪声，总是禁不住联想到天空的雷电。他意识到天上的雷电可能就是一种电火花。为了验证这个假设，富兰克林就在雷雨天放风筝，将雷电引入莱顿瓶。他发现，储存了天电的莱顿瓶可以产生一切电所能产生的现象，从而证明了天电就是地电。这个发现和证明的过程就是一个典型的溯因推理。根据上文提到的皮尔斯公式，莱顿瓶中的电就是 M，电所能产生的包括火花的闪光和噼啪声在内的一系列现象就是 P′P″P‴，雷电就是 S。

上例中的假设是以字面意义的方式进行陈述的。但我们知道，科学史上的很多假设是以隐喻的方式提出的。1909 年物理学家卢瑟福在用 a 粒子轰击金属箔后发现，大部分 a 粒子可以穿透金属箔或偏转一个很小的角度，只有少量的 a 粒子产生了很大的偏转，有的 a 粒子竟被反弹了回来。卢瑟福就推想，原子内部大部分空间是空的，中心有一个质量大、体积小、带正电的核，带负电的电子分布在核外空间中。这很像太阳系，太阳位居中心，行星以一定的轨道围绕太阳运行。于是，卢瑟福就提出了"原子是一个小型太阳系"的隐喻性假设。1910 年德国地质学家魏格纳在偶然翻阅世界地图时，发现大西洋两岸轮廓线有惊人的相似性。后来又得知，有人根据古生物学的证据，指出巴西与非洲间曾经有过陆地相连接的现象。于是，魏格纳提出了"大陆漂移"的设想。

在上述提出隐喻性假设的推理中，我们同样可以用皮尔斯的模式来描述：如果已知 M 有 P′P″P‴ 等属性，现在我们发现 S 也有 P′P″P‴，那么我们就可以做出假设：S 很有可能就是 M。例如，在卢瑟福的例子中，已知太阳系有属性 P′P″P‴（诸如，大部分空间是空的，有一个高质量的中心，周边物体绕中心旋转等），原子也有属性 P′P″P‴，那么就可以得到假设"原子就是一个太阳系"。这与字面性假设的生成过程是一致的。

但字面性假设和隐喻性假设的生成过程在认知上并非毫无差异。在字面性假设的生成中，认知主体预设了所观察到的关于事实的所有属性都与从假设中推出的推论吻合，其相似性如此之强，几乎接近于等同。而隐喻性假设的生成中，认知主体预设了所观察到的关于事实的所有属性仅仅是假设推论的一个子集。如果假定两个同类事物的相似度为"1",两个异类事物的相似度为"0"。隐喻性假设的相似度可以说是介于两者之间,即 1＞d＞0。

科学研究面对的是一个开放的未知世界。当我们以已知的事物来理解和把握未知的事物时,隐喻也就随之产生。莱考夫曾指出,"隐喻的系统性使我们能够用一个概念来理解另一个概念的某些方面,同时它也必然隐藏了那个概念的另一些方面。它允许我们聚焦于某个概念的某一个部分内容,同时也会使我们忽略这个概念中与该隐喻不一致的内容"[①]。在科学理论的发展过程中,一个旧的隐喻很可能很快就被另一个新的隐喻所代替。例如,在卢瑟福之前,科学家们普遍接受的是汤姆生的"葡萄干蛋糕"模型。但在卢瑟福的 a 粒子轰击实验完成之后,该模型就很快被更具解释力的"太阳系"原子结构模型所替代。也就是说,每个隐喻仅仅是一张局部地图,当我们开始进入新世界的时候,我们就需要一张既能展示旧世界又能描述新世界的地图。因此,科学隐喻的演进是人类深化对客观世界认识的必然要求。

从认知层面上看,溯因推理是一个寻求最佳解释的过程,在科学隐喻的演进中也同样扮演着十分重要的角色。皮尔斯曾指出,"我们采纳某个假设,不仅仅是因为它能够解释我们已经观察到的那些事实,而且还因为相反的假设所推出的结果与那些观察到的事实不符"[②]。不仅如此,我们之所以选择了某个假设,还因为该假设比其他假设能更好地解释观察到的事实。因此,斯坦哈特提出了简单溯因推理的改进模式:(1) E 有某种程度的合情性;(2) 规则 [如果 H 那么 E] 是被独立证实的;(3) 在所有已知的形式为 [如果 K 那么 E] 的规则中,[如果 H 那么 E] 是最合情的;(4) 因此

[①] [美]莱考夫、约翰逊:《我们赖以生存的隐喻》,何文忠译,浙江大学出版社 2015 年版,第 7 页。

[②] Peirce, C. S., *Collected Papers of Charles Sanders Peirce*, Vols. Ⅱ, 1931–1958, p. 377.

（溯因推理得出）：H 的合情程度与 E 的合情程度成正比。[①]其中，第（3）条就表明了不同假设之间的一种相互竞争的关系。

隐喻性假设一般无法进行直接检验，但它可以通过类比推理和附加条件下的演绎推理产生多个可供检验的命题。分析哲学家布莱克（Black）认为，隐喻的理解就是本体词和喻体词所激活的隐含复合体之间的互动。隐含复合体（S）可能会有这样一些陈述，如 Pa，Qb，…，和 aRb，cSd，等等。而隐含复合体（T）也会有相应的陈述，如 P′a′，Q′b′，…，和 a′R′b′，c′S′d′，等等。这里的 P 与 P′，a 与 a′，R 与 R′等之间的关联都是唯一的。两个系统从数学的角度看，它们是同构的。[②] 在这种同构的基础上，通过类比迁移算法 A（S，T，fM），始源域中的命题会被迁移到目标域中，可得到多个字面命题。这些命题就是隐喻性假设的推论，我们可以通过对这些推论的检验来证实（或证伪）隐喻性假设。在科学实践中，当推论与观察所得的事实不一致时，根据充分条件假言推理的否定后件式，隐喻性假设的合理性就会受到削弱。

当一个隐喻性假设的合情性受到质疑时，我们就需要对该假设进行修证和完善。例如，17 世纪末惠更斯在《论光》一书中指出，"光是一种像声音一样的纵波"。但 1809 年，马吕斯发现了光在双折射时的偏振现象，惠更斯的假设就面临着被证伪的威胁。直到 1817 年托马斯·杨对其做了修正，提出"光是一种横波"，才使波动光学开始摆脱诸多责难。有时，人们并不能通过调整原有的假设来解决矛盾，那么只能用一个更具解释力的新假设取而代之。例如，19 世纪中期，关于地壳的构造有各种不同的假说。有人曾提出过地球冷缩理论，认为地球会因冷却而收缩，收缩时"像个干瘪

[①] Steinhart, E. C., *The Logic of Metaphor*, Netherlands: Kluwer Academic Publishers, 2001, p. 190.

[②] Black, M., "More about Metaphor", in Ortony, A., ed., *Metaphor and Though*, Cambridge: Cambridge University Press, 1993, p. 29.

的苹果产生皱纹那样"产生褶皱山脉。但根据这一假设预测的降温量与实际的测量有很大的差异,因此冷缩论也遇到了麻烦。直到20世纪初,魏格纳提出了更具解释力的"大陆漂移说",并在地质构造和古生物学方面找到了大量的证据。后来古地磁学和海底探测技术的发展,也进一步证实了"大陆漂移说"的合情性。

皮尔斯指出,"科学推理从整体上看是一个复合体。……溯因推理是预备性的,它是科学推理的第一步,而归纳则是结论性的一步。……溯因推理是从事实开始的,旨在寻求能够解释事实的假设。而归纳推理是从假设开始的,意在寻找支持假设的事实"①。综合上述分析,我们可以用图2-4表示隐喻性假设的演进过程。

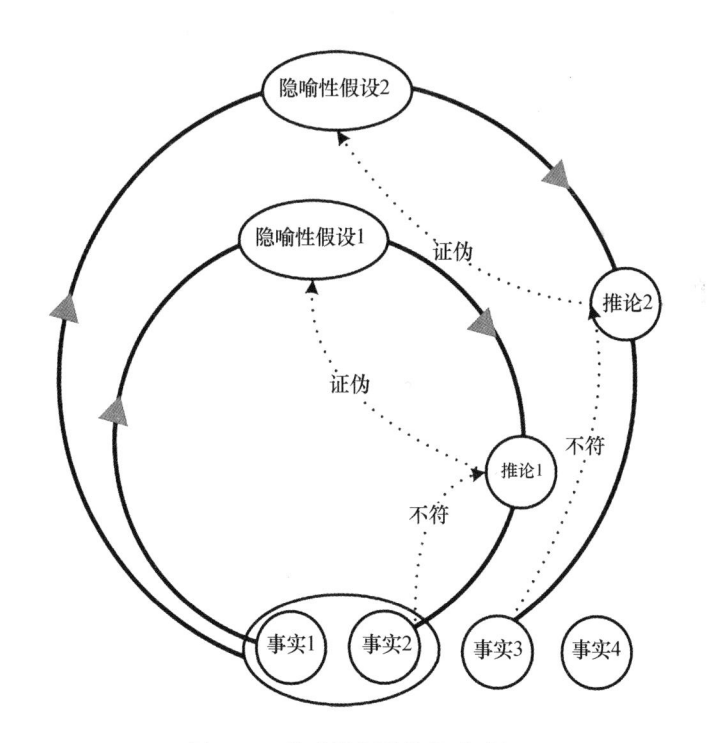

图2-4 隐喻性假设的演进过程

---

① Peirce, C. S., *Collected Papers of Charles Sanders Peirce*, Vols. Ⅶ, 1931–1958, pp. 136–137.

为了解释已观察到的事实1，认知主体形成了隐喻性假设1。该假设通过类比和演绎推理得出推论1，但当推论1与新发现的事实2不符时，隐喻性假设1就可能被证伪。为了解释事实1和事实2，认知主体就会有压力去寻找新的隐喻性假设2。同样，当更新的事实3与隐喻性假设2的推论2不符时，隐喻性假设2就有可能被证伪，如此反复不断演进。

上文的分析说明，普遍存在的、具有创新性的隐喻认知可以通过溯因推理的机制得到描述，两者在内在机制和认知过程上具有不可否认的共通性。在日常交际中，隐喻的生成和理解也都可以采用相同的推理机制进行刻画。

三 共同的认知机制

根据20世纪90年代兴起的"概率大脑"的观点，大脑是一部概率计算的机器，当它感知到各种现象时，便不停地计算各种可能造成这些现象的原因的概率。这实际上就是一个旨在寻求最佳解释的溯因推理过程。

正如皮尔斯所说，溯因推理开始于"事实与预期不符"[1]。当人们感知到一些令人困惑不解或异常的事实时，溯因推理就会被启动。这个过程常常伴有惊奇、惊讶等强烈的情绪。[2] 接着，人们会不断地调动认知资源去建立不同的假设以解释这些令人困惑或异常的事实。形成假设的过程有时很简单，有时也很复杂。在一些复杂情况下，人们需要在记忆系统中进行长时间的寻找，或建立类比，或通过其他一些建构性的过程生成具有高度新颖性的假设。最后，认知主体会对不同的竞争性假设进行比较和评估，以选择最佳的解

---

[1] Peirce, C. S., *Collected Papers of Charles Sanders Peirce*, Vols. Ⅶ, 1931 – 1958, p. 121.
[2] Thagard, P., "Abductive Inference: From Philosophical Analysis to Neural Mechanisms", in Feeney, A. and Heit, E. eds., *Inductive Reasoning: Experimental, Developmental, and Computational Approaches*, Cambridge: Cambridge University Press, 2007, p. 228.

释。也就是说，溯因推理始于比较，同时又在比较中不断发展，以达到一种暂时的认知平衡状态。

霍金斯在《人工智能》一书中提出了一个全新的智能理论框架——记忆—预测模型。他认为，智能是通过记忆能力和对周围环境中的模式的预测能力来衡量的，包括语言、数学、物体的物理特性以及社会环境。你的大脑是从外部世界获得信息并将它们存储起来，然后将它们以前的样子和正在发生的情况进行比较，并以此为基础进行预测的。[1] 因此，记忆和预测是打开智能谜团的钥匙。根据该模型，大脑的皮层采用一种与现有的电脑记忆技术完全不同的方式存储信息。大脑皮层可以按时间维度存储模式序列，可以按照层级结构以恒定的形式存储模式。此外，大脑皮层还可以采用"自—联想"方式回忆起模式，这就允许我们能够根据不完整或混乱的输入信息回忆起全部的模式，它对于空间—时间模式都是适用的。要实现预测，我们的大脑就必须根据新旧模式之间的相似性，通过比较检索此前以恒定方式存储的序列模式，以唤起相应的记忆。

霍金斯认为，预测基于记忆，它是智能的基础，是大脑皮层的主要功能。[2] 我们的大脑无时无刻不在利用记忆进行预测。当大脑皮层中输入此前没有被储存的模式时，预测就会被破坏，我们的注意力就会被这种差错所吸引。这种新的输入因为无法在皮层体系中的低级区域内得到解释，所以它会被直接传到皮层体系的高层区域。皮层的高层区域尝试给出许多不同的假设，但每当这些预测沿体系向下传播的时候，如果它们都与输入发生了冲突，皮层不得不再次尝试新的假设。这些假设可以被看作对异常的解释。在一个具有时间维度的模式序列中，如果说"预测"是基于现在面向未来的话，那么"解释"就可以理解为基于现在而回溯过去。因此，如果

---

[1] Hawkins, J. and Blakeslee, S., *On Intelligence*, New York: Times Books, 2004, p. 97.
[2] Hawkins, J. and Blakeslee, S., *On Intelligence*, New York: Times Books, 2004, p. 89.

我们能够宽泛地理解霍金斯的"预测"概念的话,那么他所说的"预测"是否也应该包括"解释"?

从上面的描述中,我们可以看到,记忆—预测模型对智能活动的描述与溯因推理的过程是一致的。先是不断地预测,当预测与事实不符时,就要做出假设。大脑皮层的恒定表征序列模式记忆形成了溯因推理中的规则"H→C",新的异常模式就是C。我们在对C作出解释的过程,就是将输入的模式C与记忆中同样带有C的模式进行比较,根据相似性检索,以找到具有较高可能性的模式序列的过程。这种模式虽然与面向未来的预测有所不同,但都利用了大脑皮层的"自—联想"记忆功能。

通过对大量普遍存在的溯因推理的观察和分析,越来越多的学者发现,溯因推理是多模态的。[1] 不管是要解释的对象还是所形成的假设,溯因推理除了用语言表征外,还有很多是通过视觉、声音、味觉、触觉、嗅觉等感知系统来表征的。此外,溯因推理还会涉及很多情绪体验和肢体运动感受。因此,萨伽德认为,用语言型的逻辑描述难以全面把握溯因推理的多模态特征,我们需要在神经元活动模型中对溯因推理做出更具生物学基础和模式涵盖力的解释。[2] 从神经元活动的角度看,溯因推理就是一个表征解释对象的神经元结构激活另外一个表征假设的神经元结构的过程。其中一个关键的问题是如何表征两组神经元之间的解释关系。霍金斯指出,"几十年来,我们一直都认为皮层体系中的连接是相互的,如果区域A将信息投射到区域B,那么区域B也会把反馈信息投射回区域

---

[1] Magnani, L., *Abductive Cognition: The Epistemological and Eco-Cognitive Dimensions of Hypothetical Reasoning*, Berlin: Springer Press, 2009.

[2] Thagard, P., "Abductive Inference: From Philosophical Analysis to Neural Mechanisms", in Feeney, A. and Heit, E. eds., *Inductive Reasoning: Experimental, Developmental, and Computational Approaches*, Cambridge: Cambridge University Press, 2007, pp. 231–232.

A。一般情况下，反馈轴突纤维比前馈轴突纤维要多"①。如果区域 A 表征的是输入的模式，区域 B 表征的是记忆中的模式序列，那么区域 B 的反馈信息可以是预测性的，也应该可以是解释性的。霍金斯曾用大脑皮层的神经元活动来解释我们是如何对从未见过的事件进行预测的，我们是如何在一个输入的众多解释中进行取舍的，皮层区域又是如何基于恒定记忆而做出具体预测的（见图 2-5）。②

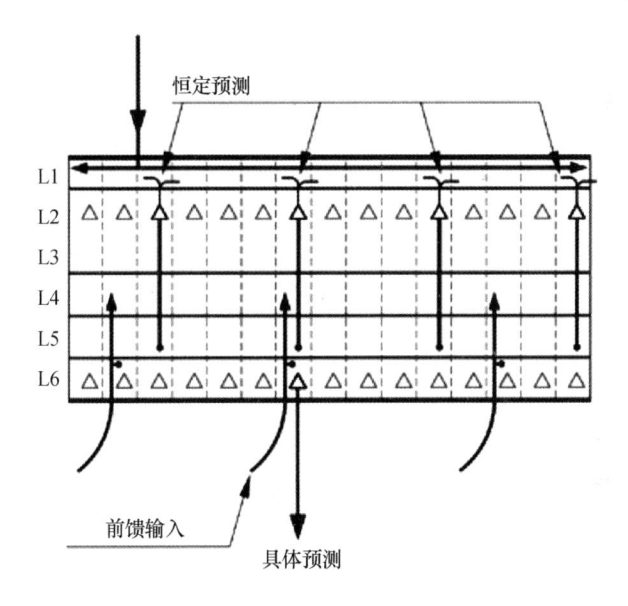

图 2-5　大脑皮层的预测与反馈活动

霍金斯认为，解决问题的唯一途径就是利用最后的特定信息将恒定表征转化为具体的预测。换言之，从大脑皮层的角度来说，我们必须将前馈信息（实际的输入，即向上流动的信息）与反馈信息（恒定形式的预测，即向下流动的信息）相结合。通过一种自下而

---

① Hawkins, J. and Blakeslee, S., *On Intelligence*, New York: Times Books, 2004, p. 161.
② Hawkins, J. and Blakeslee, S., *On Intelligence*, New York: Times Books, 2004, pp. 153–156.

上、自上而下的匹配机制，能让我们在两个或更多的解读中做出取舍。这种结合部分预测和部分输入的方法能消除有歧义的输入，能填补缺失的信息，也能在不同的解读中作出选择。既然溯因推理与记忆—预测模型所描述的智能活动相吻合，那么我们也应该有理由相信，用于表征溯因推理的两组神经元活动过程也可以用相同的方式得到解释。由于溯因推理神经元活动模式的具体细节超出了本文讨论的范围，我们将在下一步的研究中进行深入的探讨。

　　皮尔斯曾经指出，溯因推理诉之于人类的本能。[①] 莱考夫认为，隐喻无处不在，它是我们赖以生存的思维方式。[②] 溯因推理与隐喻思维在基本认知特征和机制上的一致性，同样能在当代心智研究的新近发现中得以解释。这些相似的洞见似乎暗示着，我们或许可以由此洞开人类心智和隐喻使用奥秘的一小扇窗户。

[①] Peirce, C. S., *Collected Papers of Charles Sanders Peirce*, 1931–1958, p.346.
[②] ［美］莱考夫、约翰逊：《我们赖以生存的隐喻》，何文忠译，浙江大学出版社2015年版，第1页。

第 三 章

信号博弈与隐喻的使用

　　隐喻使用的语用顺应论将隐喻的生成和理解看作一个不断做出选择的过程。它将隐喻使用中所涉及的发话人、释话人、信道、语言性语境、心智世界、社交世界、物理世界、产出性选择、解释性选择等要素及推理过程，纳入一个统一连贯的理论框架中。但现有的形式分析工具，更多地采用一种单主体的视角来探索隐喻的推理和形式化问题。因此，我们需要一种新的形式化工具将隐喻使用涉及的关键要素及相互关系同时纳入一个整体性的形式框架中进行分析。本章将尝试运用博弈论语用学的分析工具结合具体的案例对隐喻使用的整体机制进行形式刻画。

第一节 范式更替：从代码模型到信号博弈

　　在不同的情境下，与不同的对象进行各种类型的交际活动是人类社会生活的重要组成部分。国与国之间的政治交往，公司的信息发布，互联网上的流言传播都可以让人切身感受到交际之重要。随着信息科学、互联网技术和人工智能的发展，复杂的网络结构，丰富的信息来源，以及多样的交际主体，更使人类的交际活动达到了前所未有的广度和深度。我们不得不去思考：交际到底是什么？交际何以可能？有效的交际是否有章可循？这些是哲学家和语言学家们长期思考的问题，但也越来越受到经济学、社会学、政治学、信息科学和人工智能等多个领域研究者们的关注。

关于"交际"，斯珀波和威尔逊曾做过如下定义：交际这个过程涉及两个信息加工器，其中之一改变了另一个加工器的物质环境，后者因此构造出与前者贮存的表征相类似的表征。[1] 这里所说的"信息加工器"就是交际的主体，它可以是组织机构或个人，当然也可以是动物或计算机。而"改变物质环境"的过程就是符号使用的过程，可能是声音环境、视觉环境、触觉环境或气味环境等。正是通过这个过程，一个主体对另外一个主体产生了影响。因此，我们可以将交际理解为主体间的符号互动。[2] 那么，有关"交际"的一些大问题，便可转化为一系列具体的问题：符号的意义是如何在主体的互动中得以确定的？人们普遍遵守的一些交际原则是人为的设置，还是互动的自然结果？人类的理性在其中扮演了什么样的角色？但在很长的一段时间内，对这些问题的回答更多的是基于经验性的总结和哲学上的思辨。直到博弈论语用学[3]的逐渐兴起，人们才开始认识到我们可以为上述问题的探讨提供一种更为清晰的形式化说明和计算模拟。

要了解一个系统是如何工作的，我们首先要知道这个系统是由哪些部分构成的。著名信息论专家香农和韦弗曾在20世纪40年代末50年代初提出了一个影响十分广泛的交际模型（见图3-1）。[4]

该模型给出了交际的基本构成要素：信源，产生讯息；发送器，将讯息转换为信号；信道，将信号从一处传到另一处；接收

---

[1] Sperber, D. and Wilson, D., *Relevance: Communication and Cognition* (2nd edition), Beijing: Foreign Language Teaching and Research Press, 2003/ Blackwell Publishers, 1995, p. 1.
[2] 与社会学中，乔治·米德（G. H. Mead）的"符号互动论"有所不同。
[3] 这里我们采用"语用学"的广义理解：研究符号使用的科学。
[4] Shannon, C. E., "A Mathematical Theory of Communication", *The Bell System Technical Journal*, Vol. 27, 1948.

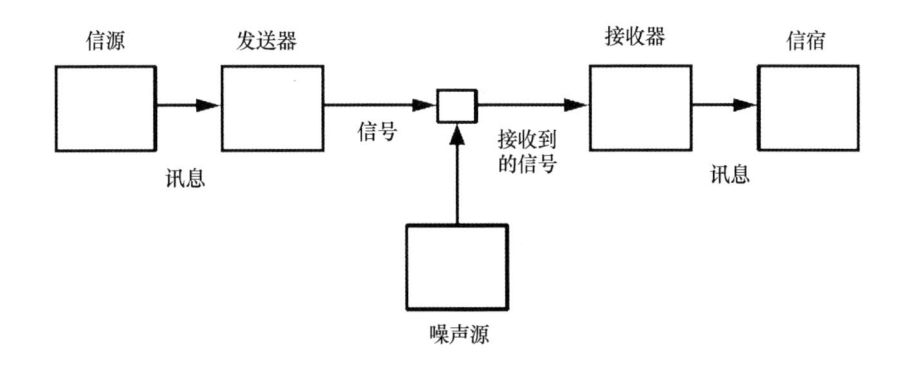

图 3-1　香农—韦弗交际模型

器，将信号还原为讯息；信宿，就是讯息希望到达的最终对象。在此模型中，交际就成了信源通过发送器将讯息进行编码，然后通过信道传递出去，而信源通过解码获得讯息。该交际模型及其相关的数学理论在信息工程上的价值和意义毋庸置疑，但人们发现该模型并不适用于人类的日常交际。① 其中一个关键的问题就是信息工程意义上的交际用的是严格的代码系统，而日常交际用的则是符号。后者所涵盖的范围和复杂程度远远超过前者。

什么是符号？在第一章关于符号的介绍中，我们已经知道，符号的三元结构和两组二元关系可表示为图 3-2。

图 3-2　符号三角

---

① Sperber, D. and Wilson, D., *Relevance: Communication and Cognition* (2nd edition), Beijing: Foreign Language Teaching and Research Press, 2003/ Blackwell Publishers, 1995, p. 6.

在符号三角中，如果一个符形指称某个特定的对象，同时意指与该对象相匹配的符释，而且这种一一对应的关系构成了发送者和接收者的共同知识，那么发送者和接收者就可以建立一套共享的代码系统，他们可以通过这套系统准确地传递信息。但问题是，这样的代码系统在日常交际中所占的比例非常少。同一对象可以用不同的符形来表示，相同的符形可以意指多个符释。在自然语言中就表现为，一个事物可以有多个不同的名称，同一个词语（或句子）可以表达多个不同的意思（见图3-3）。如果我们再把皮尔斯的符号链思想[1]考虑进来，那么这个问题就会变得更加复杂。也就是说，即使是自然语言，它在使用过程中也是十分模糊的，更不用说那些非语言的符号了。模糊性是自然语言的重要属性之一[2]，几乎所有的句子都存在这样那样的不完全性，这就使得我们说的每句话都需要消歧。[3] 而这恰恰正是代码交际模型所无法解释的。为了弥补代码模型的不足，学者们引入了推理机制。正如斯珀波和威尔逊所主张的那样，至少有两种不同模式的交际：编码—解码模式和推理模式。复杂的交际形式可以是这两种模式的结合。[4] 这意味着，交际过程是一个包含代码模式和推理模式的混合体。这样做的一个直接后果就是允许一些重要的因素进入交际模型，使我们对交际的复杂性有了全新的认识。首先，交际具有情境性。我们的推理不是在无限的可能中做出选择而是处于特定的情境之中。情境限制了可能做出的选择的范围，在某种程度上也降低了语言的模糊性。其次，交际涉及主体性和主体间性。交际总是发生在两个或多个主体之间，发送者和接收者的推理总是依赖于对自身目的的考虑和对他人行为

---

[1] Chandler, D., *Semiotics: the Basics*, London: Routledge, 2007, pp. 31-32.
[2] 鞠实儿主编：《面向知识表示与推理的自然语言逻辑》，经济科学出版社2009年版。
[3] Parikh, P., *The Use of Language*, Stanford: CSLI Publications, 2001, p. 2.
[4] Sperber, D. and Wilson, D., *Relevance: Communication and Cognition* (2nd edition), Beijing: Foreign Language Teaching and Research Press, 2003/ Blackwell Publishers, 1995, p. 27.

的预测。最后，交际的过程是动态的，主体在互动中通过推理形成某种规约，但这种规约又可以在新的互动和推理中被打破。

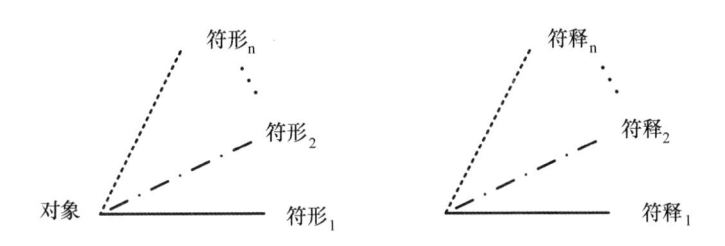

图 3-3　对象—符形—符释间的非对应关系

为了更好地理解人类的交际活动，有效地把握其中所呈现的复杂性，人们一方面以哲学思辨和经验归纳的方式总结出一些规律性的认识，如格莱斯的合作原则及交际准则[1]，霍恩的语用力量分配原则[2]，斯珀波和威尔逊的最佳关联原则[3]，等等；另一方面人们也在不断地寻找更好的技术手段和分析框架对交际过程和语用推理进行合理的形式化表征。在漫长的探索中，博弈论语用学开始逐步进入人们的视野。

博弈论语用学以数学和经济学领域中提出的博弈论为基本框架，旨在建立一种对主体间的交际活动及其规律做出解释和预测的理论。最早将博弈论运用到语言研究的是美国哲学家大卫·路易斯（David Lewis）。其初衷是为了回答罗素和蒯因等人提出的一个哲学问题：规约性意义从何而来？每个规约似乎都预设了一项事先约定

---

[1] Grice, P. H., "Logic and Conversation", in Cole, P. and Morgan, J., eds., *Speech Acts*, New York: Academic Press, 1975, pp. 41–58.

[2] Horn, L. R., "Towards a New Taxonomy for Pragmatic Inference: Q-based and R-based Implicature.", in Shiffrin, D., eds., *Meaning, Form, and Use in Context*, Washington: Georgetown University Press, 1984, pp. 11–42.

[3] Sperber, D. and Wilson, D., *Relevance: Communication and Cognition* (2nd edition), Beijing: Foreign Language Teaching and Research Press, 2003/ Blackwell Publishers, 1995.

的存在，那么该约定又是靠什么来实现的呢？如此下去，论证就会进入一个无休止的循环。为了回答这个问题，路易斯在其著作《规约》(1969)[①] 一书中运用信号博弈和均衡概念成功地为规约意义的获得提供了一种非循环的解释，同时也为后人使用信号博弈分析人类的交际行为奠定了基础。[②]一个简单的信号博弈由两个参与者构成，分别是信号发送者和信号接收者。发送者知道自己所处的状态，并发送信号（准确地说是符号三角中的符形）给接收者。由于接收者不能观察到发送者所处的状态，所以他只能根据信号对发送者的状态做出判断。这意味着，发送者拥有私人信息。因此，信号博弈属于不完全信息下的博弈。它可以通过"海萨尼转换"[③] 引入一个虚拟的"自然"作为参与人，转变成一个"完全但不完美信息博弈"。其博弈过程和相关要素可用如下博弈树表示（见图3-4。）

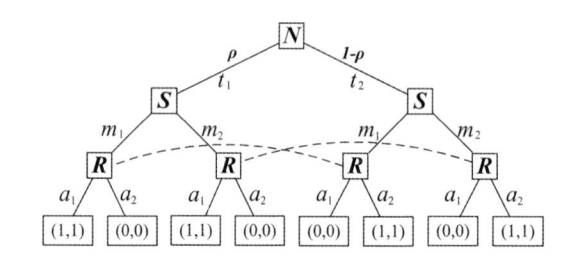

图 3-4　路易斯信号博弈树

从图 3-4 中，我们可以看到，一个信号博弈可以分为三个阶段：①自然（N）以一定的概率分布 P 决定发送者 S 所处的情境 t_1 或 t_2；②发送者根据自己所处的状态选择一个信号 m_1 或 m_2；③接

[①] Lewis, D., *Convention: A Philosophical Study*, Cambridge, MA: Harvard University Press, 1969.

[②] Franke, M., "Game theoretic Pragmatics", *Philosophy Compass*, Vol. 8, No. 3, 2013.

[③] 张维迎:《博弈论与信息经济学》，上海人民出版社 2004 年版，第 16—17 页。

收者 R 收到信号后，根据这一新信息更新自己对发送者所处状态的信念，并以此为基础做出一个选择 a_1 或 a_2。图中的虚线表示，当 R 接收到 m_1 时，他不能确定 m_1 是 S 在 t_1 状态下发出的，还是在 t_2 状态下发出的。图底端方框内的数字表示接收者根据发送者的信号所做出的不同选择会产生不同的效用值，博弈论中用效用函数①对其进行表示。在这个简单的信号博弈中，我们假设接收者选对了，那么双方都得到 1 单位的收益，否则为 0。从符号学的角度看，信号博弈为我们描绘了这样一个较为复杂的交际图景：发送者观察到某个对象，并形成一定的思想或情绪状态（符释），同时他有多个信号（符形）可以用来表达。由于符形与符释之间并不是一一对应的关系，所以接收者需要从多个可能的符释中选择出一个他认为是恰当的选项。如果他确定的选项与发送者头脑中希望表达的符释内容相一致，那么交际就可以成功，并产生一定的交际效果。否则，交际就会失败。

结合上文有关交际的代码模型和推理模型的讨论，我们可以发现，信号博弈所提供的分析框架与语用顺应论的核心思想高度一致，它涵盖了交际活动中涉及的很多重要因素，如交际主体、信息状态、信号类型、共同知识、推理、策略选择、效用，等等。而且还揭示出了交际活动的某些重要特征。首先，交际的双方处于信息不对称的状态，而这正是交际活动的出发点和根本动因；其次，交际的一方需要根据另一方的可能策略做出合理的选择，这意味着交际成功与否取决于双方的策略性互动。更为重要的是该框架有助于我们引入博弈论中的诸多数学求解工具，从而使我们对交际过程的形式化分析成为可能。正因为如此，很多学者主张将信号博弈及其相应的变体作为博弈论语用学研究的基础框架。

————————
① ［美］小约瑟夫·哈林顿：《哈林顿博弈论》，韩玲、李强等译，中国人民大学出版社 2012 年版，第 209 页。

潜藏在博弈论语用学分析框架背后的一个概念隐喻是：交际是游戏（game）。我们称其为交际的"游戏隐喻"。将语言的使用比作游戏的想法由来已久。在 20 世纪初，结构主义语言学先驱索绪尔就曾在现代语言学的奠基之作《普通语言学教程》中，将语言比作棋类游戏。① 然而，索绪尔的解释性说明并没有充分挖掘出该隐喻的重要价值，自然也就没有引起人们太多的关注。直到 20 世纪 50 年代，哲学家维特根斯坦提出"语言游戏说"，人们才真正开始认识到"游戏隐喻"的理论建构作用。维特根斯坦明确指出，语词的意义来源于我们所玩的游戏，游戏参与者的目的是向他人展示或告诉他人自己所看到的东西。② 而这一思想也正是博弈论语用学的理论基石。与"游戏隐喻"相对的是代码交际模型所预设的"传导隐喻"。在"传导隐喻"的影响下，语言被看作一个个可以传递货物的箱子，思想内容就是那些可以被装进箱子的物体。交际的过程就成了发送者将思想装进箱子，然后箱子被送到了接收者那里，接收者打开箱子获得了发送者表达的思想。③ 语言学家雷迪在研究中发现，英语中很多与交际有关的表达大多都源于一个基本的概念隐喻，即语言是管道。④ 这进一步说明，我们无意识中已将交际概念化为一种运送东西的过程。如果我们将"游戏隐喻"和"传导隐喻"放在一起比较，我们就会发现"传导隐喻"在很大的程度上过分地简化了我们对交际复杂性的认识。交际的主体性、主体间性、互动性和情境性等重要特征几乎被消解殆尽。莱考夫认为，隐

---

① ［瑞士］索绪尔：《普通语言学教程》，高名凯译，商务印书馆1999年版。
② Pietarinen, A. V., "An Invitation to Language and Game", in Pietarinen, A., eds., *Game Theory and Linguistic Meaning*, Amsterdam: Elsevier, 2007, p. 3.
③ Chandler, D., "The Transmission Model of Communication," http://www.aber.ac.uk/media/Documents/short/trans.html.
④ Reddy, M. J., "The Conduit Metaphor: A case of frame conflict in our language about language", in Ortony, A., eds., *Metaphor and Thought*, Cambridge: Cambridge University Press, 1979, pp. 284 – 310.

喻无处不在，它是我们赖以生存的思维方式。① 同时，他也指出，"隐喻的系统性使我们能够用一个概念来理解另一个概念的某些方面，同时它也必然隐藏了那个概念的另一些方面。它允许我们聚焦于某个概念的某一个部分内容，同时也会使我们忽略这个概念中与该隐喻不一致的内容"②。当我们发现越来越多的事实与现有的理论模型不符时，原有的范式就会受到挑战。在这个意义上，每个科学隐喻仅仅是一张探索客观世界的局部地图，当我们开始进入新世界的时候，我们就需要一张既能展示旧世界又能描述新世界的地图。③ 交际的"游戏隐喻"或许就是这样一张我们迫切需要的"新地图"。在科学哲学家库恩看来，科学的发展表现为不同范式间的竞争和更替。④ 而作为理论前提的隐喻正是范式的核心构成要素。随着"游戏隐喻"的影响不断扩大，语言学和符号学领域内一场新的范式更替将在所难免。

第二节 理性决策：符号意义与交际原则

"游戏隐喻"的确立和信号博弈所提供的分析框架在某种程度上改变了我们对交际的认识：交际中符号意义的获得是主体间策略性互动的结果。那么，这种互动是如何进行的？我们可否对其进行某种形式化的刻画？这种形式化的刻画又是在何种程度上解释我们关心的两个问题：符号的意义是如何在互动中产生的，交际原则是互动的自然结果吗？

---

① ［美］莱考夫、约翰逊：《我们赖以生存的隐喻》，何文忠译，浙江大学出版社2015年版，第1页。
② ［美］莱考夫、约翰逊：《我们赖以生存的隐喻》，何文忠译，浙江大学出版社2015年版，第7页。
③ 徐慈华、李恒威：《溯因推理与科学隐喻》，《哲学研究》，2009年第7期。
④ ［美］库恩：《科学革命的结构》，金吾伦、胡新和译，北京大学出版社2003年版。

信号博弈可表示为一个多元组 $<\{S, R\}, T, Pr, M, A, Us, U_R>$。其中，$\{S, R\}$ 表示该博弈由信息的发送者和接收者共同参与；T、M、A 分别表示情境集合，信息集合和行动集合；Pr 是概率分布函数，确定不同状态的可能性；$U_{S,R}$ 是效用函数 $[T \times M \times A \to R]$，它表示信息发送者和接收者的不同策略组合所产生的效用值。在信号博弈中，信息的发送者需要确定不同状态下的信息发送方案，可表示为一个从 T 到 M 的函数：$S \in [T \to M]$。同样，接收者需要确定收到不同的信息时应该如何应对，这是一个从 M 到 A 的函数：$R \in [M \to A]$。另外，我们还需要一个函数 f 为每个特定的状态指派一个交际参与者都希望实现的正确行动。在此基础上，我们就可以确定不同情况下效用函数的值：当 $R_k(m_j) = f(t_i)$，$U_s(t_j, R_k(m_j)) = 1$；否则，就为 0。[1] 在图 3-4 所表示的简单信号博弈中，$T = \{t_1, t_2\}$，$M = \{m_1, m_2\}$，$A = \{a_1, a_2\}$，$f(t_1) = a_1$，$f(t_2) = a_2$，信息发送者和接受者的策略可分别表示为表 3-1、表 3-2。

表 3-1　　　　　　　　　　发送者的策略

	t_1	t_2
S_1	m_1	m_1
S_2	m_1	m_2
S_3	m_2	m_1
S_4	m_2	m_2

---

[1] Benz, A., Jäger, G. and Rooij, R. V., "An Introduction to Game Theory for Linguists,", in Benz A., Jäger, G. and Rooij, R. V., eds., *Game Theory and Pragmatics*, Hampshire: Palgrave MacMillan, 2006, p. 28.

表 3–2　　　　　　　　　　接收者的策略

	m_1	m_2
R_1	a_1	a_1
R_2	a_1	a_2
R_3	a_2	a_1
R_4	a_2	a_2

根据上表，信号发送者的策略 S_1 就是当他在情境 t_1 中时，他发送信号 m_1，在情境 t_2 中时，他发送信号 m_1。在其他策略的具体内容可以以此类推。路易斯（1969）认为，规约的建立是为了解决反复出现的协调问题（coordination problems）。由于信息的发送者和接收者在交际中的利益是一致的，因此如果接受者采取的某个行动正是发送者在特定情境中所希望的，即 $a_1 = f(t_1)$，$a_2 = f(t_2)$ 时，那么交际就可以成功，双方都得到 1 单位的效用值（$U_S = U_R = 1$）。由于协调问题反复出现，理想的情况是针对发送者所处的特定状态，接收者都有一个与之相对应的恰当行动。只有这样协调问题才可以被解决。现在的问题是如何找到特定的策略组合以保证交际的顺利进行。路易斯在其书中使用了纳什均衡作为上述信号博弈的求解概念。"纳什均衡"指的是这样一种策略组合，它对于每一个参与人 i，是给定其他参与人选择的情况下第 i 个参与人的最优策略[1]，即：路易斯发现，信号博弈中具有一一对应关系的均衡正是可以用来解决协调问题的策略组合。在上文讨论的简单博弈中，策略组合 $<S_2, R_2>$、$<S_3, R_3>$ 就是这样的均衡，其映射关系可表示为图 3–5。

路易斯将上述策略组合称为"信号规约"。参照信号规约，路

---

[1] 张维迎：《博弈论与信息经济学》，上海人民出版社 2004 年版，第 40 页。

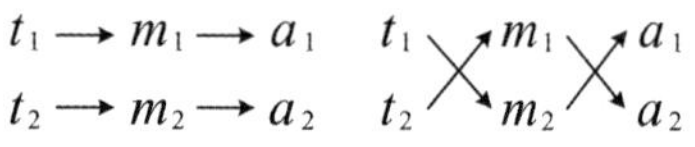

$$t_1 \rightarrow m_1 \rightarrow a_1 \quad\quad t_1 \searrow\!\!\!\!\!\!\nearrow m_1 \searrow\!\!\!\!\!\!\nearrow a_1$$
$$t_2 \rightarrow m_2 \rightarrow a_2 \quad\quad t_2 \nearrow\!\!\!\!\!\!\searrow m_2 \nearrow\!\!\!\!\!\!\searrow a_2$$

图 3-5　路易斯信号博弈的均衡解

易斯进一步对符形的意义进行了定义：如果 $<S, R>$ 是信号规约，那么一个符形的意义就可以定义为 $S^{-1}(m)$。这样一来，语言（符形）的意义就可以还原为行为的一种性质。[1]路易斯的上述分析实际上也就解释了，在事先不预设存在意义的情况下，符形的意义是如何在交际双方的互动中形成的。

在日常的交际中，我们经常会遇到另外一类涉及符号意义的问题：一个符形具有多个义项，即符形的意义是模糊的。在此情况下，信息的发送者该如何使用一个具有多义性的符形，接收者又该如何在多个义项中确定发送者所要表达的内容呢？Parikh 认为，自然语言是一种模糊却高效的符号体系，符形的多义性是普遍存在的。[2]例如在句子"The bank is near"中，bank 是一个模糊的词，既可以表示"银行"，又可以表示"河岸"。Parikh 进一步指出，基于博弈论的分析可以帮助我们解释特定的表达内容是如何从诸多的意义选项中确定的。[3]

Parikh 使用了一种被称"部分信息博弈"的分析框架，其基本的分析思路是：信息的发送者使用了某个符形 m_u，但该符形具有多个意思，接收者需要根据发送者所处的具体情境（t_1 或 t_2）、不同情境的概率分布 Pr，以及可供选择的表达方式（m_1, m_2）来确定 m_u 的确切含义。假定 m_1 和 m_2 属于一种清晰的表达方式，

---

[1] Benz, A., Jäger, G. and Rooij, R. V., "Language, Games, and Evolution: An Introduction", in Benz, A., Ebert, C., Jäger, G. and Rooij, R. V., eds., *Game Theory and Pragmatics*, Springer, 2011, p. 3.

[2] Parikh, P., *The Use of Language*, Stanford: CSLI Publications, 2001, p. 3.

[3] Parikh, P., *The Use of Language*, Stanford: CSLI Publications, 2001, p. 5.

即 m_1 就表示 t_1，m_2 就表示 t_2。那么，发送者和接收者的策略分别可表示为表 3-3。

表 3-3　　　　　　　　　　发送者的策略

	t_1	t_2
S_1	m_1	m_u
S_2	m_1	m_2
S_3	m_u	m_u
S_4	m_u	m_2

表 3-4　　　　　　　　　　接收者的策略

	m_1	m_u	m_2
R_1	a_1	a_1	a_1
R_2	a_1	a_2	a_2

这种表达的清晰性是以复杂的形式为代价的，因此也就意味着发送者和接收者需要耗费更多的资源，这也会影响到最后的效用值。van Rooy 认为，该分析框架与信号博弈具有共通之处。[1]因此，我们同样可以用信号博弈的基本框架对语义模糊现象进行分析。假定接收者认为发送者在情境 t_1 中的概率为 0.8，在情境 t_2 中的概率为 0.2。此外，我们再假定可用一个数字来表示一个符形的复杂程度：$Compl(m_u) = 1$；$Compl(m_1) = Compl(m_2) = 2$。那么，Parikh 的效用函数就可以表示为[2]：

---

[1] Rooij, R. V., "Signaling Game Select Horn Strategies", *Linguistics and Philosophy*, Vol. 27, No. 4, 2004.
[2] Rooij, R. V., "Signaling Game Select Horn Strategies", *Linguistics and Philosophy*, Vol. 27, No. 4, 2004.

$$U(t,S(t),R(S(t))) = 1/Compl(S(t)), if R(S(t)) = t$$
$$= 0 \ otherwise$$

根据信号博弈的基本思想，Parikh 所说的"部分信息博弈"就可以用图 3-6 表示。

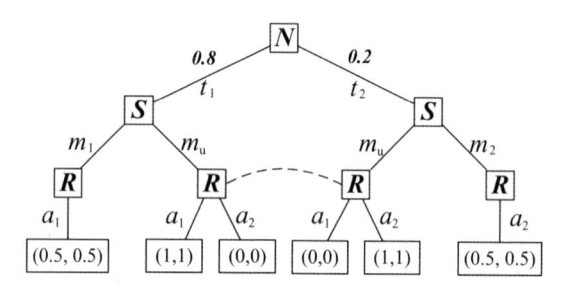

图 3-6　部分信息博弈

表 3-5　　　　　　　　　策略式博弈矩阵

	R_1	R_2
S_1	(0.4; 0.4)	(0.6; 0.6)
S_2	(0.5; 0.5)	(0.5; 0.5)
S_3	(0.8; 0.8)	(0.2; 0.2)
S_4	(0.9; 0.9)	(0.1; 0.1)

图 3-6 给出了不同情境下，不同策略组合的实际效用值。假定接收者的概率分布为共同的先验概率，通过海萨尼转换，图 3-6 扩展形式的博弈可以整合为一个单一的策略式博弈矩阵（见表 3-5）。矩阵中的效用值不再是实际的效用值，而是期望效用值。在表 3-5 中，我们可以求得如下两个策略组合 $<S_4, R_1>$ 和 $<S_1, R_2>$ 是纳什均衡。Parikh 认为，可以根据帕累托最优原则从中选择出唯一的均衡。[①]这里所说的帕累托最优原则，指一种博弈策略组合的收益对每个参与人来说都比另外一种高，那么参与者就会去选择收益

---

① Parikh, P., *The Use of Language*, Stanford: CSLI Publications, 2001, p.39.

高的那个。① 在上面这个例子中，策略组合 $<S_4, R_1>$ 的收益显然高于 $<S_1, R_2>$。因此，该博弈的解就是 $<S_4, R_1>$。Parikh 的分析说明，我们同样可以使用信号博弈的基本框架来解决日常交际中的语义模糊问题。

在路易斯的"信号博弈"和 Parikh 的"部分信息博弈"中，都用了"纳什均衡"作为博弈的求解概念。纳什均衡有一个重要的前提，即参与者是理性的。这里所说的理性，指的就是博弈的参与者为尽可能最大化自己的利益而采取行动。②在一个博弈中，不同的行为和策略会产生不同的结果，而不同的结果对于参与人而言会产生不同的效用。我们通过效用函数对不同行为结果的效用进行定量化，从而得到效用值。博弈参与者如果是理性的，那么他们就会去选择那个可以获得最高效用值的行为或策略。但正如经济学理论中的理性假设所遭遇到的诸多质疑一样，我们同样需要思考的是，这样一个假设对于符号的使用来说是不是合理的。对于这个问题，我们认为可以从两个方面来考虑。首先，我们可以把信号博弈模型所预设的条件，看成是一种"极端的理性状态"，并以此为参照，结合具体符号使用行为的实证研究，分析理想与现实之间的距离，进而找出其中的重要影响因素。其次，我们可以在信号博弈的诸多变体中，放开一些条件，增加新的参数，从而使我们的模型预测更接近现实。因此，信号博弈求解中似乎过于苛刻的理性假设并不会削弱理论本身所具有的价值。

在上面的分析中，我们可以看到博弈参与者的理性决策，可以驱动符号的意义从无到有，从模糊到清晰。下面，我们将分析这样一种理性的力量是如何促进语用原则的建立的。格莱斯指出，在交

---

① Parikh, P., *The Use of Language*, Stanford: CSLI Publications, 2001, p.39.
② 参见 [美] 小约瑟夫·哈林顿《哈林顿博弈论》，韩玲、李强等译，中国人民大学出版社 2012 年版，第 40 页。

际中我们还会获得不同于规约意义的会话含义，如果要推导出这种含义，我们需要进一步预设人们是遵守合作原则的。[①] 根据格莱斯的会话含义理论，合作原则可细分为：质准则、量准则、关联准则和方式准则。[②] 以"量准则"为例，当我们说"有些人没有通过考试"时，我们同时表达了"不是所有的人都没有通过考试"。这是遵守"量准则"所推导出来的会话含义，也被称为等级含义，属于一般会话含义。这些准则的存在虽然可以帮助我们解释很多交际中出现的意义推导问题，但它们更多的是基于经验的归纳和总结。这里我们需要思考的是：第一，如果信号博弈理论的分析框架是有效的，那么它应该有能力从一些更基本的假设出发系统地解释这些交际原则的存在；第二，交际和会话含义推导基于个体的理性认知活动，而以纳什均衡为核心的博弈求解方案采取的是一种外在的研究者视角，只关注均衡点，而没有说明个体是如何一步步地推导出这个均衡点的。下面，我们结合 IBR（Iterated Best Response）模型[③]，从个体的角度分析理性决策是如何驱动博弈参与者形成遵守合作原则的策略选择的。

IBR 模型吸收了行为博弈研究中的两个重要发现：其一是主体的推理总是基于某些焦点[④]，其二是主体在推理时会参照参与者类型（player-type）做出最佳反应。[⑤] 它的出发点是一个带意义的信号

[①] Grice, P. H., "Logic and Conversation", in Cole, P. and Morgan, J., eds., *Speech Acts*, New York: Academic Press, 1975, pp. 41–58.

[②] Grice, P. H., "Logic and Conversation", in Cole, P. and Morgan, J., eds., *Speech Acts*, New York: Academic Press, 1975, p. 45.

[③] 参见 Franke, M., *Signal to Act: Game Theory in Pragmatics*, PhD thesis, Universiteit van Amsterdam, 2009.

[④] Rubinstein, A. et al., "Naïve Strategies in Competitive Games", in Albers, W., et al. eds., *Understanding Strategic Interaction — Essays in Honor of Reinhard Selten*, Berlin: Springer Verlag, 1996. pp. 394–402.

[⑤] Camerer, C. F., Ho, T. H. and Chong, J. K., "A cognitive hierarchy model of games", *The Quarterly Journal of Economics*, Vol. 119, No. 3, 2004, pp. 861–898.

博弈：$<\{S,R\},T,Pr,M,[\cdot],A,U_S,U_R>$。其中，$<\{S,R\},T,Pr,M,A,U_S,U_R>$ 是一个标准的信号博弈；$[\cdot]$ 是一个意义函数，它给定了信号的语义，为主体的推理提供焦点。在此基础上，IBR 模型界定不同层级的参与者及其相应的行动：0-层级的发送者总是根据语义采取信号为真的策略；k+1 层级的接收者对上一层级的发送者策略做出最佳反应。当然，推理过程也可以始于 0-层级的接收者。最后，上述推理会进入一个稳定的循环状态。下面，我们来看看 IBR 模型是如何分析 some-all 博弈中的等级含义推导的。在 some-all 博弈中，IBR 模型首先在标准信号博弈的基础上给定信号的语义[1]（见表3-6）。

表3-6　　　　　　　带语义信息的 some-all 博弈

	$P_r(t)$	$a_{\exists\neg\forall}$	$a_\forall$	m_{some}	m_{all}
$t_{\exists\neg\forall}$	$1-p$	1, 1	0, 0	√	—
$t_\forall$	p	0, 0	1, 1	√	√

基于上述语义，0-层级的发送者发送在不同的情境中为真的信号，可采取的策略为：

$$S_0 = \left\{\begin{array}{l} t_{\exists\neg\forall} \mapsto m_{some} \\ t_\forall \mapsto m_{some}, m_{all} \end{array}\right\}$$

针对0-层级发送者的上述策略，1-层级的接收者需要对其做出最佳反应。首先，需要根据一致性原则[2]计算出当他接收到不同信号后的后验信念。当他接收到信号 m_{some} 时，他不能确定发送者的实际类型，因为该信号在两种情境下均为真。这时，他需要根据贝

---

[1]　表3-6中的"√"表示，某个信号在特定的情境中为真。
[2]　该原则要求信号接收者的后验信念必须与他自己的先验信念和发送者的行为相匹配，这意味着该原则可以通过贝叶斯信念更新公式得到。

叶斯信念更新公式[①]计算后验信念：

$$\mu_1(t_{\exists\neg\forall} \mid m_{some}) = \frac{Pr(t_{\exists\neg\forall}) \times S_0(m_{some} \mid t_{\exists\neg\forall})}{\sum_{t' \in T} Pr(t') \times S_0(m_{some} \mid t')}$$

$$= \frac{\frac{1}{2} \times 1}{\frac{1}{2} \times 1 + \frac{1}{2} \times \frac{1}{2}} = \frac{2}{3}$$

如果 1-层级接收者，收到的信号是 m_{all}，那么他就可以确定发送者所属的类型是 $t_\forall$，因为发送者只有在情境 $t_\forall$ 下，才可以发送信号 m_{all}。因此，不同信号条件下的后验信念可表示为表 3-7。

表 3-7　　　　　　　　不同信号条件下的信念更新结果

$\mu_1(t \mid m)$	$t_{\exists\neg\forall}$	$t_\forall$
m_{some}	$\frac{2}{3}$	$\frac{1}{3}$
m_{all}	0	1

根据上述后验信念，接收者就可以确定在接收到特定信号时哪个行为是最佳反应。当他接收到 m_{some} 时，如果他选 $a_{\exists\neg\forall}$，他的期望效用 EU = 2/3；而选 $a_\forall$ 得到的期望效用是 1/3。因此，出于效用最大化的考虑，他应该选 $a_{\exists\neg\forall}$。同样，当他接收到 m_{all} 时，他应该选 $a_\forall$。

$$R_1 = \left\{ \begin{matrix} m_{some} \mapsto t_{\exists\neg\forall} \\ m_{all} \mapsto t_\forall \end{matrix} \right\}$$

---

① 贝叶斯信念更新公式：$P(t \mid m) = \dfrac{P(t) \times P(m \mid t)}{\sum_{t'} \in T P(t') \times P(m \mid t')}$

最后，IBR 模型可以预测到：对于所有的 K（≥2）- 层级的参与者而言，我们都能得到如下相同的策略选择[①]，这也意味策略的选择达到一种均衡的状态。

$$S_k = \left\{ \begin{array}{l} t_{\exists\neg\forall} \mapsto m_{some} \\ t_{\forall} \mapsto m_{all} \end{array} \right\}$$

$$R_k = \left\{ \begin{array}{l} m_{some} \mapsto t_{\exists\neg\forall} \\ m_{all} \mapsto t_{\forall} \end{array} \right\}$$

从上面的案例分析中，我们可以看到，IBR 模型对语用原则所提供的解释是一种基于认知博弈论（epistemic game）的解释。博弈的求解和均衡状态的实现是博弈的内在参与者在多次互动选择中逐渐达到的结果，这与纳什均衡所采取的外在观察者视角很不相同。除了延续纳什均衡的理性参与者假设之外，IBR 模型还引入了一个非常重要的推理机制，那就是前面提到的贝叶斯信念更新。一直以来，贝叶斯信念更新是人工智能领域非常重要的算法，可以解决很多工程上的问题。但近年来的研究发现，在人类认知和推理的模拟上，贝叶斯信念更新同样具有非常强的预测能力。[②]但让人怀疑的是，这样一个复杂的公式是否就是我们人脑的运行方式。从公式所包含的含义来看，它的基本思想与我们日常生活中普遍存在的溯因推理是一致的。皮尔斯指出，"如果我们认为，当事实与预期不符时，我们就需要做出解释的话，那么这个解释就必须是一个能够在特定环境下预测所观察事实（或必然的，抑或非常可能的结果）的命题。一个自身具有可能性，并且使（观察到的）事实具有可能性的假设就需要被采纳。这个由事实驱动的采纳假设的过程，就是我

[①] Franke, M., *Signal to Act: Game Theory in Pragmatics*, PhD thesis, Universiteit van Amsterdam, 2009, p. 61.

[②] 参见 Tenenbaum, J. B. et al., "How to Grow a Mind: Statistics, Structure, and Abstraction", *Science*, Vol. 331, 2011, pp. 1279 – 1285. 和 Frank, M. C. and Goodman, N. D., "Predicting Pragmatic Reasoning in Language Games", *Science*, Vol. 336, 2012.

所说的溯因推理"①。从皮尔斯的这句话中，我们可以推出有两个因素影响一个假设是否被采纳：第一是假设本身的可能性，第二是这个假设如果是真的，那么它在多大程度上会使所观察到的事实成立。而在贝叶斯公式中，起决定性作用的是分子部分。其中，$P(t)$ 所表示的就是一个假设自身所具有的可能性，而 $P(m \mid t)$ 所表示的也正是皮尔斯所说的第二个标准。这说明两者在内在思想上是一致的，只不过前者是定性的，而后者是定量的。另一方面的证据来自心理学家吉仁泽（Gigerenzer）对日常生活中的概率推理所做的大量研究。他们发现，认知算法规则（cognitive algorithm）与信息格式之间存在密切关联，如果我们以自然频数为信息格式，那么由于自然频数携带了基础比率信息而使贝叶斯公式计算得以简化。②这说明我们如果在日常生活中使用基于频数的贝叶斯信念更新还是比较容易实现的。因此，我们需要更进一步的理论探讨和实证研究，来加深我们对贝叶斯信念更新的认识和理解。

第三节　演化与学习：符号意义的自然涌现

符号学家西比奥克（Sebeok, T. A.）曾描述了如下十种常见的符号使用行为③：（1）放射学家根据 X 光照片上的阴影诊断出病人患了肺癌；（2）气象学家根据气压计读数的变化对第二天的天气做出预报；（3）人类学家通过观察原始部落的交换仪式来了解该部落的政治、经济和社会结构；（4）法语老师拿着一张马的图片教学生

---

① Peirce, C. S., *Collected Papers of Charles Sanders Peirce*, in A. W. Burk, ed., Vol. 7, Cambridge, Mass.: Harvard University Press, 1931–1958, pp. 121–122.

② [德] 吉仁泽:《适应性思维：现实世界中的理性》，刘永芳译，上海教育出版社2006年版，第121—124页。

③ Sebeok, T. A., *Signs: An Introduction to Semiotics*, Toronto: University of Toronto Press, 2001, pp. 25–26.

读出"Cheval"的音；（5）历史学家根据某位总统的手迹，重新认识其研究对象的个性；（6）在苏联时代，一位克里姆林宫观察员根据某个政治局委员在庆典上的位置猜测其所处的政治地位；（7）在法庭审判中，一名被告因为指纹证据而被判有罪；（8）猎人根据雪地上的脚印和沿途的粪便猜测他的前方有一头雄鹿；（9）某人看到一条狗正在朝他龇牙咧嘴狂叫，而断定自己可能会受到攻击，所以躲得远远的；（10）雄孔雀向雌孔雀开屏，雌孔雀绕其行走并蹲下，继而发生交配。在这些情景中，我们可以看到：广义上的符号使用涉及多种类型主体之间的互动，既可以是人与人，人与自然，也可以是人与动物，或者是动物与动物。

在动物界中，交际性信号的存在比我们想象得要普遍得多。越来越多的动物行为研究发现，不同种类的动物，如猴子、狗、鹅、松鼠、鸡等，都存在着"捕食者入侵警报"。[①] 所谓"捕食者入侵警报"指的是，当一群动物中的某个个体发现有捕食者入侵时，它就会向群体中的其他成员发出警告：有危险出现！Cheney 和 Seyfarth 在野外状态和实验条件下系统地观察了一种生活在非洲东南部的小猴子（Vervet monkey，学名：长尾黑颚猴）。[②]他们发现，这些猴子发出的信号不但可以告诉它们的同伴有危险，而且它们还使用不同的信号区分不同类型的捕食。当鹰出现时，它们会发出类似咳嗽的声音；当豹出现时，它们会发出类似咆哮的声音；当蛇出现时，它们会发出"噼啪"声。针对不同的警告信号，这些猴子形成了不同的最佳逃跑路线：如果听到咳嗽声，它们就躲到低矮的灌木丛中，并且眼睛向上观察捕食者的确切位置；如果听到咆哮声，它们就会爬到树上，这样豹就跟不上去了；如果听到"噼啪"声，它们就站

[①] Skyrms, B., *Signals: Evolution, Learning, and Information*, Oxford: Oxford University Press, 2011, p.22.

[②] 参见 Cheney, D. and Seyfarth, R., *How Monkeys See the World: Inside the Mind of Another Species*, Chicago: University of Chicago Press, 1990.

立起来，看看蛇到底在哪里，并尽快离它远一点。这说明猴子之间在使用符号进行互动。正如 Skyrms 所指出的那样，"自然赋予了这些猴子某种非常类似于经典路易斯信号博弈的东西，而且还达到了某种接近信号系统的均衡状态"①。

我们不禁要问，这些动物是如何建立起信号系统的？在第二部分的分析中，我们可以看到，交际主体在信号博弈的基本框架下可以通过理性决策使符号互动达到一种均衡状态。但对于动物（或者说理性程度比较低的主体）之间的符号互动，我们显然无法再用相同的"理性假设"作为分析的出发点。因此，学者们开始在信号博弈的基本框架下提出新的研究思路，其中之一就是从演化博弈论的角度分析信号博弈。

演化博弈论的分析范式是生物学家普瑞斯（Price, G.）和史密斯（Smith, J. M.）在20世纪70年代提出的。他们在分析动物行为和特征演化时发现，达尔文意义上的演化具有某种策略性特征，可以运用经济学中的博弈论方法对其进行建模。② 他们曾分析过一个名为"鹰—鸽博弈"的案例。③该案例假定有两个动物，它们都属于同一个物种，而且会为了获得一些资源相互竞争。它们在遇到竞争对手时可以选择"鹰策略"（战斗），仅当自己受伤或对手撤退时才停止战斗，也可以选择"鸽策略"（炫耀），当对手开始战斗时立刻撤退。不同情况下的互动结果直接反映在不同的适应值（fitness）上（见表3–8）。

---

① Skyrms, B., *Signals: Evolution, Learning, and Information*, Oxford: Oxford University Press, 2011, p. 23.
② Smith, J. M. and Price, G. R., "The Logic of Animal Conflict", Nature, Vol. 246, 1973.
③ ［英］史密斯：《演化与博弈论》，潘香阳译，复旦大学出版社2008年版。

表 3-8　　　　　　　　　　　鹰—鸽博弈

	鹰	鸽
鹰	$\frac{V-C}{2}, \frac{V-C}{2}$	V, 0
鸽	0, V	$\frac{V}{2}, \frac{V}{2}$

表 3-8 中，V 指的是动物通过竞争所获得的资源；C 指的是失败者因为受伤而付出的成本。演化博弈论的核心思想是（1）群体成员反复进行上述博弈；（2）策略具有遗传性。在这种情况下，如果群体绝大多数的个体都选择鹰策略，那么那一小部分采用鸽策略的个体就具有高于平均水平的适应性。因此，采用鸽策略的个体在群体中所占的比例就会在下一代中增加。然而，这种增长不是无限制的，当采用鸽策略的个体所占的比例达到一定的值时，采用鹰策略的个体就会具有更高的适应值。从长远来看，不同策略在群体中的分布会达到一种稳定的状态。在这种稳定的状态下，群体中所有的个体都采用某一种策略。该策略被称为"演化稳定策略"（Evolutionary Stable Strategy，ESS），指的是这样一种策略：如果群体中每个成员都采用这个策略，那么在自然选择的作用下，不存在一个具有突变特征的策略能够侵犯这个种群。[1] 其严格的定义为：对于所有的 $J \neq I$ 来说，如果 $E(I,I) > E(J,I)$，或 $E(I,I) = E(J,I)$ 且 $E(I,J) > E(J,J)$，那么 I 就是一个 ESS。

其中，$E(I,J)$ 指的是用策略 I 应对策略 J 所获得的期望适应值。由于演化博弈论关注的重点不是个体，而是策略。所以它适用于所有具有如下特征的场合：（1）某种策略行为可以被复制，（2）策略被复制的可能性与其在互动中的产出有关。因此，我们可

---

[1] Skyrms, B., *Signals*: *Evolution*, *Learning*, *and Information*, Oxford: Oxford University Press, 2011, p. 23.

以将其运用到有关交际行为的研究中。[①]从演化博弈论的角度看,路易斯博弈中的某种交际策略是否可以得到复制取决于该策略的平均成功率。Skryms 指出,在情境、信号和行动的数量都相等的情况下,信号系统(一一对应关系)就是 ESS。[②]

稳定性是复杂系统的一种状态,ESS 是系统中的吸引子。ESS 分析可以告诉我们系统的稳定点在哪里,但不能告诉我们,系统是如何逐步达到这个稳定点。为了给 ESS 这个概念提供一个动态的描述,Taylor 和 Jonker(1978)提出了"复制者动态"(replicator dynamics)这个概念及其相应的微分公式[③]:

$$\frac{dx_i}{dt} = x_i(\tilde{u}_i - \tilde{u})$$

其中,x_i 表示类型 i 在群体中所占的比例;$(\tilde{u}_i - \tilde{u})$ 表示类型 i 的平均收益与所有类型平均收益之间的差。该公式反映了某种策略类型 i 在某个时间点 t 上在群体中所占比例的变化比率(rate of change)。当 $\frac{dx_i}{dt} > 0$ 时,类型 i 就会随时间变化不断地增长;当 $\frac{dx_i}{dt} < 0$ 时,类型 i 就会不断地减少;对于所有的策略类型来说,当 $\frac{dx_i}{dt} = 0$ 时,系统就进入了稳定状态。

同样,复制者动态可以用来描述信号博弈中的不同策略类型的动态变化过程。一个最简单的路易斯信号博弈由两个状态、两个信

[①] Benz, A., Ebert, C., Jäger, G. and Rooij, R. V.,"Language, Games, and Evolution: An Introduction", in Benz, A., Ebert, C., Jäger, G. and Rooij, R. V., eds., *Game Theory and Pragmatics*, Springer, 2011, p. 5.

[②] Skyrms, B., *Signals: Evolution, Learning, and Information*, Oxford: Oxford University Press, 2011, P. 63.

[③] Taylor, P. and Jonker, L.,"Evolutionarily Stable Strategies and Game Dynamics", *Mathematical Biosciences*, Vol. 40, 1978.

号和两个行动构成（见图3-4），在该博弈中发送者和接收者均有四个不同的策略（见表3-1和表3-2）。在一个信号博弈演化系统中，我们可以采用双群体形式，即一个群体扮演发送者的角色，另一个群体扮演接收者的角色。为了简便起见，我们进一步假定发送者群体中的个体在不同的状态下发出不同的信号，接收者群体接收到不同的信号时做出不同的行动，那么发送者和接收者就分别只剩下两个策略（见表3-9）。

表3-9　　　　　　　　复制者动态中的策略

	t_1	t_2
S_2	m_1	m_2
S_3	m_2	m_1

	m_1	m_2
R_2	a_1	a_2
R_3	a_2	a_1

如果用一个坐标轴的y轴表示使用发送者策略S_3在群体中的比例，x轴表示接收者策略R_3在群体中所占的比例。那么，我们就可以用图3-7表示信号博弈的不同策略在群体中的动态变化情况。[1]

图3-7中有5个动态均衡点，但只有2个是稳定的，这两个就是信号系统：<S_2, R_2>，<S_3, R_3>，系统的演化将所有其他的不同状态都慢慢转变为其中之一。[2] 通过上述模拟，我们可以看到，群体在演化中不断向信号系统移动，使一个对称的系统变成一个不对称的系统。这就是说，信号系统是可以通过演化逐步建立起来的，符号的意义也随对称性的打破而自然而然地涌现出来。

---

[1] Skyrms, B., *Signals: Evolution, Learning, and Information*, Oxford: Oxford University Press, 2011, p.11.

[2] Skyrms, B., *Signals: Evolution, Learning, and Information*, Oxford: Oxford University Press, 2011, p.11.

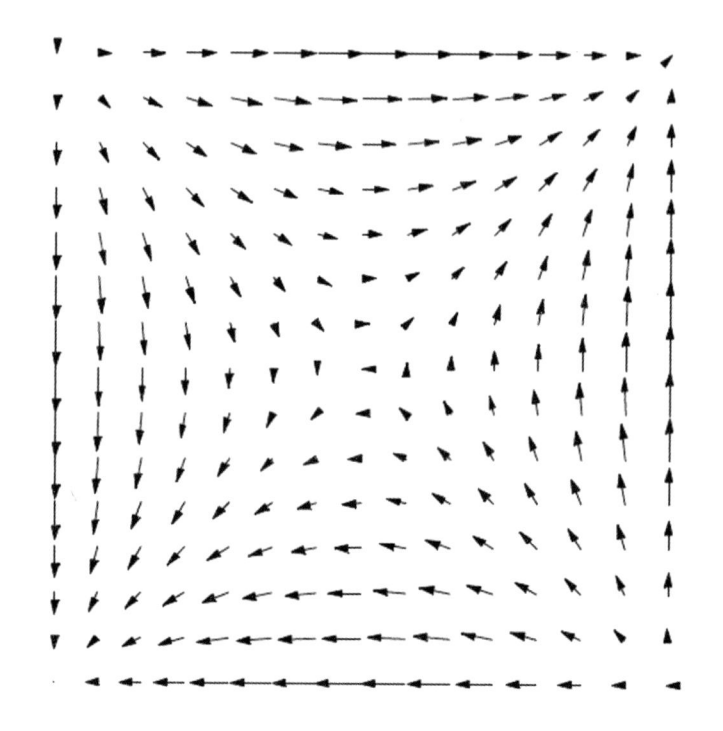

图3-7 双群体的复制者动态

演化稳定策略（ESS）和复制者动态（replicator dynamics）作为一种宏观的描述，比较好地解释了符号及其意义是如何在群体的互动中逐渐涌现并成为规约的，但无法在微观层面上说明不同物种中的个体是如何在互动中学会使用信号的。这里说的"学习"，主要是指一种无须策略推理的随机性强化学习。其背后的思想是：选择某个行为的概率与过去选择该行为所获得的累积回报总和成正比。[1] 我们可以用下面这样一种名为"瓮中取球"的

---

[1] Skyrms, B., *Signals: Evolution, Learning, and Information*, Oxford: Oxford University Press, 2011, p.84.

游戏呈现该学习过程（见图3-8）。[1]

图3-8　"瓮中取球"游戏

在前面提到的路易斯信号博弈中，信息的发送者有两个信息集（information set），与此相对应，我们分别用"瓮 t_1"与"瓮 t_2"表示。每个瓮中都有两种颜色的球，我们用黑色球表示 m_1，白色球表示信号 m_2。在刚开始的时候，每个瓮中各颜色的球只有一个。游戏中，发送者根据自己所在的状态 t_1（或 t_2），从相应的瓮 t_1（或瓮 t_2）中随机取出一个球作为发出的信号。同样，信息的接收者也有两个瓮（"瓮 m_1"和"瓮 m_2"），分别对应他的两个信息集[2]。在初始条件下，每个瓮也有两个不同颜色的球，我们用黑色球表示行动 a_1，用白色球表示行动 a_2。游戏中，如果接收者看到黑色球（信号 m_1），他就从瓮 m_1 中随机取出一个球；如果看到白色球（信号 m_2），就从瓮 m_2 中随机取出一个球。由于信号博弈是一个协调博弈，因此游戏中还有一条决定输赢的规则：当接收者所采取的行动与发送者所处的状态一致，他们就成功地实现了交际；反之，就意味着失败。如果交际成功，就在每个参与者所选择的那个瓮中增加一个和他拿出来的那个球的颜色相同的球。如果失败，就维持原状。这样一来，各个瓮中不同颜色球的数量就记录下了不同

---

[1] 参见 Argiento, R. et al., "Learning to signal: Analysis of a micro-level reinforcement model", *Stochastic Processes and Their Applications*, Vol. 119, 2009.

[2] 与发送者不同，接收者的每个信息集中都有两个节点。

策略的收益情况，而这种收益的累积又影响到了一个信号或行为被采用的概率。①借助计算机模拟，Skyrms 等人发现，"瓮中取球"的学习模式可以获得近乎最佳状态的协调，这意味着主体可以通过随机行为和效果强化很好地学会使用信号。②

符号学的研究，比较早地将动物的符号行为纳入一个统一的交际模型中，但长期以来由于技术上的诸多限制，人们做得更多的是局限于个别符号使用现象的描述。而信号博弈的宏观演化模型和微观学习模型在某种程度上有力地说明了意义的涌现是可以解释，可以预测的，哪怕是在低等生物中。

此外，对于动物符号使用问题的分析还涉及语言起源的问题，因而相关的探讨也变得更加重要。人从动物进化而来，复杂的语言交际系统也可能源于动物之间的信号交际。因此，对于这种早期形态的符号互动的分析有助于我们更好地理解语言系统的某些本质特征。达尔文在《人类起源》中，已经敏锐地意识到，动物们向自己同伴发出危险警报的行为，可能就是语言形成的第一步。有关语言起源和演化的问题已经成为当今学术界的一个研究热点。人们从人类学、考古学、动物行为学、基因分析、神经元科学、计算模拟、心理学实验等不同研究路径对其进行了多学科的分析和探讨，并取得了丰硕的成果。③我们相信，基于信号博弈的策略演化研究和学习模拟，将会在这种跨学科探讨中作出其独特的贡献。

符号学家莫里斯（Morris, C.）曾根据研究对象的不同，将符

---

① 参见 Argiento, R. et al., "Learning to signal: Analysis of a micro-level reinforcement model", *Stochastic Processes and Their Applications*, Vol. 119, 2009.

② Skyrms, B., *Signals: Evolution, Learning, and Information*, Oxford: Oxford University Press, 2011, p. 13.

③ 参见 Gong-Tao, et al., "Multidisciplinary Approaches in Evolutionary Linguistics", *Language Sciences*, Vol. 37, 2013.

号学分为语形学、语义学和语用学。①其中，语用学指的是研究符号与其解释者之间关系的科学。但我们所讨论的博弈论语用学着眼于主体间的交际和符号的使用，属于一种更为广义的理解，其研究范围已远远超过莫里斯当初给语用学所划定的界限。在博弈论语用学研究的框架下，语形学、语义学和语用学之间的边界并没有我们想象的那么分明，而这并不重要。重要的是它从整体的角度为我们提供了一种理解交际活动的新路径。博弈论语用学的建立虽然时间不长，但经济学中有关博弈论的探讨，语用学中对语用现象的分析，以及理论生物学对生物符号现象的研究，都在强有力地推动这一学科向前发展。随着利益不一致情境下的交际问题、语形的组合问题、复杂网络中的符号选择问题、有限理性下的符号认知问题都逐渐进入博弈论语用学研究者的视野，我们相信，这一领域的研究将会引起学界越来越多的关注。

第四节 信号博弈：隐喻使用中的建模与求解[②]

关联理论基于特设概念（ad hoc concept）和关联原则等两个重要的分析概念，为语言隐喻的分析提供了一个颇具吸引力的解释方案，在新隐喻理解和语用分析方面与概念隐喻理论形成了很强的互补关系。虽然关联理论分析了隐喻理解的推理过程和限制条件，但总体上说仍然只是描述性的，或者说是一种局部的形式化。关联理论中，互为显明、非论证型推理、关联、认知效果、认知努力、认知语境等概念的存在，使理论解释的形式化存在诸多挑战。近年来逐渐兴起的博弈论语用学将应用数学中用于分析互动性决策的模型

---

① 参见 Morris, C. W., *Foundations of the Theory of Signs*, Chicago: University of Chicago Press, 1938.

② 参见徐慈华、严小姗《语言隐喻的认知博弈论语用学分析》，《逻辑学研究》2023 年第 2 期。

和求解方案引入对语言使用的分析。博弈论语用学中的 IBR 模型，在建模时考虑了交际主体的共享信息、信号策略、理性选择、效用、概率性的信念等因素，其求解方案采用一种内部视角，一步步地展示了交际者是如何达到稳定的均衡状态（对表达式意义的正确理解）的。因此，该模型具备了对关联理论进行整体性形式分析的有利条件。本节将以 IBR 模型为基本工具，分析隐喻使用中各种要素相互作用的过程，从而形成一种整体性的形式化分析框架，为隐喻的形式化解读提供一种新的探索和尝试。

一 语言隐喻的关联理论解释

在诸多解释隐喻现象的理论中，关联理论对隐喻使用所做出的解释[①]是一个颇具竞争力的方案，在新隐喻理解和语用分析方面与概念隐喻理论形成了很强的互补关系。[②]该方案基于"特设概念"和"关联原则"这两个重要的分析概念，指出隐喻理解是关联引导下的词汇扩大推理。虽然关联理论分析了隐喻理解的推理过程和限制条件，但总体上说仍然是描述性的，或者说是一种局部的形式化。本节的目标是运用近年来日趋成熟的博弈论语用学，尤其是 IBR 模型，为该解释方案提供一个整体性的形式化分析。

我们在第一章的理论介绍中，已经看到关联理论是如何基于"特设概念"和"关联原则"对隐喻的理解进行分析的。关联引导下的理解启发式是特设概念和关联原则的组合，可以回答特设概念的建构是沿着哪个方向进行的、什么时候会停止等问题。关联理论所提供的解答是：首先，对话语关联的期待，触发了词汇的调整；其次，这种调整沿着一条最省力的路径，都是从最可及的语境假

[①] Wilson, D., "Parallels and differences in the treatment of metaphor in relevance theory and cognitive linguistics", *Intercultural Pragmatics*, Vol. 8, No. 2, 2011.

[②] Tendahl, M. and Gibbs, J. R. W., Complementary perspectives on metaphor: Cognitive linguistics and relevance theory, *Journal of Pragmatics*, Vol. 40, No. 11, 2008.

设、最可及的扩展或缩小、最可及的含义开始；再次，通过诸多试探性假设的相互调整，最终形成整体性的解释以满足对关联的期待；最后，当对关联的期待得到满足后，调整的过程就停止了。[①]下面，我们将结合具体的隐喻案例，分析关联理论是如何对隐喻的理解做出解释的。

*Peter：Is Robert a good accountant?（罗伯特是个好会计吗？）

Mary：Robert is a computer.（罗伯特是一台计算机。）

在上面这个对话中，玛丽没有使用 yes 或 no 来直接回答 Peter 的提问，而是用了一个隐喻。根据关联理论，当彼得听到这句话的时候，他首先假定这句话具有最佳关联。为了满足对关联的期待，彼得开始沿着最省力的路径对词语"computer"进行解码，形成词汇意义［COMPUTER］。他对［COMPUTER］的相关百科知识条目可能会形成如下假设：

［COMPUTER］：a type of electronic machine；processing large amounts of numerical information well…（一种电子设备，可以很好地处理大量的数字信息……）

如果玛丽的这句话能够回答 Peter 的提问，那么彼得对关联的期待就可以得到满足。但［COMPUTER］所激活的假设作为一个整体并不能直接满足听话人对关联的期待。在特定语境下，听话人 Peter 可能会建构一个特设概念［COMPUTER*］。

［COMPUTER*］：a kind of object that can process large amounts of numerical information well.（一种可以很好地处理大量数字信息的主体。）

这个特设概念［COMPUTER*］与词汇概念［COMPUTER］相比，百科知识中的"一种电子设备"被抑制了。也就是说，当玛丽

[①] Wilson, D., "Parallels and differences in the treatment of metaphor in relevance theory and cognitive linguistics", *Intercultural Pragmatics*, Vol. 8, No. 2, 2011.

说"Robert is a computer"时，她实际上想表达的是：Robert is a [COMPUTER*]．那么，如果 Peter 理解正确，那么他得到的意思应该是：Robert as an accountant can process large amounts of numerical information well.（作为一名会计，罗伯特可以很好地处理大量数字信息。）上面的对话会激活一个隐含的前提①：如果一个会计能够处理大量的信息并且不犯错误，那么他就是一个好会计。根据充分条件肯定前件式，Peter 就可以推出 Robert 是一个好会计，从而满足了他对关联的期待，对会话含义寻找也就此停止。我们可以用图 3-9表示上例中的推理过程。

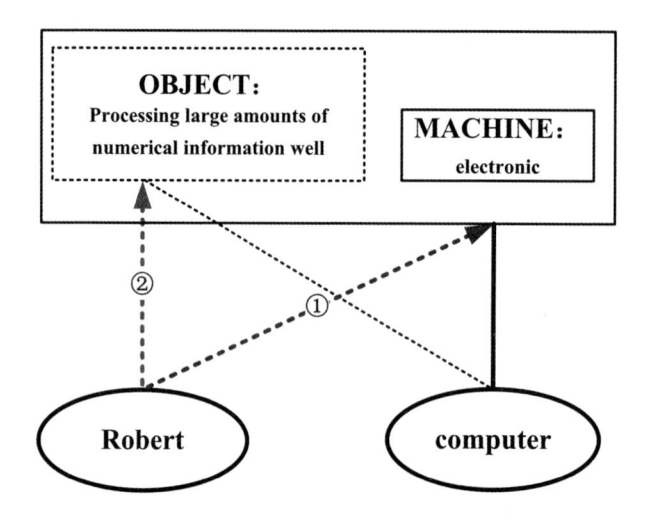

图 3-9　"Robert is a computer" 的理解过程

从图 3-9中，我们可以看到，例句 Robert is a computer 的理解有两种不同的可能性：

（i）Robert is a [COMPUTER]：Robert is a type of electronic machine that can process a large amount of numerical information well.（罗

---

① 作为认知语境的一部分。

伯特是一种可以很好地处理大量数字信息的电子设备。)

(ii) Robert is a [COMPUTER *]: Robert is a kind of object that can process a large amount of numerical information well, and he is not an electronic machine. (罗伯特是一种能够很好地处理大量的数字信息的主体，且不是电子设备。)

根据关联理论，听话人对关联的期待触发了这两种不同理解的形成，同时也是在关联原则的引导下听话人做出正确的选择。在上述分析中，我们可以看到，语言隐喻的使用涉及不同的参与者，即说话人和听话人。说话人遵守关联原则，以尽可能小的投入，选择出一个具有最佳关联的语言表达。听者接收到话语后，首先假定话语具有最佳关联，然后在特定的语境假设中沿着较为省力的路径寻找话语的含义。这不仅是一个解码的过程，也是一个推理的过程。当听话人对于关联的期待得到满足时，特定的理解就趋于稳定，对意义的寻找也就停止了。

基于上述分析，我们认为，如果存在一种能够对语言隐喻理解进行整体性的形式刻画工具的话，那么它必须具备如下能力。首先，要能全面涵盖交际所涉及的重要构成要素，如交际活动涉及的说话人和听话人，以及他们之间的互动关系和彼此共享的信息。其次，要兼顾交际中的编码—解码与非论证型推理过程。隐喻语言中的词汇概念，主要以解码的方式提供了相关的百科知识。但这些百科知识并不都是说话人意图表达的内容，因此听话人需要在特定的语境下抑制或剔除某些内容。这个过程就涉及非论证型的推理。正是通过非论证型推理，语义的模糊性和歧义性才得到了消解。最后，要反映出关联对推理的引导和约束作用。人们出于对关联的期待而启动了推理，同时也因为对关联的期待得到了满足而停止推理。根据关联理论，关联（R）与语境效果（E）成正比，而与认知努力（C）成反比。随之而来的第一个问题是我们怎么测量 E 和

C，第二个问题是对于 R 的期待是如何在推理中发挥作用的。正如 Levinson 所说，关键问题就是关联是如何起作用的。[1]

我们认为，近年来逐渐兴起的博弈论语用学可以在某种程度上满足上述要求。下文将在介绍信号博弈和 IBR 模型的基础上，探讨关联理论所涉及的核心概念是如何在博弈论语用学的分析框架下得以呈现的，并对关联理论有关语言隐喻的分析进行建模和定量分析。

二 信号博弈与 IBR 模型

信号博弈为我们描绘了一个较为复杂的交际图景：发送者观察到某个对象，并形成一定的思想或情绪状态，同时他有多个信号可以用来表达。由于信号与思想之间并不是一一对应的关系，所以接收者需要从多个可能的信号中选择出一个他认为是恰当的选项。如果他确定的选项与发送者头脑中希望表达的内容相一致，那么交际就可以成功，并产生一定的交际效果。否则，交际就会失败。

一般来说，一个完整的博弈论分析，不但要提供一个能够涵盖所有重要语境要素的模型，同时还要提供一个解决方案（solution concept）找出说者和听者最后会怎么选择。[2]本章的分析主要使用的是 Franke（2009）所提出的 IBR 模型。该模型吸收了行为博弈研究中的两个重要发现：其一是主体的推理总是基于某些聚点[3]，聚点的寻找很大程度上取决于博弈参与者的非论证型推理[4]，其二是主

---

[1] Levinson, S. C., "A review of relevance", *Journal of Linguistics*, Vol. 25, No. 2, 1989.
[2] Franke, M., Game theoretic pragmatics, *Philosophy Compass*, Vol. 8, No. 3, 2013.
[3] 黄华新、马继伟：《符号学视域中的博弈"聚点"分析》，《浙江社会科学》2019 年第 5 期。
[4] Rubinstein, A. et al., "Naïve strategies in competitive games", in Albers, W., et al. ed., *Understanding Strategic Interaction — Essays in Honor of Reinhard Selten*, Berlin: Springer Verlag, 1996.

体在推理时会参照参与者类型（player-type）做出最佳反应。① 它的出发点是一个带意义的信号博弈：< {S, R}, T, Pr, [·][·] M, A, U_S, U_R >，其中，< {S, R}, T, Pr, M, A, U_S, U_R >是一个标准的信号博弈；[·]是一个意义函数，它给定了信号的语义，为主体的推理提供焦点。在此基础上，IBR模型界定不同层级的参与者及其相应的行动：0-层级的发送者总是根据语义采取信号为真的策略；k+1层级的接收者对上一层级的发送者策略做出最佳反应。当然，推理过程也可以始于0-层级的接收者。最后，上述推理会进入一个稳定的循环状态。其具体过程可用图3-10表示。②

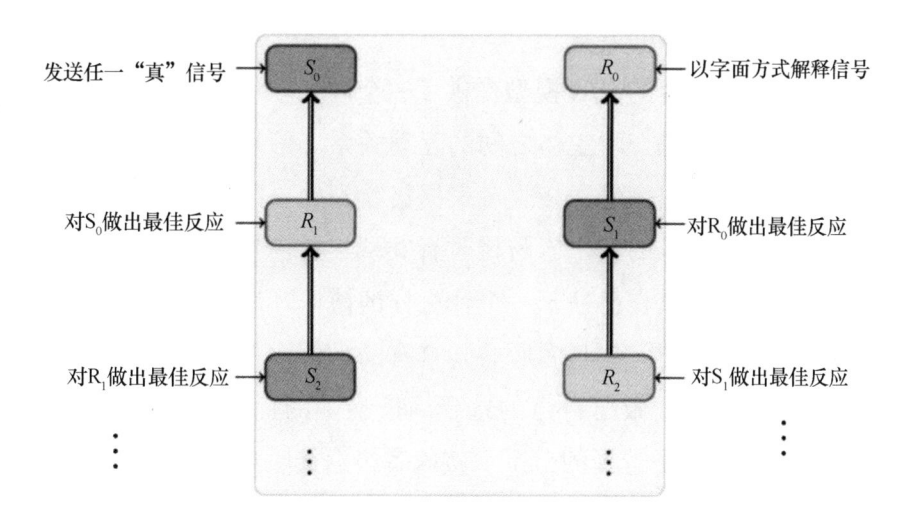

图3-10 IBR推理模式

---

① Camerer, C. F., Ho, T. H. and Chong, J. K., "A cognitive hierarchy model of games", *The Quarterly Journal of Economics*, Vol. 119, No. 3, 2004.

② Franke, M., *Signal to Act: Game Theory in Pragmatics*, PhD thesis, University van Amsterdam, 2009, p. 55.

图 3-10 展示了两条不同的 IBR 推理路径。左边这条是从发送者 S_0 开始的,右边这条是从 R_0 开始的。S_0 总是发送语义上为真的信号,R_1 针对 S_0 的信号做出最佳反应,S_2 进而针对 R_1 的最佳反应再做出自己的最佳反应。同样,如果推理是从 R_0 开始的,那么 R_0 首先从字面上理解信号,然后 S_1 针对 R_0 的理解做出最佳反应,以此类推。最后,在某些情况下,发出者和接受者都会在某些行动策略上稳定下来。[①]这些稳定下来的策略,实际上就是交际中普遍存在的规约。与 Parihk(2001)博弈论模型的求解方案相比,IBR 模型具有明显的优点。它在考虑交际者信念、理性和可能的心理因素的基础上,提供了一种内部的视角,一步步地展示了交际者是如何达到均衡状态的。它可以为解决在线语用推理的均衡选择问题提供一种在认识论上更为清晰的方案。

基于信号博弈的 IBR 模型提供了一个涉及多种重要交际要素的分析框架。首先是交际主体之间的互动关系。信号的发出者根据自己所处的状态发出信号,接收者根据接收到的不同信号做出推理和选择。其次是信号的发出者与接收者共享某些信息。也就是说,博弈的参与者都知道自己处于一个什么样的博弈环境。博弈论模型中给出的信息就是博弈参与者所共同享有的。再次是接收者需要根据所接收的不同信号做出自己的选择。模型中的信号集合 M 与意义函数［·］提供了选择的范围,接收者根据接收到的信号通过推理来修正自己的信念。这与关联理论中的明示推理交际模型是一致的。最后是选择的过程是在理性的驱动下实现的。所谓理性选择就是主体根据偏好实现效用最大化。这种思想同样也与关联理论的关联概念一脉相承。

我们可以运用效用函数为认知效果 E 和认知努力 C 提供一种比

[①] Franke, M., *Signal to Act: Game Theory in Pragmatics*, PhD thesis, University van Amsterdam, 2009, p.58.

较意义上的测量。根据关联的计算公式，如果我们假定认知努力 C 不变，那么我们对关联 R 的追求，可直接转化为对认知效果 E 的追求。博弈论模型中的效用值反映的就是最终的认知效果 E。因此，也就间接地反映了关联 R。这样一来，关联理论中难度最大的三个模糊概念，就可以实现必要的量化。

三　隐喻语言的博弈论分析

根据 IBR 模型[①]，一个语言使用现象的博弈论语用学分析需要经历如下三个步骤：首先，是确定要分析的话语，并将其作为模型的输入；其次，用信号博弈的基本框架对该话语涉及的重要语境要素进行建模；再次，用 IBR 推理描述语言使用过程中发话人和说话人的推理过程；最后，找到模型的输出，即预测到的最佳行为，如果需要可与经验数据相比较，看两者是否相符。

下面我们来看一下上文从关联理论角度分析过的这段对话。

（1）Peter：Is Robert a good accountant?

　　　Mary：Robert is a computer.

在这个案例中，语言隐喻"Robert is a computer"所要传递的会话含义是"罗伯特是一种可以很好地处理大量数字信息的主体，且他不是一种电子设备"。如果我们用命题 φ 表示"罗伯特是一个能够很好地处理大量数字信息的主体"，用命题 ψ 表示"罗伯特是个电子设备"。那么我们可以在信号博弈的分析框架中区分出两种不同的状态：

$t_{\varphi \wedge \psi}$：罗伯特是一个能够很好地处理大量数字信息的主体并且它是电子设备。

$t_{\varphi \wedge \neg \psi}$：罗伯特是一个能够很好地处理大量数字信息的主体且他

[①] Franke, M., "Quantity implicatures, exhaustive interpretation and rational conversation", *Semantics and Pragmatics*, Vol. 4, 2011.

不是电子设备。

不管是在 $t_{\varphi\wedge\psi}$ 还是在 $t_{\varphi\wedge\neg\psi}$ 中，发话人都可以使用表达 m_M：Robert is a computer. 但在 $t_{\varphi\wedge\psi}$ 中，发话人还可以使用一个更为精确的表达式 m_L：罗伯特是一个能够很好地处理大量数字信息的电子设备。在一定的语境下，我们进一步假定 $Cost(m_M) = 0.1$，$ost(m_L) = 0.2$。由于隐喻表达是话语的一种松散使用，交际的成功程度取决于听话人所建立的心理表征在多大程度上接近于发话人意图建立的心理表征，因此我们用函数 Sim( ) 来表示这种相似度。并用 $a_{\varphi\wedge\psi}$ 表示：听话人对说话人在 $t_{\varphi\wedge\psi}$ 状态下发出的真信号做出的最佳反应，用 $a_{\varphi\wedge\neg\psi}$ 表示：听话人对说话人在 $t_{\varphi\wedge\neg\psi}$ 状态下发出的真信号做出的最佳反应。并假定交际的收益 $Benefit = Sim(t_{\varphi\wedge\psi}, a_{\varphi\wedge\neg\psi}) = 1$，$Benefit = Sim(t_{\varphi\wedge\neg\psi}, a_{\varphi\wedge\psi}) = 0.3$，综合上述考虑，我们可以在信号博弈的框架下对隐喻使用进行建模（见表3-10）。

表3-10　　　　　　　　信号博弈框架下的隐喻交际建模

	$P_r(t)$	$a_{\phi\wedge\neg\psi}$	$a_{\phi\wedge\psi}$	m_M	m_L
$t_{\phi\wedge\psi}$	p	(1, 1)	(0.3, 0.3)	√	—
$t_{\phi\wedge\psi}$	$1-p$	(0.3, 0.3)	(1, 1)	√	√
Cost				0.1	0.2

上述表格中的"√"号给定了不同信号的语义，即 m_M 在两个状态下都为真，而 m_L 只在 $t_{\varphi\wedge\psi}$ 中为真。基于上述语义，0-层级的发送者发送在不同的情境中均为真的信号，可采取的策略为：

$$S_0 = \begin{pmatrix} t_{\varphi\wedge\neg\psi} & \mapsto m_M \\ t_{\varphi\wedge\psi} & \mapsto m_M, m_L \end{pmatrix} \qquad (1)$$

针对0-层级发送者的上述策略，1-层级的接收者需要对其做出最佳反应。首先，需要根据一致性原则计算出当他接收到不同信号后的后验信念（posterior beliefs）。该原则要求信号接收者的后验信念必须与他自己的先验信念和发送者的行为相匹配，这意味着他可以通过如下贝叶斯信念更新公式进行计算：

$$P_{(t|m)} = \frac{P_{(t)} \times P_{(m \backslash b)}}{\sum_{t' \in T} P_{(t')} \times P_{(m|t')}} \tag{2}$$

当他接收到信号 m_M 时，他不能确定发送者的实际类型，因为该信号在两种情境下均为真。根据对话所在的语境，我们假定 $t_{\varphi \wedge \neg \psi}$ 的可能性更大，因此可设定 $P = 0.6$。根据 IBR 模型，$R_1 = BR_{(u_1)}$，听话人需要根据贝叶斯信念更新公式计算后验信念：

$$
\begin{aligned}
u_{1(t_{\varphi \wedge \neg \psi}|m_M)} &= \frac{P_r(t_{\varphi \wedge \neg \psi}) \times \sigma_1(m_M \mid t_{\varphi \wedge \neg \psi})}{\sum_{t' \in T} P_r(t') \times \sigma_1(m_M \mid t')} \\
&= \frac{P_r(t_{\varphi \wedge \neg \psi}) \times \sigma_1(m_M \mid t_{\varphi \wedge \neg \psi})}{P_r(t_{\varphi \wedge \neg \psi}) \times \sigma_1(m_M \mid t_{\varphi \wedge \neg \psi}) + P_r(t_{\varphi \wedge \psi}) \times \sigma_1(m_M \mid t_{\varphi \wedge \psi})} \\
&= \frac{0.6 \times 1}{0.6 \times 1 + 0.4 \times 0.5} = \frac{3}{4}
\end{aligned}
\tag{3}$$

如果 1-层级接收者，收到的信号是 m_L，那么他就可以确定发送者所属的类型是 $t_{\varphi \wedge \psi}$，因为发送者只有在情境 $t_{\varphi \wedge \psi}$ 下，才可以发送信号 m_L。因此，不同信号条件下的后验信念可表示为表3-11。

表3-11　　　　　　　　不同信号条件下的后验信念

$\mu_1\ (t/m)$	$t_{\phi \wedge \neg \psi}$	$t_{\phi \wedge \psi}$
m_M	0.75	0.25
m_L	0	1

根据上述后验信念，接收者就可以计算自己不同的理解选择所带来的期望效用。当听话人接收到信号 m_M 时，他可以选择 $a_{\varphi \wedge \neg \psi}$，也可选择 $a_{\varphi \wedge \psi}$，但不同选择的期望效用是不一样的。

$$EU(a_{\varphi \wedge \neg \psi}) = Sim(t_{\varphi \wedge \neg \psi}, a_{\varphi \wedge \neg \psi}) \times \frac{3}{4} + Sim(t_{\varphi \wedge \psi}, a_{\varphi \wedge \neg \psi}) \times \frac{1}{4}$$

$$= 1 \times \frac{3}{4} + 0.3 \times \frac{3}{4} \approx 0.8 \tag{4}$$

$$EU(a_{\varphi \wedge \psi}) = Sim(t_{\varphi \wedge \neg \psi}, a_{\varphi \wedge \psi}) \times \frac{3}{4} + Sim(t_{\varphi \wedge \psi}, a_{\varphi \wedge \psi}) \times \frac{1}{4}$$

$$= 0.3 \times \frac{3}{4} + 1 \times \frac{1}{4} \approx 0.5 \tag{5}$$

根据上面的计算，听话人在接收到信号 m_M 后，如果他选择 $a_{\varphi \wedge \neg \psi}$，那么他得到的期望效用 $EU \approx 0.8$。如果选择 $a_{\varphi \wedge \psi}$，那么他得到的期望效用 $EU \approx 0.3$。因此，出于效用最大化的考虑，他应该选 $a_{\varphi \wedge \neg \psi}$。同样，当他接收到 m_L 时，也需要计算不同选择的期望效用。但这次相对来说比较简单，因为发送者只有在 $t_{\varphi \wedge \psi}$ 下才能发送 m_L，所以听话人能够断定说话人在状态 $t_{\varphi \wedge \psi}$ 中。这样，当他接收到 m_L 时，为了获得最大的期望效用，他应该选 $a_{\varphi \wedge \psi}$。这样，我们就可以得到 R_1 的策略。

$$R_1 = \begin{pmatrix} m_M & \mapsto a_{\varphi \wedge \neg \psi} \\ m_L & \mapsto a_{\varphi \wedge \psi} \end{pmatrix} \tag{6}$$

下面来看一下 S_2 的策略选择情况。根据 IBR 模型，S_2 的策略是对 R_1 的最佳反应。当发话人在状态 $t_{\varphi \wedge \psi}$ 下时，他可以发送信号 m_M，也可以发送信号 m_L。再考虑到接收者的策略 R_1，听话人不同的信号选择分别会得到如下效用：

$$U(m_M) = Sim(t_{\varphi \wedge \psi}, a_{\varphi \wedge \neg \psi}) - Cost(m_M) = 0.3 - 0.1 = 0.2 \tag{7}$$

$$U(m_L) = Sim(t_{\varphi \wedge \psi}, a_{\varphi \wedge \psi}) - Cost(m_L) = 1 - 0.2 = 0.8 \tag{8}$$

由于在状态 $t_{\varphi \wedge \neg \psi}$ 下，发话人只能发送信号 m_M，所以说话人对 R_1 的最佳反应策略是：

$$S_2 = \begin{pmatrix} t_{\varphi \wedge \neg \psi} & \mapsto m_M \\ t_{\varphi \wedge \psi} & \mapsto m_L \end{pmatrix} \quad (9)$$

最后，IBR 模型可以预测到：对于所有的 K（≥2）–层级的参与者而言，我们都能得到如下相同的策略选择，[①] 这也意味策略的选择达到一种均衡的状态，而这个均衡的状态就是模型的最后输出。

$$S_k = \begin{pmatrix} t_{\varphi \wedge \neg \psi} & \mapsto m_M \\ t_{\varphi \wedge \psi} & \mapsto m_L \end{pmatrix} \quad (10)$$

$$R_K = \begin{pmatrix} m_M & \mapsto a_{\varphi \wedge \neg \psi} \\ m_L & \mapsto a_{\varphi \wedge \psi} \end{pmatrix} \quad (11)$$

从上面的案例分析中，我们可以看到，博弈论语用学对语言隐喻的形式刻画与关联理论的相关分析具有高度的一致性。在交际的构成要素方面，关联理论认为交际由交际者和受众构成，博弈论语用学的分析框架中有发出者和接收者。关联理论认为，语言隐喻的理解涉及词汇意义的扩大，听话人需要在 Robert is a [COMPURER] 和 Robert is a [COMPUTER*] 之间做出选择。这种选择在博弈论语用学的分析框架中，就表现为表达式 Robert is a computer 可能在两种不同的状态下为真。也就是说，该表达式具有模糊性。关联理论认为，语言交际遵循关联原则，即以尽可能小的认知努力，获得足够多的认知效果。博弈论语用学预设了说话人和听话人都是理性的。所谓理性，指的就是说话人和听话人都要实现自身利益的最大

[①] Franke, M., *Signal to Act: Game Theory in Pragmatics*, PhD thesis, University van Amsterdam, 2009, p. 61.

化。这一基本思想与关联原则的核心主张十分相似。上述诸多方面的一致性，也就说明了关联理论有关语言隐喻的分析是可以在博弈论语用学所提供的模型中得到定量的分析的。

在博弈论语用学中的分析中，听话人关于不同状态的先验信念是影响听话人最终做出不同选择的一个重要因素。在上面的分析中，我们假定 $P=0.6$，听话人听到 m_M 后，做出的最佳选择是 $a_{\varphi\wedge\neg\psi}$。但如果在其他条件都不变的情况下，$P$ 的值变成 0.2，那么听话人在不同信号条件下的后验信念就可表示为表 3 – 12。

表 3 – 12　　　　　　　不同信号条件下的后验信念

$\mu_1\ (t/m)$	$t_{\varphi\wedge\neg\psi}$	$t_{\varphi\wedge\psi}$
m_M	$\frac{1}{3}$	$\frac{2}{3}$
m_L	0	1

根据上述后验信念，当听话人接收到信号 m_M 时，他可以选择 $a_{\varphi\wedge\neg\psi}$ 或 $a_{\varphi\wedge\psi}$，所产生的期望效用就变成：

$$EU(a_{\varphi\wedge\neg\psi}) = Sim(t_{\varphi\wedge\neg\psi}, a_{\varphi\wedge\neg\psi}) \times \frac{1}{3}$$

$$+ Sim(t_{\varphi\wedge\psi}, a_{\varphi\wedge\neg\psi}) \times \frac{2}{3}$$

$$= 1 \times \frac{1}{3} + 0.3 \times \frac{2}{3} \approx 0.5 \qquad (12)$$

$$EU(a_{\varphi\wedge\psi}) = Sim(t_{\varphi\wedge\neg\psi}, a_{\varphi\wedge\psi}) \times \frac{1}{3}$$

$$+ Sim(t_{\varphi\wedge\psi}, a_{\varphi\wedge\psi}) \times \frac{2}{3}$$

$$= 0.3 \times \frac{1}{3} + 1 \times \frac{2}{3} \approx 0.8 \qquad (13)$$

根据上面的计算结果，听话人在接收到信号 m_M 后，出于期望效用最大化的考虑，他应该选 $a_{\varphi \wedge \psi}$。这一结果就与 $P=0.6$ 时的选择截然不同。那么，我们就要问，在真实的语言理解中，P 值反映的是何种因素，听话人是如何获得 P 值的。

根据关联理论，词汇概念会激活一组有序的百科知识，这些百科知识在不同的语境下具有不同的可及性，会对话语的关联性产生不同的影响。[1]在案例"*Robert is a computer*"中，受该话语所在语境的影响，百科知识条目"能够很好地处理大量的数字信息"的可及性就会被提高，而条目"电子设备"的可及性就会被降低。这里所说的百科知识条目的可及性，实际上反映的就是我们在特定语境下对某些百科知识条目的可能性做出的判断。话语本身和话语所处的语境相互作用，共同决定了某些条目具有更高的可能性。因此，博弈论分析模型中听话人的先验信念和后验信念是一种综合性的反映话语要素和语境要素相互作用的重要指标。可及性是一个具有心理现实性的概念，在关联理论中扮演着十分重要的角色。博弈论语用学的分析框架同样可以将这一重要的概念以概率性信念的方式整合进来。

概率性信念不但可以解释隐喻使用在个体层面上的一些认知问题，而且还可以解释它在群体层面上的交际功能。科恩曾指出，除了认知和美学功能之外，隐喻还具有增强亲密感的功能。[2] 说者通过隐喻发出了一个隐蔽的邀请，听者花费一定的认知努力去接受这个邀请，该行动共同促成了对所属团体的认同。同时，科恩也指出，团体的亲密感不仅来自听话人能读懂隐喻所含的邀请，而且也

---

[1] Wilson, D., "Parallels and differences in the treatment of metaphor in relevance theory and cognitive linguistics", *Intercultural Pragmatics*, Vol. 8, No. 2, 2011.

[2] Cohen, T., "Metaphor and the Cultivation of Intimacy", *Critical Inquiry*, Vol. 5, No. 1, 1978.

来自他知道不是所有的人都可以读懂这种邀请。①在日常生活中，隐喻常以一种公开的渠道发布。为什么有些人能很快听懂，但有些人却无法明白呢？科恩认为，只有当交际的双方共享一些知识、信念、意图和态度时，隐喻所隐含的邀请才具有可及性。②我们可以在博弈论的分析框架中重新理解科恩的洞见。由于某些听者与说者共享一些知识、信念、意图和态度，所以他们能够建立比较准确的先验信念，即 P 值。而另外一些听者由于缺乏必要的共享知识、信念、意图和态度，所以无法建立准确的先验信念，从而导致理解上的偏差。这也可以进一步解释，为什么隐喻表达可以以公开渠道实现定向传播，发挥出特定的社会功能。

关联理论基于特设概念和关联原则等两个重要的分析概念，为语言隐喻的分析提供了一个具有很强解释力的方案。但关联理论中"互为显明""非论证型推理""关联""认知效果""认知努力""认知语境"等概念的存在，使理论解释的形式化存在诸多难以克服的挑战。博弈论语用学中的 IBR 模型，在建模时考虑了交际主体的"共享信息""信号策略""理性选择""效用""概率性信念"等因素，其求解方案采用一种内部视角，一步步地展示了交际者是如何达到稳定的均衡状态（对表达式意义的正确理解）的。因此，该模型具备了对关联理论进行整体性形式分析的有利条件。我们通过细致地比较关联理论分析与博弈论语用学分析之间所存在的高度一致性，论证了运用博弈论语用学的方法和工具对关联理论的描述性分析进行整体性形式化的可行性。并在此基础上，以 IBR 模型为基本工具，立足关联理论对语言隐喻所做的分析，结合具体的案例，系统地展现了影响隐喻使用的各种要素是如何相互作用的，从

---

① Cohen, T., "Metaphor and the Cultivation of Intimacy", *Critical Inquiry*, Vol. 5, No. 1, 1978.

② Cohen, T., "Metaphor and the Cultivation of Intimacy", *Critical Inquiry*, Vol. 5, No. 1, 1978.

而形成一种整体性的形式化分析框架，弥补了语言隐喻分析在形式化方面的不足。同时，我们也进一步运用这个整体性的形式化分析解释了语言隐喻的发出者是如何利用不同语境中接收者所拥有的概率性信念来实现某些特定的社会功能的。由于篇幅的限制，本章只分析了一种比较典型的语言隐喻，尚未涵盖其他多种类型的语言隐喻。此外，博弈论语用学也是一种自身在不断完善的形式语用学分析方法。我们相信，随着更多博弈论模型和求解方法的提出，博弈论语用学可以为隐喻使用提供更好的形式描写。

第 四 章

基于文本型隐喻的论证

隐喻的使用具有普遍性，我们不仅会用隐喻进行复杂事实的描述，同时还进行隐喻性的论证活动，以提高说服的效力。不同于前一章的形式分析，本章将在隐喻使用的语用顺应论视角下，从非形式逻辑的角度，结合图尔敏论证理论和语用论辩理论对文本型隐喻的论证机制和劝说功能进行探讨。

第一节 隐喻论证的内在结构[①]

隐喻现象在当前主流的论证研究中并没有引起充分的关注，也很少见到有人去尝试将认知科学（尤其是语言学）有关隐喻所做的分析纳入论证理论中。[②] 基于这一判断，智利学者桑特博纳兹（Santibáñez, C.）在莱考夫隐喻理论的启发下，以智利国会议员在媒体活动中所产生的隐喻为研究对象，通过整合当前有关概念隐喻理论和图尔敏论证理论的相关研究，提出了一条从论证角度理解和分析概念隐喻的新路径。

[①] Xu, C. and Wu, Y., "Metaphors in the perspective of argumentation", *Journal of Pragmatics*, Vol. 62, No. 4, 2014.

[②] Santibáñez, C., "Metaphors and argumentation: The case of Chilean Parliamentarian media participation", *Journal of Pragmatics*, Vol. 42, 2010.

桑特博纳兹的探索和尝试无疑是重要的。他为我们揭示了隐喻在日常论辩中所扮演的重要作用，同时也为我们深入探讨隐喻现象和相关的推理机制提供了很多启发性的思想。但是，在桑特博纳兹的分析中有关类比论证和隐喻论证的区分是什么，概念隐喻在图尔敏论证模型中到底扮演什么角色，隐喻论证的整体结构应该是怎样的等核心问题，仍然有很多值得商榷的地方。本节将参考 Juthe（2005）有关类比论证的探讨，Kövecses（2002）有关概念隐喻的分析和图尔敏（［1958］2003；［1978］1984）所提出的论证模型，结合桑特博纳兹所用的案例和分析，重新对这些问题进行分析。

一 类比论证与隐喻论证的区别

桑特博纳兹在其论文《隐喻与论证》一文的第二部分以"Analogy argumentation vs. arguing by metaphors"为标题，对类比论证和隐喻论证之间的差异进行了分析。他指出，"当前的论证理论似乎主要是从类比论证的角度对隐喻现象进行探讨的，而且他们总体上认为类比论证基于相似性"[1]。他得出这个结论的主要依据是范爱默伦和沃顿对类比论证的定义和图式表征。其中，沃顿的定义是，类比论证是一种非常常见的基于案例的推理，在该推理过程中一个案例在某个特定的方面与另外一个案例相似。[2]范爱默伦等人的定义也很接近：类比推理的重要特征是某人通过展示一个事物类似于另外一个事物而使他人相信某事。[3] 与他们各自的定义相对应，沃顿和范爱默伦分别给出了两个差不多的论证图式。

---

[1] Santibáñez, C., "Metaphors and argumentation: The case of Chilean Parliamentarian media participation", *Journal of Pragmatics*, Vol. 42, 2010.

[2] Douglas, W., *Fundamentals of Critical Argumentation*, New York: Cambridge University Press, 2006, p. 96.

[3] van Eemeren, F. H. and Henkemans, P., *Argumentative Indicators in Discourse: A Pragma-Dialectical Study*, Dordrecht: Springer, 2007.

沃顿的类比论证图式[①]：

相似性前提：一般地说，案例 C_1 与案例 C_2 相似。
基础前提：A 在案例 C_1 中为真（假）。
结论：A 在案例 C_2 中为真（假）。

范爱默伦的类比论证图式[②]：

Y 对 X 适用，
因为，Y 对 Z 适用，
而且，Z 与 X 是可比较的。

桑特博纳兹认为，除了具体的形式与术语外，上述这两种方案都假定：类比论证是通过相似性和比较来实现的。而且，他以此为基础，进一步指出类比论证和隐喻论证之间的真正差异是"相似性在类比论证中处于核心地位，而在隐喻中处于次要地位"[③]。那么，在隐喻中处于核心地位的是什么呢？桑特博纳兹引述了莱考夫和约翰逊的重要发现，隐喻不只是与语言有关的东西，而是认知域之间的跨域映射。"映射"是数学集合论中的一个概念，莱考夫等人用其来表示"一组对应关系的集合"[④]。这就是说，桑特博纳兹认为类比论证与隐喻论证的真正差别在于：前者的核心是相似性，而后

[①] Douglas, W., *Fundamentals of Critical Argumentation*, New York: Cambridge University Press, 2006, p.96.

[②] ［荷］范爱默伦、斯诺克·汉克曼斯：《论证分析与评价》（第2版），熊明辉、赵艺译，中国社会科学出版社2018年版，第103页。

[③] Santibáñez, C., "Metaphors and argumentation: The case of Chilean Parliamentarian media participation", *Journal of Pragmatics*, Vol. 42, 2010.

[④] George, L. and Mark, T., *More than Cool Reason*, Chicago: University of Chicago Press, 1989, p.4.

者的核心是映射。

桑特博纳兹的这种区分是有问题的。第一，相似性是一个非常模糊而笼统的说法。它既可能是指两个事物在某个属性上相似，同样也可能是指两个事物在多个属性或内部结构上相似。如果是后者的话，我们就很难说，相似性所表达的意思与映射所表达的意思之间存在什么本质的差异。桑特博纳兹在其文中引用了图尔敏等人关于类比论证的评论："在类比论证中，两个事物之间要有足够的相似性用于支撑有关'在一个事物中为真的东西在另外一个事物中也为真'的主张（claim）。"[1] 桑特博纳兹试图用这句话来说明图尔敏等人也认为类比论证是基于相似性的。但我们要注意到图尔敏等人用了一个复数形式来表达相似性，似乎在某种程度上也暗示了他们已经感觉到进行类比的两个事物需要在属性和关系方面存在诸多相似点。因此，我们也就很难排除图尔敏等人的意思里没有包含映射的思想。图尔敏等人在探讨类比论证的使用时，提到了一个非常成功的类比论证的例子，那就是达尔文是如何通过类比提出进化论的。图尔敏等人认为，这个类比之所以成功是因为两者的重要相似点在价值上远远超过了差异之处。他们是这样描述的：家畜之所以变为家畜是因为农民只选择符合自己要求的种畜用于繁殖，假定了自然物种的差异之间存在相似点。自然或者环境必须选择出一些成员。[2] 这种选择可以提高生物种群对环境的适应能力。虽然图尔敏等人用 similar（相似）这个词，但他们所描述的正是两个不同的事物之间在构成要素及其内部关系之间的对应关系。而这种对应关系与映射所表达的含义是一致的。

第二，已有学者明确指出类比论证同样基于映射。比如居泽指

---

[1] Toulmin, S. E., Rieke, R. and Janik, A., *An Introduction to Reasoning*, New York: Macmillan; London: Collier Macmillan, 1984, p. 216.

[2] Toulmin, S. E., Rieke, R. and Janik, A., *An Introduction to Reasoning*, New York: Macmillan; London: Collier Macmillan, 1984, p. 162.

出，类比论证的基本结构包括目标对象（TS）、类比体（A）、指派谓词（AP）、类比体中的元素（ε1*…ε2*）、目标对象中的元素（ε1…ε2）等要素。其中，目标对象（TS）指的是类比论证要描述的那个对象，类比体（A）指的是用来与目标对象相比较的那个对象，指派谓词（AP）指的是可以从类比体中推出的用以指派给目标对象的某个述谓，类比项元素（ε1*…ε2*）决定了指派谓词并且与目标对象中的元素（ε1…ε2）构成一一对应关系。[1] 在此基础上，居泽给出了类比的定义[2]。

a. 类比体和目标对象在指派谓词上是可以类比的，当且仅当决定指派谓词的类比体元素和目标对象元素之间存在一一对应关系。

b. 类比体元素和目标对象元素之间存在一一对应关系，当且仅当任意一个决定指派谓词的类比体元素在目标对象元素中都能找一个对应元素。

c. 类比体中元素 ε1* 是目标对象中元素 ε1 的对应项，当且仅当 ε1* 与类比体中另一元素 ε2* 之间存在关系 R，元素 ε1 与目标对象中另一元素 ε2 之间也存在关系 R。

居泽在上述定义中所提到的"一一对应"实际上指的就是映射。居泽指出他对类比的定义主要是受了斯坦哈特的启发。[3] 在《隐喻的逻辑——可能世界中的类比》一书中，斯坦哈特直接用映射函数 f_M 表示出了两个不同认知域之间的一一对应关系。如果再往前追溯，我们可以发现斯坦哈特的想法主要来自 Hoyoak 和 Thagard（1995）及 Gentner（1983）。[4]

Gentner 就曾明确指出，类比的主要特征是基底和目标所包含

---

[1] Juthe, A., "Argument by Analogy", Argumentation, Vol. 19, 2005.
[2] Juthe, A., "Argument by Analogy", Argumentation, Vol. 19, 2005.
[3] Juthe, A., "Argument by Analogy", Argumentation, Vol. 19, 2005.
[4] ［美］E. C. 斯坦哈特：《隐喻的逻辑：可能世界中的类比》，黄华新、徐慈华等译，浙江大学出版社2009年版。

的对象之间在关系上的映射。① 综合上述分析，我们可以看到，桑特博纳兹关于"类比论证与隐喻论证的真正区别是前者基于相似性，后者基于映射"的观点是站不住的。

既然类比与隐喻的核心都是映射，那么类比与隐喻的差别又是什么呢？居泽关于同域类比与异域类比的区分似乎可以为我们带来一些启发。② 同域类比指的是不同对象中的要素之间具有相同的关系而且这些要素都来自同一个域，而异域类比则与此不同，虽然不同对象中的要素之间具有相同的关系但两个对象中的要素却来自完全不同的域。居泽进一步指出，这两种不同类比的区分有助于解释什么是隐喻：如果异域类比中的两个域相距非常远，那么其构成要素就会很不一样，这样的类比也就会倾向于成为隐喻或比喻。③ 这一看法与 Gentner 等人的想法如出一辙：隐喻是一种特殊的类比，其始源域与目标域在语义上的距离非常远。根据他们的思想，我们可以用图 4-1 表示出一个带有两端的连续体。④

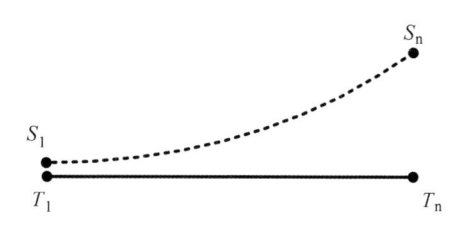

图 4-1　"类比—隐喻"连续体

---

① Gentner, D., "Structure-mapping: A theoretical framework for analogy", *Cognitive Science*, Vol. 7, No. 2, 1983, p. 168.
② Juthe, A., "Argument by Analogy", *Argumentation*, Vol. 19, 2005.
③ Juthe, A., "Argument by Analogy", *Argumentation*, Vol. 19, 2005.
④ Holyoak, K. J., "Analogy and Relational Reasoning", in Holyoak, K. J. and Morrison, R. G., eds., *The Cambridge Handbook of Thinking and Reasoning*, Cambridge: Cambridge University Press, 2005, p. 120.

实线上的某个点，表示一个特定的目标域；虚线上的点表示相应的始源域。在这个连续体的左端，始源域与目标域在认知上非常接近，但在右端两者之间的距离越来越远。典型的类比论证会倾向于定位在左边，相反，典型的隐喻会倾向于定位在右边。在图 4-1 中，我们可以看到，隐喻论证与类比论证既有区分，又存在某些联系，它们都处在一个连续体中，一个靠向左边，另外一个则靠向右边。当然，还会有很多介于两者之间的状态。它们很模糊，以至于我们有时候很难用统一的标准区分其到底是类比还是隐喻。此外，图 4-1 还说明了另外一个问题。在连续体的左端，由于类比始源域和目标域都处在十分接近的认知域中，因此人们正确把握两者之间内在关联的概率就会比较高，而在连续体的右端，随着跨域性的提高，隐喻论证出现失误的概率也会相应增加。这也正是很多学者担心隐喻的论证力不够的重要原因。

二　概念隐喻的确定

桑特博纳兹在《隐喻与论证》一文的第三部分，首先重申了莱考夫、特纳等认知语言学家的观点：隐喻是一种心理过程，它发生在语言表达之前，本质上是概念性的。然后，他概括出了用于理解这个过程的六个基本步骤[1]：

① 获得隐喻表达；
② 区分概念域；
③ 对概念隐喻进行命名；
④ 描述始源域；
⑤ 描述目标域；
⑥ 建立跨域映射。

---

[1] Santibáñez, C., "Metaphors and argumentation: The case of Chilean Parliamentarian media participation", *Journal of Pragmatics*, Vol. 42, 2010.

根据上述步骤，桑特博纳兹分析了如下这段文本①（见表4-1）。

表4-1　　　　　　　案例的西班牙语原文及其英文翻译

Example 1 revisited	
Original Spanish version	English translation
Miércoles 16 de mayo 2007	Wednesday 16 May 2007
Según Cardemil, in Chile la "dueña de casa no manda, no tiene claro qué decir; los niños llegan a cualquier hora, se atrasa el almuerzo, no hay plata para la comida, se extravía el presupuesto en materias de gestión que no estaban consideradas, y el dueño de casa sale a emborracharse, cegando las posibilidades de futuro de la misma familia".	According to Cardemil, in Chile "the lady of the house does not give orders, does not know what to say; the kids come home at all hours, dinner is late, there is no money for food, the budget is wasted on activities that had not been considered previously, and the husband goes out to get drunk, wasting the chances of the family for the future".

中文译文：（2007年5月16日，周三）卡德米（智利某国会议员）称，在智利，"家里的这位女主人没有下命令，也不会说话；孩子们随时都可以回家，晚饭还没有做，也没有钱购买食物，因为预算都浪费在了之前并没有计划过的活动上，她的丈夫在外面喝得酩酊大醉，失去了家庭发展的好机会"。

这段文本是智利右翼联盟中的一位国会议员用来攻击当时的女总统巴切莱特（Bachelet）的。从隐喻使用的语用顺应论角度看，上述讲话是一种适应选择的结果。发话人卡德米用隐晦的方式进行批评，可以实现规避的意图，同时用大家熟悉的"家庭"隐喻，提高了隐喻的个体关联性。但是，桑特博纳兹却错误地认为，这段隐喻性表达的概念隐喻是"The presidents are mothers/fathers"（总统是父亲/母亲），其中始源域是"mother"（母亲），目标域是"president"（总统）。② 根据认知语言学的分析范式，这段隐喻性文本的

---

① Santibáñez, C., "Metaphors and argumentation: The case of Chilean Parliamentarian media participation", *Journal of Pragmatics*, Vol. 42, 2010.

② Santibáñez, C., "Metaphors and argumentation: The case of Chilean Parliamentarian media participation", *Journal of Pragmatics*, Vol. 42, 2010.

概念隐喻应该是"NATION IS A FAMILY",而"The presidents are mothers/fathers"只是概念隐喻"NATION IS A FAMILY"的诸多对应关系中的一项。① 为了进一步说明这个问题,我们以概念隐喻"LOVE IS A JOURNEY"为例,来看一下 Kövecses 是如何进行相关分析的。② 首先是收集和界定相关的隐喻表达,如 "*Look how far we've come*" "*We're at a crossroads*" "*We'll just have to go our separate ways*" "*We can't turn back now*" "*I don't think this relationship is going anywhere*" "*We're stuck*" "*It's been a long, bumpy road*" "*This relationship is a dead-end street*" "*We're just spinning our wheels*" "*Our marriage is on the rocks*" "*We've gotten off the track*",等等。然后,区分始源域与目标域,并给出相应的名称。在前面提到的这些表达中,目标域是"LOVE",始源域是"JOURNEY"。这些具有系统性的关于"LOVE"的隐喻表达说明了我们的概念系统中存在一个可以被称为"LOVE IS A JOURNEY"的概念隐喻。最后,为了更加准确地阐述概念隐喻的内容,我们需要建立如下相应的映射关系加以说明(见图 4-2)。

Source: JOURNEY   Target: LOVE
the travelers   ⇒   the lovers
the vehicle   ⇒   the love relationship itself
the journey   ⇒   events in the relationship
the distance covered   ⇒   the progress made
the obstacles encountered   ⇒   the difficulties experienced
decisions about which way to go ⇒   choices about what to do
the destination of the journey   ⇒   the goal(s) of the relationship

图 4-2 "JOURNEY"和"LOVE"之间的跨域映射

---

① Kövecses, Z., *Metaphor: A Practical Introduction* (second edition), New York: Oxford University Press, 2010.

② Kövecses, Z., *Metaphor: A Practical Introduction* (second edition), New York: Oxford University Press, 2010, pp. 4-9.

下面，我们再来看一下桑特博纳兹分析的那个文本。基于这个隐喻性文本，我们参考桑特博纳兹在第四部分的分析，同样可以建立一种映射关系（见图 4-3）。

```
the lady of the house    => the president
the kids                 => people
the dinner               => the projects of the Parliament
the use of money         => the national budget
the husband              => the secretary of the Administration
```

图 4-3 "NATION" 和 "FAMILY" 之间的跨域映射

那么，这个映射关系的名称是什么？应该是 "NATION IS A FAMILY"，其目标域是 "NATION"，始源域是 "FAMILY"。如果桑特博纳兹所说的是对的，"The presidents are mothers/fathers" 是概念隐喻，那么我们也可以说 "the people are the kids" "the projects of the Parliament are the dinner" "the national budget are the use of money" "the secretary of the Administration are the husband" 等也应该是这个文本中的概念隐喻。不过这样的说法似乎无法让人认同。

三　论证图式中的概念隐喻

在《隐喻与论证》一文的第四部分，桑特博纳兹运用图尔敏论证模型对上文提到的案例（见表 4-1）进行了分析。[1] 他将整个隐喻论证分成两个相互关联的部分。第一部分聚焦于始源域，见图 4-4。

该图所使用的基本框架就是图尔敏论证模型。根据图尔敏的论

---

[1] Santibáñez, C., "Metaphors and argumentation: The case of Chilean Parliamentarian media participation", *Journal of Pragmatics*, Vol. 42, 2010.

164 / 隐喻使用中的推理

```
Backing
┌─────────────────────────────────────────┐
│ Conceptual Metaphor: Presidents are mothers │
└─────────────────────────────────────────┘
                    │
                    ▼
Warrant
┌─────────────────────────────────────────┐
│ All good mothers have to show authority in the │
│ house to be a good mother                │
└─────────────────────────────────────────┘

Grounds
┌──────────────────────────┐
│ 1. The lady of the house │
│ (mother) does not give orders │
│ 2. The lady of the house │
│ (mother) does not know what │
│ to say                   │         Modality              Claim
│ 3. The kids come home at all │    ┌──────┐        ┌──────────────────────────┐
│ hours                    │───▶│      │───────▶│ The mother is not a good mother │
│ 4. The dinner is late    │       └──────┘        └──────────────────────────┘
│ 5. There is no money for food │         ▲
│ 6. The budget gets wasted on │    Rebuttal
│ activities not considered │      ┌──────┐
│ previously               │      │      │
│ 7. The husband goes out to get │  └──────┘
│ drunk                    │
└──────────────────────────┘
```

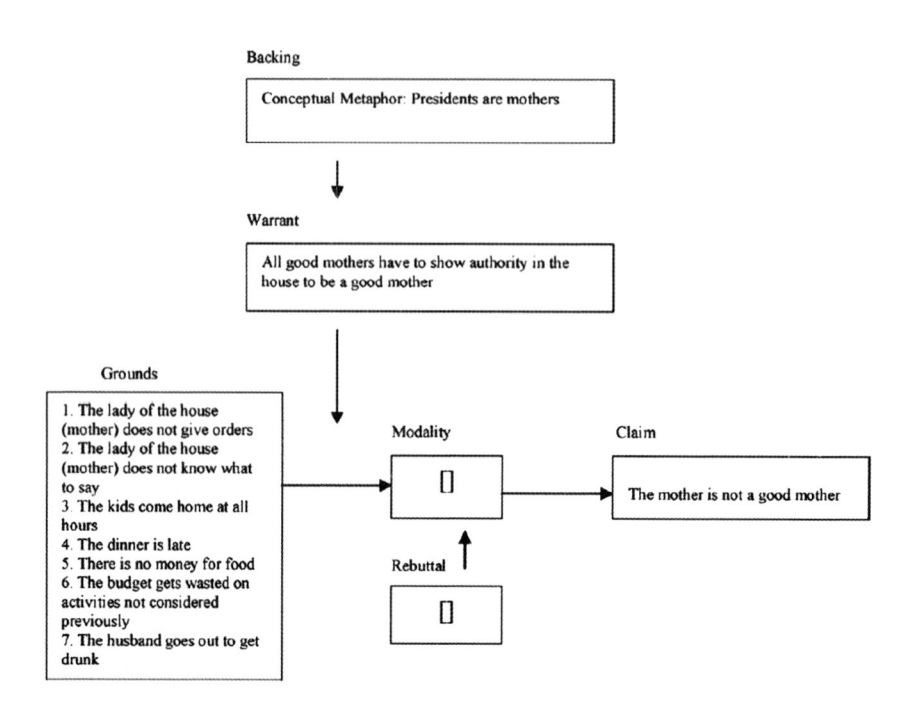

图 4-4 始源域中的图尔敏模型表征

证理论（Toulmin，[1958] 2003；Toulmin，[1978] 1984），首先，图中的"主张"（Claim）就是一个论证所要达到的目标，常常是一个断言或某个发现；而每个"主张"都是建立在特定的"根据"（Ground）之上的。[①] 其次，要从"根据"中推出"主张"，我们需要有某种理据（Warrant），来确保"根据"能够真正支持"主张"。再次，当论证中的"理据"受到质疑时，我们就需要"支援"（Backing）来加强它。不同的"主张"有强弱之分，限定词（qualifier）就是用来表示"主张"的强度的。最后，一个论证成立与否还取决于是否存在例外的情况，"反驳"（Rebuttal）就包含了

---

① Toulmin, S. E., Rieke, R. and Janik, A., *An Introduction to Reasoning*, New York: Macmillan, London: Collier Macmillan, 1984.

第四章 基于文本型隐喻的论证 / 165

这些例外的情况，如果这些例外情况发生，那么该论证中的"主张"就很难成立。从图4-4中，我们可以看出，这个论证的"主张"是"the mother is not a good mother"（这位母亲不是好母亲），"根据"是国会议员说的那段隐喻性表达，两者之间通过"理据"（All good mothers have to show authority in the house to be a good mother）建立起支持关系。而概念隐喻"Presidents are mothers"在其中扮演的是"支援"的角色，用来支持"理据"。

第二个部分的重心是目标域。该目标域是通过概念隐喻的映射机制来实现重构的（见图4-5）。①

Warrant

All good presidents have to show authority in the administration to be a good president

Grounds

1. The President does not give orders
2. The President does not know what to say
3. The people are in disorder
4. (The projects of the Parliament are late)
5. (The National Budget is badly organized)
6. (The National Budget is unclear and disorganized)
7. (The Secretaries of the Administration do whatever they want)

Claim

The President is not a good president

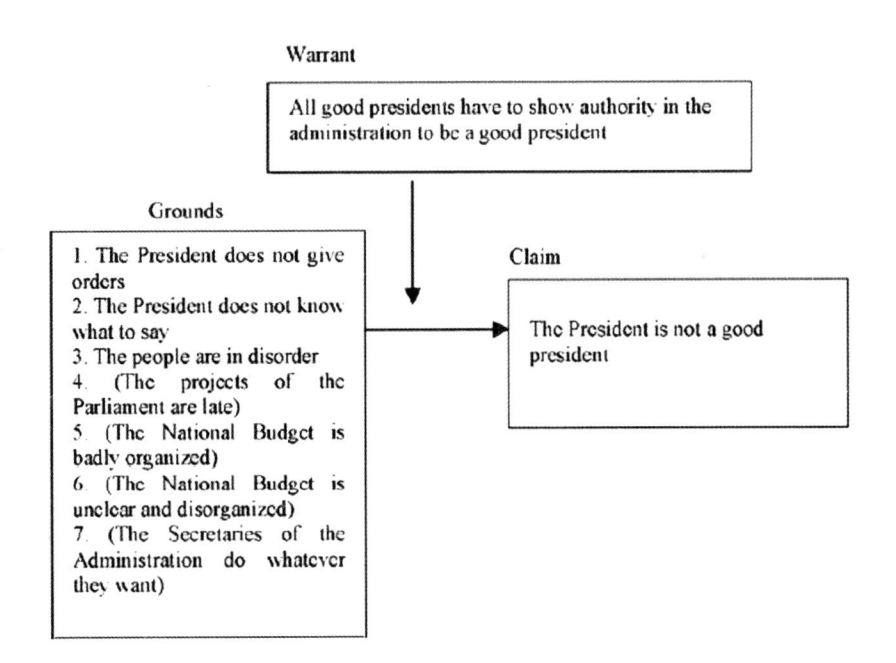

图4-5 目标域中的图尔敏模型表征②

---

① Santibáñez, C., "Metaphors and argumentation: The case of Chilean Parliamentarian media participation", *Journal of Pragmatics*, Vol. 42, 2010.

② Santibáñez, C., "Metaphors and argumentation: The case of Chilean Parliamentarian media participation", *Journal of Pragmatics*, Vol. 42, 2010.

桑特博纳兹认为，根据概念隐喻分析的方法和步骤，我们是有可能在目标域中构建一个论证的。① 图 4-5 中的"根据"就是通过映射得到的。总体上看，桑特博纳兹的基本分析思路是先在始源域中建立一个论证结构，然后通过映射关系在目标域中重构一个新的论证，以得出所要的结论。

除了前面提到的概念隐喻存在问题，桑特博纳兹对隐喻论证的分析还存在两个重要的不足之处。首先，在图 4-4 所示的子论证中，桑特博纳兹认为概念隐喻扮演着支援的角色。那么，什么是"支援"呢？图尔敏等人认为，"理据"并不总是能够让人完全相信，因此需要"支援"对其进行加强。这就是说，"支援"为"理据"提供支撑，要解决的是"理据"的可靠性问题。② 图 4-4 中"支援"与"理据"之间的箭头说明桑特博纳兹所说的概念隐喻"Presidents are mothers"是用来支撑"All good mothers have to show authority in the house to be a good mother"的。但从逻辑上看，前者谈的是概念"PRESIDENT"与概念"MOTHER"之间的关系，而后者谈的是"所有好母亲的重要特征"，前者并不构成对后者的支撑。因此，桑特博纳兹把概念隐喻作为"支援"放在始源域中用来支撑始源论证中的"理据"的做法是不准确的。

其次，桑特博纳兹把隐喻论证分解为两个图尔敏模型加上一个映射关系的做法，虽然让我们清楚地看到了概念隐喻之间的映射关系对最终结论的支撑作用，但是它同时也对图尔敏模型构成了极大的破坏。也就是说，如果我们要用图尔敏模型分析隐喻论证，我们就需要在图尔敏模型之外补充一个映射关系。这意味着图尔敏模型在分析隐喻论证时是不充分的，即存在一些要素是图尔敏的论证模

---

① Santibáñez, C., "Metaphors and argumentation: The case of Chilean Parliamentarian media participation", *Journal of Pragmatics*, Vol. 42, 2010.

② Toulmin, S. E., Rieke, R. and Janik, A., *An Introduction to Reasoning*, New York: Macmillan, London: Collier Macmillan, 1984, p. 26.

型所无法捕捉到的。那么，图尔敏模型是不是真的就没有能力将概念隐喻和映射关系有机地纳入其中呢？我们的回答是否定的，主要是基于如下两点理由：首先，图尔敏等人曾在《推理导论》一书中分析过类比论证。他们指出，达尔文进化论的提出就包含着一个很成功的类比。[①] 在本节的第一部分我们已经证明了类比论证与隐喻论证的核心都是映射，那么我们就可以用一种结构上的映射关系使类比论证和论证的核心内容得以在图尔敏的框架中表达出来（见图4-6）。

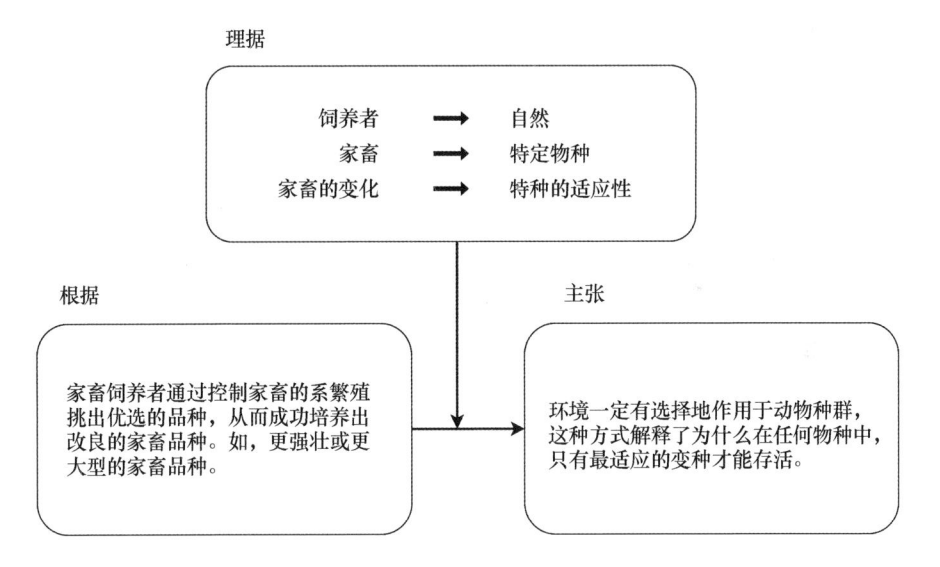

理据

饲养者 → 自然
家畜 → 特定物种
家畜的变化 → 特种的适应性

根据

家畜饲养者通过控制家畜的系繁殖挑出优选的品种，从而成功培养出改良的家畜品种。如，更强壮或更大型的家畜品种。

主张

环境一定有选择地作用于动物种群，这种方式解释了为什么在任何物种中，只有最适应的变种才能存活。

图 4-6　达尔文进化论的类比论证结构

最后，图尔敏等人还提出了论证链的重要思想：任何一个论证都有可能成为另外一个论证的起点；第二个论证又有可能成为第三

---

① Toulmin, S. E., Rieke, R. and Janik, A., *An Introduction to Reasoning*, New York: Macmillan, London: Collier Macmillan, 1984, p.218.

个论证的起点，如此下去，这些论证就会形成一个连接在一起的链条。①

根据上述思想，桑特博纳兹的分析可以在一个统一的框架中进行重新整理（见图 4-7）。

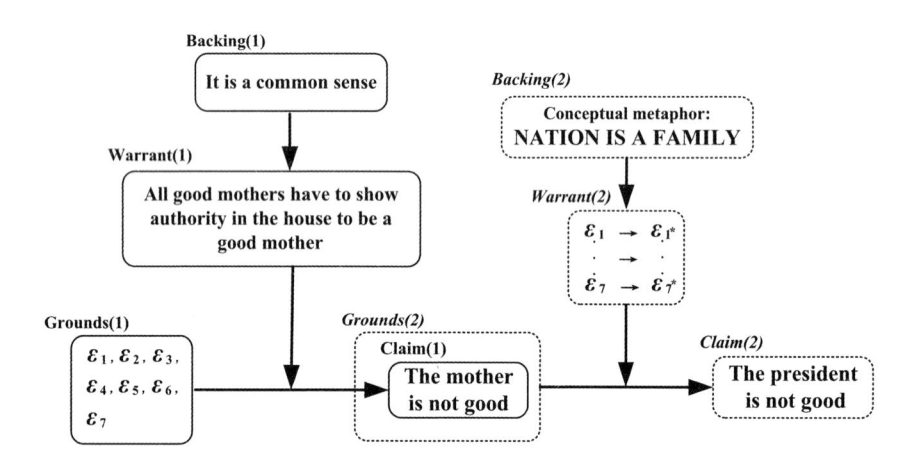

图 4-7　隐喻论证链模型②

图 4-7 展示的是一个完整的隐喻论证的结构。该结构包含了两个子论证：第一个子论证的构成要素我们用实线方框表示，其中的主张是"The mother is not good"，根据是（$\varepsilon_1 \cdots \varepsilon_7$），指的是上文图 4-4 中"根据"部分的七项内容；第二个子论证的构成要素我们用虚线方框表示，其中的"主张"是"The president is not good"，也就是我们最终要得出的结论，它是以"主张（1）"为根据的。"理据（2）"中的（$\varepsilon_1 * \cdots \varepsilon_7 *$）指的是（$\varepsilon_1 \cdots \varepsilon_7$）通过映射关系在目标域中建立起来的对应体，即上文图 4-5 中的"根据"

---

① Toulmin, S. E., Rieke, R. and Janik, A., *An Introduction to Reasoning*, New York: Macmillan, London: Collier Macmillan, 1984, p. 73.

② Xu, C. and Wu, Y., "Metaphors in the perspective of argumentation", *Journal of Pragmatics*, Vol. 62, No. 4, 2014.

部分。在第一个子论证中,"理据(1)"可以保证我们能够从"根据(1)"中合情合理地推出"主张(1)"。在第二个子论证中,提供支持的"理据(2)"就是一个映射结构,该结构是在概念隐喻"NATION IS A FAMILY"的支援下获得的。整个论证结构说明,我们要在隐喻论证中得出一个可信度比较高的最终"主张",需要具备两个重要条件:第一,我们能从"根据(1)"中推出"主张(1)";第二,"理据(2)"中的映射关系必须足够强大以有效地支撑最终结论的推出。与图4-4和图4-5对比,图4-7的优势是比较明显的,它在明确界定隐喻的角色的同时,将隐喻论证的映射关系纳入图尔敏论证模型的统一框架之中。这样的处理,既是对图尔敏论证模型在隐喻论证上的补充和细化,同时也有助于我们更好地利用论证理论来分析普遍存在的隐喻现象。

第二节 文本型隐喻论证的分析

一 隐喻论证的案例分析[①]

上一节在图尔敏模型的基础上,结合概念隐喻理论提出了隐喻论证链模型。[②] 下面我们将以企业家M于2012年在集团人力资源会议上的一段讲话为例进行分析:

①另外一个是"养性"。②养性是什么?③性命相关,性格和命运是相关的。④我们经常说性格决定命运,这个人的性格怎么样,跟他的命运是很有关系的。⑤刘邦、项羽两个哥们儿性格完全不一样,才华能力你说到底谁好,一个能打,一个

---

① 张侨洋、邱辉、徐慈华:《企业家演讲中的隐喻论证》,《重庆理工大学学报》2016年第30卷第5期。

② Xu, C. and Wu, Y., "Metaphors in the perspective of argumentation", *Journal of Pragmatics*, Vol. 62, No. 4, 2014.

能想。⑥企业也是如此，<u>一个企业的性格是什么，决定这个企业能走多久，这个企业的命运有多好。</u>

⑦<u>企业的性格是可以培养出来的，是可以完善的。</u>⑧人的性格我到现在没搞清楚，各种说法都有，有的说人的性格是天生的，有的说是后天的，I don't know，反正今天要改我的性格是有点累。

⑨<u>但是集团的性格、公司的性格是有机会改善的。</u>⑩我们今天是在塑造一个很有意思的性格，我们可以完善，可以约束。⑪人是上天造的，组织是人造的，是上天造的就没法改了，但是组织是我们人造的，我们是人，就有机会把它改变。

⑫人的话，你说把我改了，真不知道怎么改。⑬上天造的东西，上天不会轻易让你改它的东西的，一改就是违背天理，要出问题的。⑭但是假设我们的组织性格有问题，那是我们这帮人无能。⑮当然不能说彭蕾无能，马云无能，陆兆禧无能，戴珊无能。⑯No，是我们无能，我们这代人无能，对不对？

⑰<u>性格是什么？是一种文化，文化是要靠制度建设完善的。</u>文化这个东西，我们现在觉得越来越需要时间，需要制度去完善，需要把人性中光芒的一面露出来。

⑱我希望我们在未来的一两年内，<u>一起去探讨建设这种性格文化。</u>⑲其实我们有文化，换句话说，展现出来的东西就是一种性格，比如讲话是不是好，举止是不是得当。

纵观上文，我们发现这是一个论证的过程。对一个论证进行分析，我们首先需要确定的是论证者的"主张"。通过对第⑰句和第⑲句的分析，我们可以知道论证者的论点是呼吁"建设和完善企业文化"。支撑这一论点的主要依据是第⑥句："一个企业的性格是什么，决定这个企业能走多久，这个企业的命运有多好"，这是一个隐喻句。根据第⑰句（"性格是什么？是一种文化"）我们可以得知，与"性格"相对应的是文化；"能走多久"对应的就是"发展得怎么样"。因此，我们可以概括地得出第⑥句的意思是：企业文化决定企业发展。由于市场竞争环境下，"我们需要推动企业发展"是共识，我们就有理由推出"我们需要建设和完善企业文化"。这个论证的过程，依据的是实践推理，其具体推理图式如下[①]：

我的目标是实现 A。
如果我实施了 B，那么我就可以实现 A。
那么，我就应该实施 B。

结合我们上面分析的案例，其论证的过程就是：我们的目标是要实现企业的发展；由于企业文化决定企业发展，所以如果我们建设和完善企业文化，就可以推动企业的发展。那么"企业文化决定企业发展"这个条件是怎么来的呢？这里就涉及一个隐喻论证：第④句指出"性格决定命运"；第⑥句指出"企业也是如此"，意思是说"企业如同人"；因此，企业的文化决定企业的发展。根据上述分析，我们可以用隐喻的论证链模型进行表示（见图 4-8）。

这个论证由三个部分构成：第一部分的主要目的就是通过刘邦和项羽的典型事例，即"根据（1）"通过归纳推理"从典型事例通常可推出一般规则"加强了"性格决定命运"这一结论，即"主张（1）"。由于这一子论证是通过"理据"和"支援"的双重支撑，虽然没有潜在的反驳，但是由于此处是归纳推理，因此这里的"限定词"是"必然地"。而第二部分论证的是"主张（2）"

[①] Douglas, W., *Fundamentals of Critical Argumentation*, New York: Cambridge University Press, 2006, p. 301.

172 / 隐喻使用中的推理

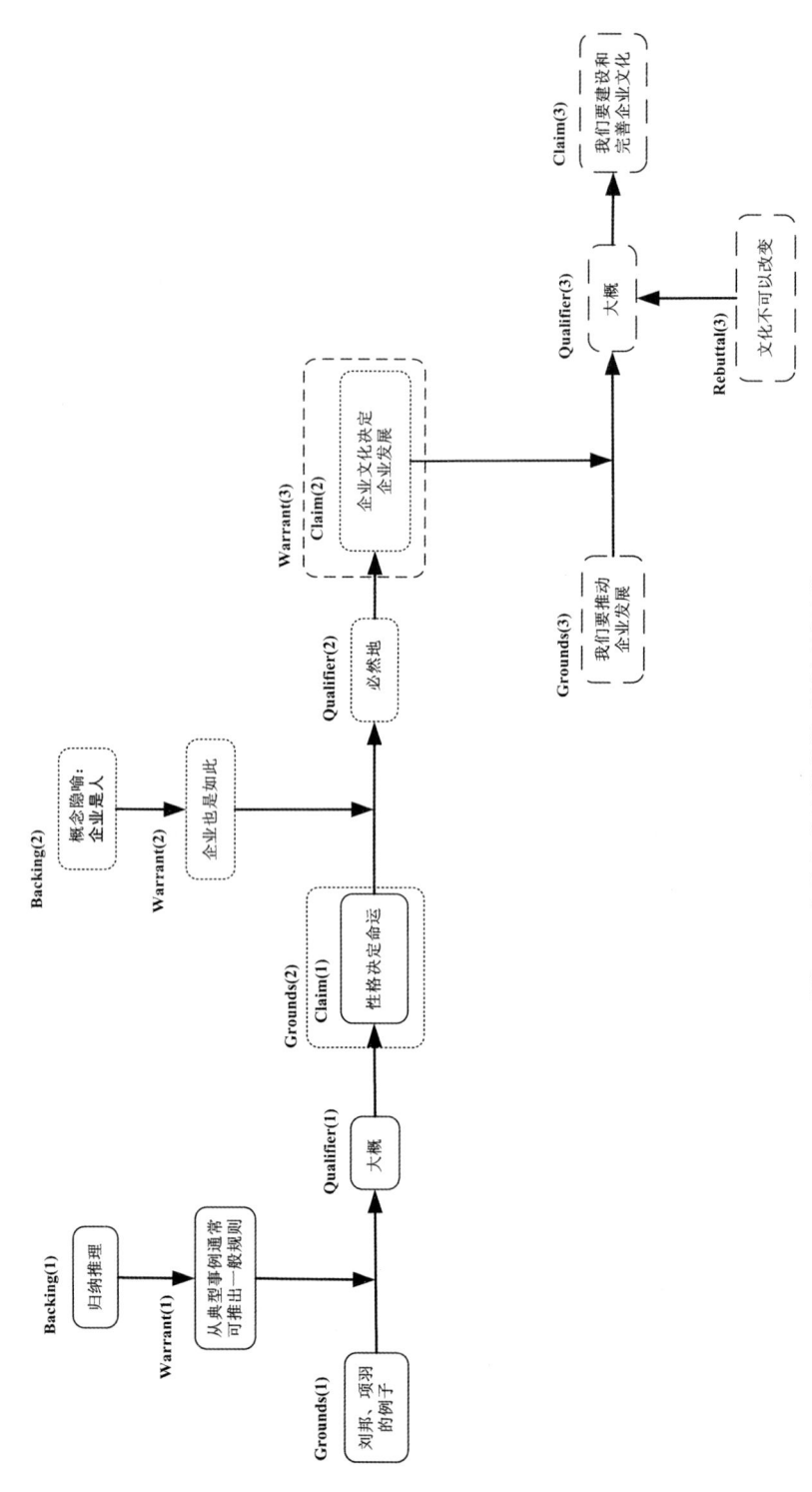

图4-8 企业文化建设的隐喻论证链结构

(企业文化决定企业发展);第三部分论证的是"我们要建设和完善企业文化"。在第二部分中,论证者以"性格决定命运"(见第④句)作为"根据(2)"。论证者在语言上用了"我们经常说"来引入这个"根据(2)"。这说明这个"根据(2)"具有较高的认同度,而且还通过第一部分的论证得到了强化。在"根据(2)"的基础上,论证者提供了一个"理据(2)"(企业也是如此),从而推出"主张(2)"(企业文化决定企业发展)。对于隐喻论证来说,结论的可靠性不仅来自"根据",还来自"理据"。这个论证中的"理据(2)"实际上表达了下列映射关系:

始源域		目标域
人	⇒	企业
性格	⇒	文化
命运	⇒	发展

这个映射关系还得到了概念隐喻的强力支撑。文中画线的句子是隐喻句,而且都是建立在"企业是人"这个概念隐喻的基础之上的。在图4-8中,概念隐喻扮演着"支援"的作用。上文讨论的隐喻论证案例中,概念隐喻的功能不但通过论证者的隐喻性话语在文本语境中得到了加强,同时也得到了组织文化环境的支撑。在M的讲话中,存在大量与概念隐喻"企业是人"密切关联的隐喻性的表达。

(1) 当年TCL靠直销,爱多DVD靠直销,全是靠直销打天下,结果这些公司全被直销搞瘫掉了。

(2) 这源自他想突出,他想活下来,他想突围,他想尝试新的生命力。

(3) 我花大量的时间去看,每天望闻问切,判断基本之道。

（4）你要18个月把淘宝<u>灭了</u>，我就<u>活</u>19个月，我们坚持下来。

（5）我们阿里巴巴的铁军是销售团队，但是决定成败的是<u>脑袋</u>，是网站。

（6）公司在加速发展过程中，需要注入越来越多的新鲜<u>血液</u>。

（7）一个优秀的企业不在于如何抓住一次两次发展的机会，而是在于如何躲过一次两次<u>致命的打击</u>。

（8）所有的对手出手都可以让我们断一个<u>胳膊</u>、少一条<u>腿</u>，我们的形势非常的严峻。

（9）CEO看到这头，还要看那头，你不能判断失误，这个东西会不会变成<u>癌症</u>，一旦变成<u>癌症</u>，灾难大了，不能<u>治好</u>的。

在M的隐喻话语语料中，与"做企业"和"企业"相关的隐喻句多达573句。统计结构显示，"战争"、"旅行"、"人体"和"体育"等始源域排在前四位，分别占总数的32.72%、22.92%、16.53%和9.81%。而这样的分布与整个企业家话语语料库中始源域的分布情况基本相似。[①] 同时，据统计分析，目标域为"做企业"的概念隐喻主要有五类，分别是"做企业就是打仗""做企业就是旅行""做企业就是参加体育比赛""做企业就是玩游戏""做企业就是适应气候"，而与"企业"相关的概念隐喻主要有"企业是人体""企业是物体""企业是容器"三种。此外，还包括四个混合隐喻，即将企业和做企业混合在一起的隐喻话语，主要的概念

[①] 邱辉：《隐喻认知与心智模式——中国企业话语的批评隐喻研究》，浙江大学出版社2022年版，第71—72页。

隐喻有"企业就是植物""做企业就是种植""企业是家庭"以及"做企业就是养孩子"。所以通过语料统计和分析，可知我们上文中对于"企业是人"这一概念隐喻作为"支援"对于整个论证的支撑具有普遍的可接受性。[1] 从隐喻使用的语用顺应论角度看，我们在用隐喻进行论证时，选择并激活具有广泛熟悉度和认知基础的概念隐喻，可以提高劝说的效果和论证的说服力。

二 隐喻论证的反驳

"反驳"是图尔敏论证模型中一个重要的组成部分。"反驳"对于整个论证图式起着决定性的作用。同理，反驳对于隐喻论证来讲，也至关重要。图尔敏在《论证的使用》(The Use of Argument)一书中对其论证模型中的各个要素进行了详细的讲解。[2] 按照图尔敏的说法，"反驳"就是指在正当的论证程序中引入例外情况或事实，以表明至少存在一种情况与论证中的示例不相符合，或是论证中的例子仅仅遵从于特定的制约条件，使得论证中的"理据"假设或者结论被搁置。"反驳"主要与"理据"和"限定词"密切相关。图尔敏在书中除了对"理据"和"根据"作了区分，同时也对"反驳"和"限定词"进行了区分。图尔敏指出二者之间的区分依据是"理据"。"限定词"是用来指示"理据"所具有的强度，当结论需要被限制时，我们只要在结论前面加上适当的"限定词"；而"反驳"则意味着"理据"的权威性被搁置并不再起作用，同时，很有可能会击败（defeating）或者反驳通过"理据"而得出的结论。[3]

---

[1] 邱辉：《隐喻认知与心智模式——中国企业话语的批评隐喻研究》，浙江大学出版社2022年版，第74页。

[2] Toulmin, S. E., *The Use of Argument*, Cambridge：Cambridge University Press, 2003.

[3] Toulmin, S. E., *The Use of Argument*, Cambridge：Cambridge University Press, 2003, p. 94.

费里（Verheij，B.）指出，图尔敏只提到 3 种不同的"反驳"类型，即对于"主张"、"理据"以及"理据"对于论证的支撑过程的反驳。① 而他通过深入分析，指出对"根据"和从"根据"到"主张"的整个论证过程也可以进行反驳。费里进一步用图 4 - 9 中的 5 个小图②表示不同类型的反驳。

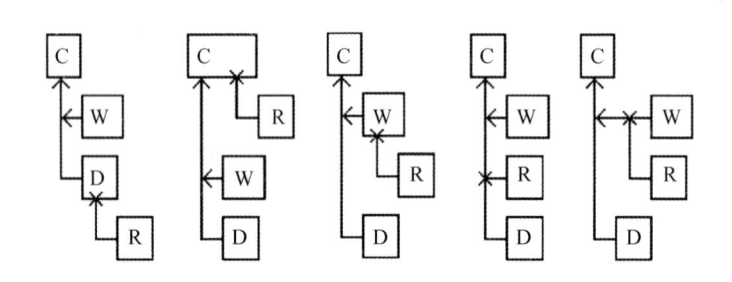

图 4 - 9　不同类型的反驳

如图 4 - 9 所示的 5 个小图中，从左到右，第一个小图表示的是对"根据"的反驳；第二个小图表示的是对"主张"的反驳；第三个小图是对"理据"的反驳；第四个小图是对从"根据"到"主张"这一推理过程的反驳，同时也可以看作此"反驳"底切（undercutting）（"底切"在可废止逻辑中指的是原因和结果之间的联系受到攻击）此论证，即"反驳"与"根据"到"主张"之间的推导关系存在矛盾，而不是与所要推导的结论相互矛盾；第五个小图是对于"理据"到"主张"的这一过程进行反驳，也可以看作对"保证"的适用性的攻击。

在图 4 - 9 中，C 为"Claim"（主张），D 为"Datum"（资料）（与图尔敏论证模型中的"Grounds"相对应），W 为"Warrant"

---

① Verheij, B., "Evaluating Arguments Based on Toulmin's Scheme", *Argumentation*, Vol. 19, 2005.

② Verheij, B., "Evaluating Arguments Based on Toulmin's Scheme", *Argumentation*, Vol. 19, 2005.

（理据），R为"Rebuttal"（反驳）。当我们对论证中的"反驳"进行评估时，费里区分了3种不同的评估状态：（1）被证明（justified），即可能存在的反驳都未发挥作用；（2）未被评价（unevaluated），即所有可能的反驳中有一个起了作用；（3）废止（defeated）状态，根据费里的观点，论证中只要存在一个攻击的理由（defeating reason）就会出现废止的状态。结合费里有关"反驳"的评价，我们认为有必要进一步完善徐慈华和吴义诚提出的隐喻论证链模型（见图4-7）。因此，我们在该模型中，加入"反驳"部分，并以企业家演讲中存在的隐喻性表达为案例进行分析。

在上文的案例中，我们讲到论证者希望通过"企业是人"的这一概念隐喻来劝说员工进行企业文化的建设和完善。但是我们又知道"人的禀性难移"，那么同样基于"企业是人"，将会得出"企业文化不能改变"的结论，从而使得"我们要建设和完善企业文化"的主张被推翻。很显然，论证者已经注意到这个潜在的反驳，提出了自己的主张（第⑨句），并对这个潜在的反驳进行了反驳。他指出人和企业也存在不同之处："人是上天造的，组织是人造的，是上天造的就没法改了，但是组织是我们人造的，我们是人，就有机会把它改变"（第⑪句）作为"反驳"来底切从"人的禀性难移"到"企业文化不可改变"的这个论证过程，从而反驳"企业文化不可改变"。那么，根据以上分析，我们可以建立如下图尔敏论证模型（见图4-10）。

如图4-10所示的论证模型引入了费里有关"反驳"的思想。此模型中仅有一个论证，即通过"根据"（人的禀性难移），得出"主张"（企业文化不可改变）。其中，"企业是人"这一概念隐喻在图4-10中起的作用是"理据"，通过这样的"理据"我们有可能会得出"主张"（企业文化不可改变），但是，在这个过程中存在一个"反驳"（企业和人有不同之处：人是上天造的，不可以

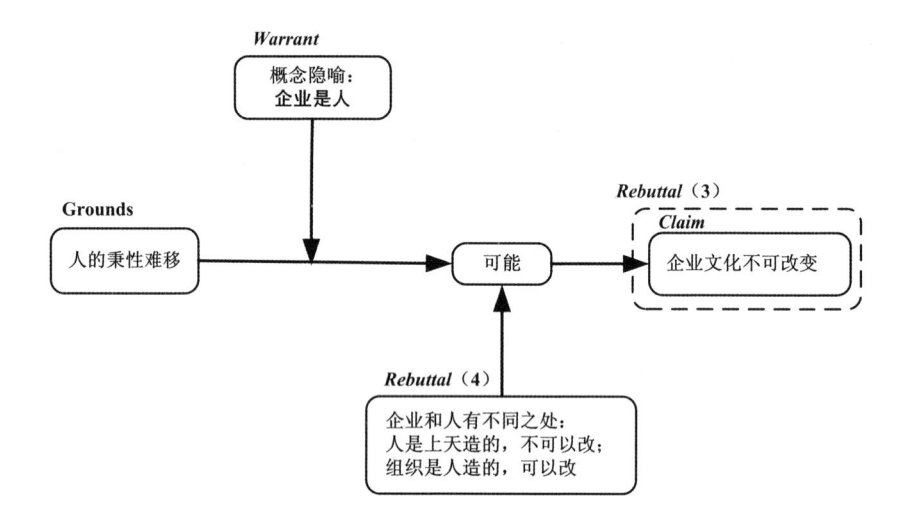

图 4-10 "企业文化建设"隐喻论证

改;组织是人造的,可以改)。所以借助这一反驳,我们可以将此论证中的"主张"废止,该"主张"废止意味着图 4-8 结构中的"反驳(3)"解除。由于对潜在的"反驳"进行了反驳,那么论证有可能受到的攻击就被解除了,最终"主张(3)"的说服力也得到增加。

第三节 隐喻在论辩中的框架效应[①]

策略操控(Strategic Maneuvering)是语用论辩理论中的一个重要概念。20 世纪 70 年代,荷兰阿姆斯特丹大学论辩研究学者范爱默伦提出语用论辩理论,旨在为论辩的分析、评价和生成提供更为完善的理论工具。在相当长的一段时间内,他们关注的重点都是论辩

---

① 张传睿、徐慈华、黄略:《隐喻在论辩中的框架效应》,《外国语》2021 年第 44 卷第 5 期。

的合理性（reasonableness）问题，但 90 年代以后范爱默伦等人逐渐注意到，论辩者不仅想合理地解决意见分歧，还希望论辩结果尽可能向符合自己利益的方向发展，也就是要在保证论辩合理性的同时尽可能提高论辩的劝说有效性（effectiveness）。[1] 所谓有效性描述的是正方说服反方接受正方立场的效果，论辩的有效性越高，解决意见分歧的过程越有利于正方。[2] 因此，范爱默伦等人将修辞学维度引入了论辩研究，提出以"策略操控"为核心的语用论辩拓展理论。

策略操控是指"论辩双方为保证论辩合理性和有效性之间的平衡而付出的持续性努力"[3]。古典修辞学关注话题、受众和表达，范爱默伦等学者受此启发，提出了策略操控的三个方面：话题潜能、受众需求和表达手段。"表达手段"方面的策略操控指正方在话语的用词、句法、文体等方面进行策略性选择，如在论辩中更多使用委婉语、修辞格等。关于隐喻，范爱默伦肯定了隐喻作为一种论辩手段的合法地位，他赞同修辞学学者 Fahnestock 的观点[4]，认为"包括隐喻在内的修辞手段不仅可以修饰直白的论辩语言，还可以成为论辩的构成部分"，正是侧重表达手段的一种策略操控[5]。

这里需要明确指出的是语用论辩理论中的策略操控思想与语用顺应论的核心主张高度一致。语用顺应论强调语言的使用是一个不

---

[1] van Eemeren, F. H., *Strategic Maneuvering in Argumentative Discourses: Extending the pragma-dialectical theory of argumentation*, John Benjamins Publishing Company, 2010, pp. 40–41.

[2] van Eemeren, F. H, *Strategic Maneuvering in Argumentative Discourses: Extending the pragma-dialectical theory of argumentation*, John Benjamins Publishing Company, 2010, p. 30.

[3] van Eemeren, F. H, *Strategic Maneuvering in Argumentative Discourses: Extending the pragma-dialectical theory of argumentation*, John Benjamins Publishing Company, 2010, p. 40.

[4] Fahnestock, J., *Rhetorical Figures in Science*, New York: Oxford University Press, 1999, p. 11.

[5] van Eemeren, F. H., *Strategic Maneuvering in Argumentative Discourses: Extending the pragma-dialectical theory of argumentation*, John Benjamins Publishing Company, 2010, p. 123.

断做出选择的过程。发话人为了实现特定的交际意图，可以在词汇、句式、语码、风格、语体等方面做出适应性的选择。我们可以把论辩中的策略操控看作语用顺应在论辩活动中的具体特例，它可以指导人们如何在论辩活动中做出不同的选择。

20 世纪 80 年代以来，隐喻研究的"认知转向"将隐喻研究推进到了新的阶段，而语用论辩理论对隐喻的认知功能在论辩中的作用关注并不充分，这限制了语用论辩理论在这一问题上的分析视野和深度：一方面强调某一策略操控必会同时从话题、受众和表达三个方面影响论辩，另一方面却"忽视隐喻认知属性"，导致语用论辩理论对隐喻在操纵"话题潜能"和迎合"受众需求"两个方面的作用认识不足，因而未能对隐喻论证进行系统讨论。

近年，越来越多的学者认识到隐喻的认知价值。如 Oswald 和 Rihs 结合认识论和修辞学分析了隐喻论证的特点。[1] 张传睿和徐慈华从论辩和认知角度初步讨论了隐喻在不同类型广告中的特殊论辩功能，尤其是隐喻的框架效应。[2] Macagno 尝试全面审视隐喻在论辩中的推理机制[3]，而 van Poppel 则论证了刻意隐喻理论（DMT）与论辩理论结合的可能性。[4] 尽管这些研究在探索隐喻与论辩之间的关系方面做了一定尝试，但目前仍缺乏在语用论辩理论框架下，对隐喻的策略操控功能与评价进行系统的讨论。

---

[1] Oswald, S. and Rihs, A., "Metaphor as argument: rhetorical and epistemic advantages of extended metaphors", *Argumentation*, Vol. 28, No. 2, 2014, pp. 133–159.

[2] Zhang, C. and Xu, C., "Argument by multimodal metaphor as strategic maneuvering in TV commercials: A case study", *Argumentation*, Vol. 32, No. 4, 2018.

[3] Macagno, F., "How can metaphors communicate arguments?", *Intercultural Pragmatics*, Vol. 17, No. 3, 2020.

[4] van Poppel, L., "The Study of Metaphor in Argumentation Theory", *Argumentation*, Vol. 35, 2021.

一　隐喻：一种框架效应的启动机制

Gamson 指出，隐喻是在话语中构建框架的五种常用手段之一。[1]所谓框架（frame/framing）是指话语参与者理解交际行为时所依赖的元交际信息，包含交际双方的既有知识。[2] 戈夫曼（Goffman, E.）最早系统地提出了框架分析法，他指出框架不仅是每个人所固有的静态"信念体系"[3]，还是人与世界之间动态交互的结果，人们"沉浸其中，被框架感染、吸引"[4]，反过来也限定了人们看待外部世界的视角。Entman 在前人研究的基础上，给出了一个较为全面的定义[5]："框架建构（framing）的本质是选择和凸显，就是选择已知现实的某些方面，在交际文本中加以凸显，由此界定特定问题、解释因果关系、进行道德评价，并且（或者）为所描述之事提供处理方法。"

莱考夫和约翰逊指出，概念隐喻作为一种认知机制，可以反映并且影响人们的思维和行动，人们在使用概念隐喻时凸显了始源域概念的某一些方面，同时无意（或有意）地隐藏了该概念的其他方面。[6] 这一特点与 Entman 提出的框架定义——选择和凸显——本质

---

[1] Gamson, W. A., "The Political Culture of Arab-Israeli Conflict", *Conflict Management and Peace Science*, Vol. 5, No. 2, 1981.

[2] Bateson, G., "Steps to an Ecology of Mind: Collected Essays in Anthropology, Psychiatry, Evolution, and Epistemology", *Bibliovault OAI Repository*, Chicago: University of Chicago Press, 1973.

[3] Goffman, E., *Frame Analysis: An Essay on the Organization of Experience*, Boston: Northeastern University Press, 1986, p. 27.

[4] Goffman, E., *Frame Analysis: An Essay on the Organization of Experience*, Boston: Northeastern University Press, 1986, p. 345.

[5] Entman, R. M., "Framing: Toward Clarification of a Fractured Paradigm", *Journal of communication*, Vol. 43, No. 4, 1993.

[6] ［美］莱考夫、约翰逊：《我们赖以生存的隐喻》，何文忠译，浙江大学出版社 2015 年版，第 7 页。

上是一致的,隐喻是激活特定框架的有效手段。①

语用论辩研究者同样认识到了框架在论辩中的作用,指出策略操控的三个方面都在试图构建某种框架,围绕每个论步(argumentative move)做出的选择都在给受众框定特定的视角。框架可以创造一个有效的文本语境,如果使用得当,甚至可以创造社会现实。②20世纪70年代,美国总统卡特在面临能源危机时宣布进行"道义战争",从战争框架出发论述能源问题,自然而然会在该语义网络中使用"敌人""国家安全威胁"这样的概念,要求美国建立"新的指挥链",进行"情报收集""实施制裁""号召人们作出牺牲"等。无独有偶,"9·11"事件发生后,布什政府多次提出口号要"向恐怖主义宣战",人们面对的是实力强劲、对象明确的"敌军",所以必须"击垮"他们。布什政府就是选择性地凸显了政府想让民众关注的方面,从而更容易获取民众对战争的支持。③ 与隐喻在论辩中的作用相似,范爱默伦认为使用框架也是表达手段层面的策略操控,但遗憾的是论辩研究者尚未注意到隐喻和框架二者之间的紧密联系——隐喻是构建框架、发挥框架效应的一种重要手段,将为论辩研究带来新鲜血液。近几十年的隐喻研究成果为我们更好地理解两者之间的关系提供了十分有利的条件,但如何利用隐喻提升策略操控效果需要深入探讨。有鉴于此,语用论辩理论在自身发展中需要有更宽阔的视野来吸收这些成果。

---

① Entman, R. M., "Framing: Toward Clarification of a Fractured Paradigm", *Journal of communication*, Vol. 43, No. 4, 1993.

② van Eemeren, F. H., *Strategic Maneuvering in Argumentative Discourses: Extending the pragma-dialectical theory of argumentation*, John Benjamins Publishing Company, 2010, p. 125.

③ van Eemeren, F. H., *Strategic Maneuvering in Argumentative Discourses: Extending the pragma-dialectical theory of argumentation*, John Benjamins Publishing Company, 2010, p. 126.

二 隐喻框架的策略操控功能

目前已有研究注意到隐喻的框架效应对人们的思维、信念或态度所造成的影响。本研究在既有研究成果和隐喻自身属性的基础上，分析发现隐喻框架主要有三种策略功能：认知凸显功能、委婉表达功能和强化记忆功能。

（一）认知凸显功能

在论辩过程中，说话人使用的隐喻框架可以实现始源域概念的认知凸显。如公共健康领域中经常出现概念隐喻"疾病就是敌人"[1][2][3]。例如在2019年末暴发的新冠疫情面前，媒体在"疾病就是敌人"框架下普遍使用"抗击""战胜""守住防线"等表达，对抗疾病就是要消灭敌人、赢得战争胜利。此类宣传旨在借助战争概念凸显疫情的严重性，同时鼓励人们坚定决心，积极勇敢地面对病毒。而且研究发现，患者在该隐喻框架潜移默化的作用下，对抗疾病的主动性也有所提升，普通民众对疾病的主动预防意识有所增强。[4] 这说明隐喻框架确实会对受众产生明显影响，与莱考夫等人关于隐喻作用的看法基本一致。[5]

使用不同的始源域将发挥不同的凸显功能。以目标域"人生"

---

[1] Semino, E., Demjén, Z., Demmen, J., Koller V., Payne, S., Hardie, A. and Rayson P., "The online use of violence and journey metaphors by patients with cancer, as compared with health professionals: A mixed methods study", *BMJ Supportive & Palliative Care*, Vol. 7, 2017.

[2] Thibodeau, P. H., Hendricks, R. K. and Boroditsky, L., "How Linguistic Metaphor Scaffolds Reasoning", *Trends in Cognitive Sciences*, Vol. 21, No. 11, 2017.

[3] Hendricks, R. K., Demjén, Z., Semino, E. and Boroditsky L., "Emotional Implications of Metaphor: Consequences of Metaphor Framing for Mindset about Cancer", *Metaphor and Symbol*, Vol. 33, No. 4, 2018.

[4] Thibodeau, P. H., Hendricks, R. K., and Boroditsky, L., "How Linguistic Metaphor Scaffolds Reasoning", *Trends in Cognitive Sciences*, Vol. 21, No. 11, 2017.

[5] ［美］莱考夫、约翰逊：《我们赖以生存的隐喻》，何文忠译，浙江大学出版社2015年版。

为例，我们可以使用不同的隐喻框架——"人生就是一场旅行""人生就是一场战斗"或"人生就是一场赌博"等。这些不同的框架分别凸显"人生"的不同性质，如过程性、竞争性、偶发性、目的性等。论辩中使用隐喻框架可以帮助正方凸显其想让反方优先关注到的信息，转移反方注意力，从而使反方忽略正方不想让对方留意的内容，而这些内容往往是正方论辩的不合理因素之所在。例1可以提供更为清晰的阐释：

> 例1 "我们公司还是一个只有三岁的孩子，这三年里我们一起把她哺育长大，历经坎坷，你们是她的爸爸妈妈。我们怎么能在孩子有困难的时候弃之而去？"①

例1选自国内某知名互联网公司在2003年非典期间企业老板对全体员工的内部讲话。公司成立几年便遭到非典打击，公司面临大范围员工辞职的问题，如何有效劝说员工、阻止人才流失已迫在眉睫，是典型的论辩话语。从最后一句修辞提问中可以看出，说话人并不希望员工离开。说话人使用了"三岁的孩子""哺育""长大""爸爸妈妈""弃之而去"等隐喻性表达，包含的概念隐喻是"企业就是孩子"，做企业的过程被理解为养育孩子的过程。论辩中，正方（企业老板）的隐含立场是"你们不应该离开公司"。根据语用论辩理论，该论辩结构可以表示为：

你们不应该离开公司。
(1.1a)（企业和孩子具有相似性。）
1.1b 在孩子困难时父母不应该离开孩子。

---

① Xu, C. and Wu, Y., "Metaphors in the perspective of argumentation", *Journal of Pragmatics*, Vol. 62, No. 4, 2014.

未表达前提 1.1a 将企业和孩子关联起来，前提 1.1b 则是大众普遍接受的伦理价值。通过 1.1b，正方启动隐喻框架"企业就是孩子"，凸显了企业（孩子）和员工（父母）之间的"养育关系"。养育孩子是父母的责任和义务，离开企业就是抛弃自己一点一点养大的孩子。中国文化中经常使用"家庭"概念形容组织成员之间的紧密关系，这在企业员工中也是受到高度认可的。[①] 在这一点上正方可以与诸多受众达成一致，从而有效保证了双方共同出发点的合理性。更重要的是，该框架在企业和员工之间附加了一层由"亲子关系"带来的道德约束，给受众造成强烈情感影响并干预其行为。隐喻框架"企业就是孩子"及其子结构"员工是孩子的父母"一旦被接受，整个论辩活动的后续话题在一定程度上也就被限定在该框架内。如果更换为其他框架，则有可能带来完全不同的结果。

（二）委婉表达功能

隐喻框架的另一作用是对立场的策略性表达。范爱默伦将论辩的立场分为三种不同的类型：评价性（evaluative）立场、规范性（prescriptive）立场和描述性（descriptive）立场。其中描述性立场关注事实状态；规范性立场侧重要求应当做某事或不做某事；描述性立场侧重事实描写。[②] 为了避免在论辩初期就引发反方的强烈反对，正方采用隐喻性的表达从而在特定的框架中隐含地传递己方立场，例 1 采用家庭框架，使用修辞提问表明立场"我们怎么能在孩子有困难的时候弃之而去"，弱化劳资双方矛盾。

此外，隐喻性的表达属于间接言语行为，以隐喻方式表达的描述性立场，可以在不同的语境下转换为规范性或评价性立场，从而

[①] 邱辉：《隐喻认知与心智模式——中国企业话语的批评隐喻研究》，浙江大学出版社 2022 年版，第 110 页。

[②] van Eemeren, F. H. and Grootendorst, R., *Argumentation, Communication, and Fallacies: A Pragma-Dialectical Perspective*, Hillsdale: Lawrence Erlbaum, 1992.

降低双方冲突程度。Cameron 和 Deignan 在幼儿园实证研究中发现，教师在教小朋友画画过程中对小女生说"你画的是棒棒糖"①。教师给出的断言本身是一个描述性立场，论述小女生画的是什么。但该教师在教学过程中曾多次要求学生不要将树冠画得像棒棒糖一样，双方已经构建起相关共同知识，改变了该描述性立场的类型："你不应该将树冠画得像棒棒糖一样"（规范性立场），或者"你画错了"（评价性立场）。在实际使用过程中，不同隐喻还会赋予立场以不同的评价语气，帮助避免双方在冲突阶段就因为立场的表达方式问题而过早发生冲突。

（三）强化记忆功能

通过隐喻性表达表明立场或者进行论证有助于强化受众对论辩话语的记忆。Gibbs、Cameron、Carston 等均提出，隐喻借助意象对记忆有促进作用。②③④ 从概念隐喻的角度来看，隐喻是依托经验图式从一个概念域到另一个概念域的跨域映射，可以在原有符形和对象之间建立起新的指称关系，降低受众的记忆负担，符合语言使用的"经济性原则"，有利于调用受众原有的认知资源，帮助强化己方立场和论证在受众思维中的影响力。⑤ Carston 的研究还发现，隐喻的理解过程虽然不一定需要图像参与其中，但听话人本身在接收隐喻时，思维中经常会自动激活图像信息。⑥ 这说明熟知的概念可以帮助人们在思维中构建具有图像性的隐喻框架。正如

---

① Cameron, L. and Deignan, A., "The emergence of metaphor in discourse", *Applied linguistics*, Vol. 27, No. 4, 2006.

② Gibbs, J. R. W., *The Poetics of Mind: Figurative Thought, Language, and Understanding*, New York: Cambridge University Press, 1994.

③ Cameron, L., *Metaphor in Educational Discourse*, New York: Continuum, 2003.

④ Carston, R., "Figurative Language, Mental Imagery, and Pragmatics", *Metaphor and Symbol*, Vol. 33, No. 3, 2018.

⑤ 黄华新：《认知科学视域中隐喻的表达与理解》，《中国社会科学》2020 年第 5 期。

⑥ Carston, R., "Figurative Language, Mental Imagery, and Pragmatics", *Metaphor and Symbol*, Vol. 33, No. 3, 2018.

利科所说，"隐喻融概念与图像于一体。……概念与图像的这种联系带给我们一种恍然大悟，一种见识或一种认识，将我们习以为常的感觉、概念或事件置于一束全新的光线之下"①。在人脑"图优效应"的支持下，形象生动的隐喻框架比纯语义的信息更容易被记住，可以更长久地停留在受众的脑海之中，并不断影响受众的思维和行动。

如前所述，隐喻框架可以通过三种功能激活框架效应，影响受众思维，实现对论辩话语的策略性操控。在使用隐喻提升论辩说服力的同时，也应该确保隐喻在合理范围内发挥框架效应，实现有效劝说与合理劝说的平衡。语用论辩理论恰好可以为探索隐喻在论辩中的框架效应提供更为直接恰当的视角。

三 隐喻框架的操控机制

语用论辩理论主张从话题潜能、受众需求和表达手段三个维度进行策略操控分析。鉴于范爱默伦等人已从表达手段维度进行了讨论，而对另外两个维度关注不足，本研究主要围绕话题潜能和受众需求展开。②

（1）根据话题特点选择不同的框架会影响到后续论辩的推进。在上文例1中，正方是企业主，在表明己方立场"你们不应该离开公司"时有诸多论步可选，见图4-11论辩策略组合（dialectical profile）。论辩组合可以呈现论步的推进路径，包括双方可能使用的论步与实际论步之间的博弈，最终在各可能策略中做出最佳选择。

面对正方立场（第一行），此时反方（打算离开公司的员工）

---

① 冯晓虎：《隐喻：思维的基础 篇章的框架》，对外经济贸易大学出版社2004年版，第1页。

② van Eemeren, F. H., *Strategic Maneuvering in Argumentative Discourses: Extending the pragma-dialectical theory of argumentation*, John Benjamins Publishing Company, 2010, pp. 121-127.

188 / 隐喻使用中的推理

```
1. 正方        立场：你们不应该离开公司
                        │
2. 反方    接受正方立场    不接受正方立场
                              │
                        质疑正方立场  反驳正方立场
                              │
3. 正方            论证立场        收回立场
                      │
              直接论证    隐喻论证
                            │
              企业就是孩子  企业就是机器  企业就是……
```

图 4-11　论辩策略组合

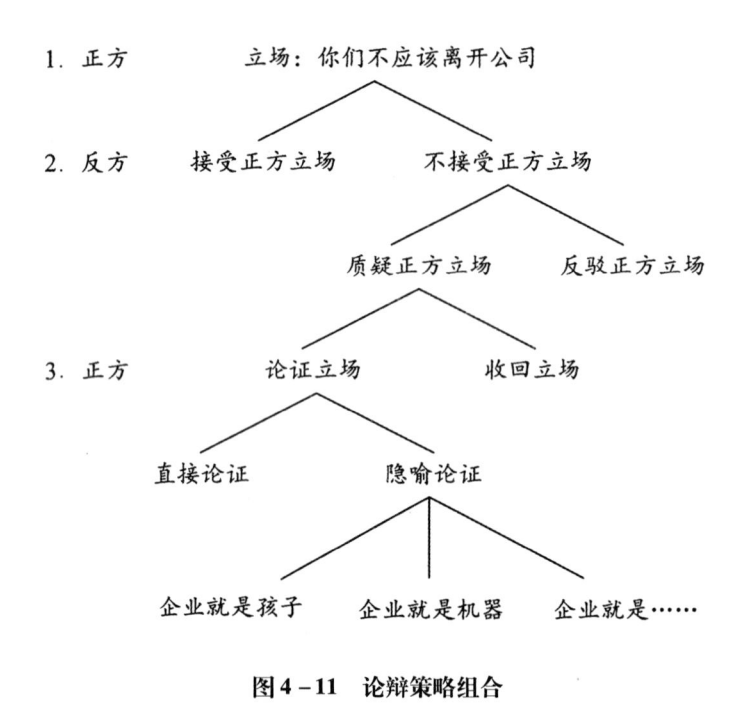

可以选择接受正方立场放弃离职，或者不接受对方立场。不接受正方立场时，反方的态度可以分为质疑（doubt）和反驳（refuse）两类。从语言使用上来看，正方进行论证时可以使用非修辞性语言进行直接论证或使用隐喻语言进行间接论证。正方构造隐喻框架"企业就是孩子"，采取了间接隐晦的方式进行表达。检索《企业家话语语料库》发现，关于企业的概念隐喻"做企业是什么"或"企业是什么"中的始源域多种多样，代表"企业就是孩子"的"亲情/养育"频次并不高（见图4-11）。

　　经营企业最常被比作战争或旅行等，概念隐喻"企业就是孩子"使用频数尚不如"企业就是物体"（"器物"）。假定正方选择更高频的隐喻框架"企业就是机器"，那么该框架下元素间可能存在如下关系（见表4-2）。

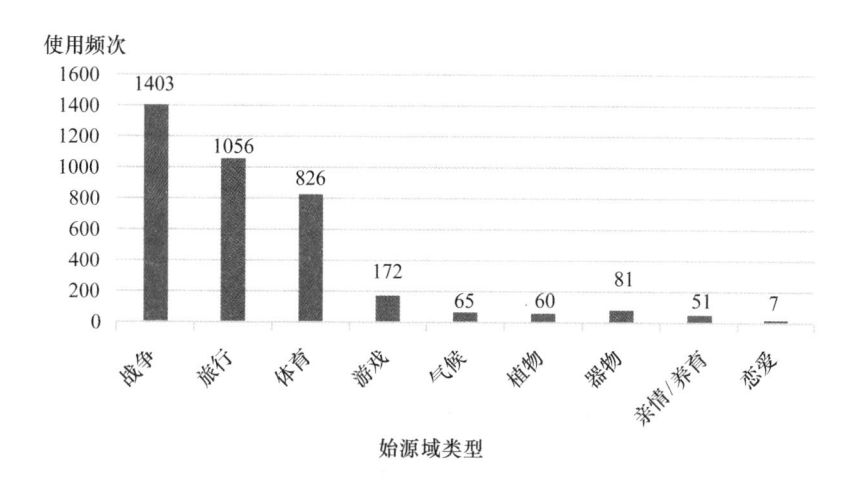

图 4-12 始源域分布状况

表 4-2　　　　　概念隐喻"企业就是机器"的映射结构

使用机器	→	做企业
机器主人	→	老板
零件	→	员工
运行正常	→	运营正常
机器故障	→	企业危机

如果"企业就是机器",那么企业运营的过程就等于机器运转的过程,企业管理者就是机器的主人或使用者,员工就是组成机器、维持运转的零件,企业运营顺利也就是机器运转正常,企业出现危机即等于机器出现故障。该框架借助机器零件之于机器的重要性凸显了企业员工对于企业的重要性——大家齐心协力,共同推动企业高效运转。但该框架也隐藏了另一个重要方面:如果员工就是零件,那么受众思维中可以建立如下映射关系。

表4-3　　　　　概念隐喻"企业是机器"的映射结构

新型零件	→	员工更年轻、素质更高
零件老化	→	员工年龄增大
零件损毁	→	员工生病、意外
零件替换	→	员工辞退、更换
零件功能固定	→	员工岗位固定

该框架的问题在于机器的零件均是可替换的，损毁、老旧的零件理所应当被全新的甚至更好的零件替换掉，那么企业中年纪大的员工也理所应当被辞退，以补充新员工进来。企业和员工之间也只有类似机器和零件之间的利用关系，弱化了相互之间的情感责任，严重影响企业文化。

（2）在受众需求方面，要有效地发挥框架效应，论辩者还需要恰当地迎合受众的信念、价值观等需求。就隐喻本身而言，没有任何一种隐喻是绝对适合或不适合用于论辩的；不同隐喻各有优缺点，取决于不同的受众需求，受众的年龄、性别、职业等个体因素、风土人情等地域因素以及时代因素都会对始源域的选择造成影响。[①] 因此，论辩中如果正方能够有效利用双方相互认可的认知环境，选择具备最佳关联的始源域，就可以获得更高的可接受性。这意味着，正方除了要遵守共同出发点规则、使用反方也认可的隐喻之外，还应当尽可能迎合反方的偏好对隐喻进行选择，假使例1受众变化，看淡"家庭情结"，势必要选择不同的框架。如 Montage 发现，19世纪60年代，那时美国公众通常将吸毒比作自我探索的

---

① 徐慈华：《选择与适应：汉语隐喻的语用综观研究》，北京中国社会科学出版社2009年版，第117—128页。

旅程，对毒品危害性的认识不充分，并不认为吸毒是一种自我毁灭。[①] 因此在劝诫持有类似观点的吸毒者时，更多考虑探索未知世界过程中可能蕴藏的危险等易被忽视的部分。

一般而言，越是反方熟悉的隐喻，越能够激活反方思维中的映射关系，实现的劝说效果也越好。Musolff 指出，使用交际双方缺乏共同认可的映射关系会给隐喻交际（甚至也包括非隐喻交际）造成巨大困难，进而影响论辩效果。比如英德两国在"男性在家庭中占有主导地位""养育孩子过程中全家和睦是最重要的"等问题上具有高度的一致性，这些共同出发点对构建隐喻框架、说服既定反方至关重要。[②] 使用对方已经认同的隐喻，对方在潜意识中便承认该隐喻中两个认知域之间的关系，这一点还可以促使受众在自身思维中主动完成从隐喻论证到立场的推理，正方借此可以在一定程度上转移举证责任，使推理变成反方自己完成的。

四 隐喻框架的反驳机制

论辩的有效性应当构建在合理性的基础之上。作为一种论证手段，隐喻框架可以更有效地劝说对方，但势必存在违反合理性规则的情况，甚至可能会给要解决的问题本身造成额外困扰。比如同样面对癌症问题，Hendricks 等通过比较发现，使用"抗癌就是战争"比"抗癌就是旅行"给部分病人造成了更大的心理负担。[③] 对特定受众来说论证内容和所使用的隐喻在语义上关联较弱时，易出现不相干谬误，甚至具有欺骗性。这就要求论辩话语的受众能够批判性

[①] Montagne, M., "The Metaphorical Nature of Drugs and Drug Taking", *Social Science & Medicine*, Vol. 26, No. 4, 1988, pp. 417–424.

[②] Musolff, A., *Metaphor and political discourse, Analogical reasoning in debates about Europe*, London: Palgrave Macmillan, 2004.

[③] Hendricks, R. K., Demjén, Z., Semino, E. and Boroditsky, L., "Emotional Implications of Metaphor: Consequences of Metaphor Framing for Mindset about Cancer", *Metaphor and Symbol*, Vol. 33, No. 4, 2018.

地认识论辩中的隐喻论证，抵御不合理的隐喻框架效应。① 从语用论辩理论的合理性判断规则出发，可以发现隐喻框架可能存在的不合理问题主要集中在两个方面：映射关系不合理和推理关系不当。

第一，映射关系不合理。此类不合理主要指的是概念域之间的映射出现了问题。正如第一节中所指出的那样，隐喻的始源域和目标域概念的语义距离（semantic distance）反映了两个认知域内在关联程度（见图4-1），会影响目标域中概念 A 与始源域概念 B 之间映射的合理性。

图4-1中，左侧始源域（S_1）与目标域（T_1）位置相近，表示语义距离较近，可以给从始源域到目标域的映射和相应的推理提供充分支持。图中两条线的位置向右逐渐变远，表示始源域与目标域概念之间语义距离逐渐增大，概念域之间差异增多，A 中特性 a 与 B 中特性 b 不一致的可能性上升，受众不认同两个概念域之间的相似性或一致关系的可能性也上升，论辩的合理性随之下降，将有可能滑向类比谬误。在英国脱欧过程中，很多人使用了"婚姻"隐喻框架，认为英国脱欧就是英国与欧盟之间解除婚姻关系，要"离婚"了。但英国首相特蕾莎·梅在2017年3月14日欧盟峰会中就强调，"我不喜欢用离婚一词来描述英国脱欧，因为当人们说离婚时，往往意味着他们以后就不可能有比较好的关系了"。也就是，当我们用"婚姻"隐喻框架来理解英国与欧盟的关系时，认知域中的核心要素在映射关系上存在严重的缺陷。该映射关系的合理性和有效性大大弱化。

即使在同一隐喻框架下，两个认知域内部要素也可以形成不同的映射可能。例1中，假定论辩双方已拥有共同出发点"企业就是孩子"隐喻，"企业就是孩子"隐喻框架在整体上具有合理性，但

---

① Cameron, L. and Deignan, A., "The emergence of metaphor in discourse", *Applied linguistics*, Vol. 27, No. 4, 2006.

是这并不意味着该框架的局部映射关系就不会出现问题。因为"员工"可以对应到"父母",也可以映射到"保姆"。局部映射关系的不确定性同样会影响隐喻框架的合理性。

第二,推理关系不当。隐喻框架发挥作用的方式,是将始源域中的推理关系通过映射机制传递到目标域中。如果始源域中的推理关系本身就存在问题,那么该框架的合理性势必受到质疑。20世纪90年代,英国人围绕英国是否应该签订《马斯特里赫特条约》加快融入欧盟的问题,开展了激烈的辩论。主张签约派认为,"英国应该尽快签了这份条约,因为欧盟的列车马上就要离站了,英国如果不签就赶不上这趟车了"。这是一个典型的隐喻论证。[①] 始源域是列车行驶过程,目标域是欧盟整合过程。人们总是不希望错过自己要坐的车,因此应该尽快签了这份条约。用物体的移动描述事态的发展是一种具有普遍性的基本概念隐喻。该映射本身似乎没有什么大的问题,但以此为基础建立的一些具体推理关系就存在错误之处。反对派撒切尔夫人就认为这个论证很有误导性:"如果列车开错了方向,我们还不如不在上面。"也就是说,我们不希望错过某趟车的一个重要前提是这趟车去的方向是对的。在始源域中,我们不能简单地从"车马上要开了",就推出"我们要加紧上车",推理链中缺少"正确车次"这一环节。意识到这种推理关系存在问题,能在很大程度上抵制某个框架的负面影响。

上述分析说明,隐喻论辩的框架效应也存在不合理劝说的问题,容易违反批判性讨论的规则,使论辩滑向谬误。论辩者在利用隐喻的框架效应进行有效的论辩同时,需要保持理性,检视自己或对方论辩话语,尝试从映射的合理性和推理的恰当性方面批判性地对待论辩中的框架效应,抵制不合理的隐喻框架效应。

[①] Musolff, A., "Metaphor Scenarios in Public Discourse", *Metaphor and symbol*, Vol. 27, No. 1, 2006.

总体而言，在语用论辩理论的策略操控视角下看隐喻的使用，可以更好地理解隐喻表达所具有的认知突显功能、委婉表达功能和强化记忆功能是隐喻表达具有较高适应性的重要原因。本章的探讨同时也为隐喻使用的语用顺应论提供了更为具体的分析方案。

第 五 章

基于多模态隐喻的论证

在第四章的分析中，我们可以看到图尔敏论证模型在一定程度上可以用来对隐喻论证进行结构分析。但是我们在日常生活中有很多复杂的多模态论辩活动很难用图尔敏模型进行细致的描写。因此，本章将从语用论辩理论的角度入手，结合具体的多模态隐喻案例，探讨多模态隐喻论证的结构和性质，并深入思考隐喻使用的语用顺应论与语用论辩理论之间的内在关联，及其在多模态隐喻论证分析中的多方面价值。

第一节 语用论辩理论与隐喻论证

语用论辩理论发轫于20世纪70年代，是当代论证研究的一个重要分支。20世纪70年代末，范爱默伦（van Eemeren, F.）和荷罗顿道斯特（Grootendorst, R.）在论辩学和语用学的基础上，综合话语分析、言语交际理论、逻辑学等多学科知识，创立并发展了具有重要国际影响力的语用论辩理论（Pragma-Dialectics）。该理论名称中的"语用"一词指的是以语用学角度来描述论辩者为消除意见分歧而在批判性讨论中实施的言语行为。"论辩"指的是沿袭西方古典论辩学传统，依照批判性讨论规则来评判上述言语行为的合理性。

与逻辑学进路和修辞学进路的论辩理论不同，语用论辩学认为论辩研究必须遵从四个基本理论出发点———功能化、社会化、外显化和论辩化。功能化指的是不把论辩视作静态的逻辑推演，而是要明确语言或其他符号系统在论辩中实现了哪些交际功能；社会化指的是将论辩视作正反双方两个或两个以上主体之间的显性或隐性对话；外显化指的是仅阐释正反双方通过言语行为而作出的承诺及其对论辩过程的影响，而无须主观揣测论辩者的内在认知或心理状态；论辩化是将论辩视作一种受合理性标准约束、旨在解决意见分歧的批判性讨论。[1]

语用论辩理论将论辩定义为：一种言语的、社会的、理性的活动，其目的是通过一个或一个以上能证明某一立场为真的命题来使理性的批判者接受该立场。[2] 从这个定义中，首先，我们可以看到语用论辩理论的分析视野，不仅仅局限于理性的推理活动，而是扩大到语言和社会维度。其次，论辩预设了参与者是理性的，即通过推理来接受某种立场。

在标准理论发展阶段，语用论辩理论注重论辩的合理性维度。为了更好地分析论辩活动，语用论辩理论提出了"批判性讨论的理想模型"，将论辩分为以下四个阶段。

（1）冲突阶段（Confrontation Stage）。该阶段主要是澄清对话双方的意见分歧（the difference of opinion），使意见分歧趋于明显。意见分歧是讨论的起点，消除意见分歧是讨论的理想终点。没有意见分歧就无须展开讨论。当正方对某一立场（standpoint）持正面态度，而反方持中立或负面立场时，意见分歧便产生了。

意见分歧又可以分为单一混合型、单一非混合型、多重混合型

---

[1] van Eemeren, F. H., "The Study of Argumentation as Normative Pragmatics", *Pragmatics & Cognition*, 2007, pp. 37–44.

[2] ［荷］范爱默伦、斯诺克·汉克曼斯：《论证分析与评价》（第2版），熊明辉、赵艺译，中国社会科学出版社2018年版，第2页。

和多重非混合型。当对话只涉及一个命题，如"狗是人类最好的朋友"时，分歧就是单一的；如果命题变成"狗是人类最好的朋友，但它们并不像猫那样聪明和漂亮"，分歧就是多重的。同理，当对话只有一个（肯定或否定的）立场、另一方仅仅表示怀疑态度时，分歧是非混合的；而当另一方表示明确反对并采取反对立场，如"狗不是人类最好的朋友"时，分歧就变成混合的了。

（2）开始阶段（Opening Stage）。这一阶段需要确定讨论参与者的不同角色，以及彼此认可的讨论出发点。依据对于某议题（issue）采取的不同立场，参与对话的人们被划分为负有辩护义务的正方（protagonist）和负有质疑义务的反方（antagonist）。当反方提出自己的立场并遭到正方的质疑时，角色和义务相应置换。

同时，正反双方要就共同出发点达成一致意见，包括程序性的（procedural）出发点和实质性的（material）出发点。前者可以确保讨论按规则稳步进行，后者则为命题提供循序渐进的推理前提。

（3）论辩阶段（Argumentation Stage）。该阶段是整个批判性讨论的核心部分，可以简单理解为对立场的论证与反驳。即在彼此认同的程序性出发点基础上，主张某一立场的正方需要通过提出一系列前提作为实质性的出发点，并以推理的方式完成对立场的辩护和说明，而反方则根据正方提出的前提与回应表达相应的质疑，用批判性问题（critical questions）的方式不断挑战对方的立场。

（4）结束阶段（Concluding Stage）。该阶段的重点就是评估批判性论证（立场辩护程度）的结果。正反双方需要根据论辩阶段实际达成的成果进行平衡性的收尾。如果一方的立场最终得到维护，而另一方不再提出有根据的质疑，那么反方必须收回自己原先的质疑或反对；否则，正方就要收回自己的立场。

在范爱默伦等人看来，"论辩是旨在通过解决论辩双方之间意见分歧的一系列交际互动，是双方在批判性讨论中证明己方立场或者反驳对方立场的言语行为"①。论辩是一种具有社会性的理性交际，参与者都是理性的个体。论辩由论辩者提出的论步（argumentative move）组成。但是由于自然语言往往意义较为模糊，话语中逻辑关系不甚清晰，经常会出现重复、冗余以及与论辩主体不相关的话语，甚至出现许多如辱骂、殴打等非理性行为，因此在对论证进行分析与评价之前，研究者必须对其进行重构，形成分析概览（analytical overview）。②

为了更好地对论辩进行评价，语用论辩理论提出理性的论辩需要遵循十条准则③：1. 自由准则。该准则要求论辩中任何一方不得阻止对方提出自己的立场，也不得阻止对方提出疑问。2. 举证责任准则。该准则要求正方提出自己立场的同时要承担为自己的立场进行辩护的责任，当自己的立场受到质疑时，需要通过论证进行维护。3. 立场准则。该准则要求反方提出的攻击必须与意见分歧相关。4. 关联准则。该准则要求一方为自己立场辩护时，所提出的论辩要与该立场切实相关。5. 未表达前提准则。该准则要求论辩双方对于省略的信息，不能进行刻意的夸大或强加给对方。6. 共同出发点准则。该准则要求论辩双方不能把不是双方共识的命题当作共识，或单方面否认某些共识。7. 逻辑有效性准则。该准则保证演绎推理的逻辑有效性。8. 论证图式准则。该规则要求论辩者正确地使用恰当的图式。9. 结束准则。如果正方不能为自己的立场进行成功的辩护，那么他就要撤回自己立场。对于反方而言，如果正方能够成功辩护，那么反方要撤回质疑或反

---

① van Eemeren, F. H., *Strategic maneuvering in argumentative discourse*: *Extending the pragma-dialectical theory of argumentation*, Amsterdam/Philadelphia: John Benjamins, 2010.

② van Eemeren, F. H. and Grootendorst, R., *A systematic theory of argumentation*: *The pragma-dialectical approach*, Cambridge: Cambridge University Press, 2004, p. 95.

③ ［荷］范爱默伦、斯诺克·汉克曼斯：《论证分析与评价》（第2版），熊明辉、赵艺译，中国社会科学出版社2018年版，第115—144页。

驳。10. 用法准则。该准则要求论辩的各个阶段都要保证语言表达清晰准确，避免歧义。根据上述原则，我们在进行论辩评价的时候，就可以对论辩活动是否遵循理性标准做出判断。

语用论辩标准理论主要解决论辩话语的合理性评价问题，但是日常话语中所需要解决的不仅是论辩的合理性，还需要考虑如何更为高效地说服受众接受已方立场。因此范爱默伦与豪特劳斯尔（Houtlosser, P.）尝试将修辞学维度引入论辩研究之中，提出"策略操控"概念，试图打破论辩与修辞之间的壁垒。"策略操控"是指在推进论证的每个论步上双方为了实现"合理性"和"有效性"之间的微妙平衡而付出的持续性努力。[1]"策略操控"主要体现在三个维度上[2]：首先是"话题潜能"（topical potential），指在不同阶段对话题或视角的选取；其次是"受众需求"（audience demand），指论步迎合受众普遍持有的观点、偏好或价值取向的策略；第三点"表达手段"（presentational device）指论证中对句式、词汇、修辞格等语言形式的选择。这三个方面的选择会发生在批判性讨论模型任何一个或多个阶段，并且三者同时发挥作用，只是存在侧重点的不同。由于话语发生在具体的语境之中，因此语用论辩特别重视对特定话语实践类型和语境因素的分析。正如范爱默伦所指出的，"论辩的需求、要求和结构都是在语境中的，在此之中有了质疑、反对、拒绝、反诉等"[3]。根据语用论辩理论，特定话语活动类型下的宏观语境（macro-context）为策略操控提供了机构性前提条件（institutional precondition），所有的策略操控都是在这些机

---

[1] van Eemeren F. H., *Strategic Maneuvering in Argumentative Discourses: Extending the pragma-dialectical theory of argumentation*, John Benjamins Publishing Company, 2010, p. 40.

[2] van Eemeren F. H., *Strategic Maneuvering in Argumentative Discourses: Extending the pragma-dialectical theory of argumentation*, John Benjamins Publishing Company, 2010, pp. 93 – 94.

[3] van Eemeren, F. H., *Strategic Maneuvering in Argumentative Discourses: Extending the pragma-dialectical theory of argumentation*, John Benjamins Publishing Company, 2010, p. 1.

构性前提条件的限制或约束下进行的。因此，语境也是论证重构与评价过程中极为重要的资源和参照标准。

第二节　多模态隐喻论证的分析[①]

一　两则视频广告的概要

本节所要分析的两则视频广告，一个来自BS品牌，另一个来自LQ品牌。选择这两则广告作为重点分析的对象，主要是考虑到如下三方面的因素：第一，两则广告中都包含多模态隐喻；第二，两则广告均为特殊机构语境约束下的策略操控；第三，两则广告内容与形式相近，但在论辩策略方面存在差异。下面先来看一下这两个广告的概要。

（一）BS品牌广告案例

图5-1中，伴随着中国古典乐器古筝的声音，一男子慢慢地走进一片湿地（a），他回头（b）细听；火柴燃起（c），同时出现鹤的鸣叫声；男子闭目（d），丹顶鹤（中国传统文化中的吉祥鸟）出现（e）；水中的鹤（g）开始奔跑（h），并起飞（i）；男子蹚着水（j）去追赶，但很快停住了脚步（k）；丹顶鹤在空中飞翔（l），男子一边望向天空，一边举起双臂（m，n，o）。男子的双手并成鸟的样子（p），并摆动起来（q），同时听到画外音"这一刻，我的心飞了起来"；镜头最后出现品牌口号（r）。

[①] Zhang, C. and Xu, C., "Argument by Multimodal Metaphor as Strategic Maneuvering in TV Commercials: A Case Study", *Argumentation*, No. 32, 2018.

第五章 基于多模态隐喻的论证 / 201

a 男子进入湿地

b 男子转身

c 火柴燃起

d 男子闭目做聆听状

e 鹤进入镜头

f 男子耳朵特写

g 水中丹顶鹤

h 丹顶鹤开始奔跑

i 起飞

j 男子蹚水追鹤

k 男子很快停下脚步　　　　　　　l 鹤展翅当空

m 男子张开双臂（侧面）　　　　　n 男子张开双臂（背面）

o 男子伸展双臂　　　　　　　　　p 双手并置一起

q 男子双手做翅膀挥舞状　　　　　r 广告词出现

图 5-1　BS 品牌广告转写

(二) LQ 品牌广告案例分析

图 5-2 中，在晴朗的天空（a）下，伴随着舒缓的钢琴曲（理查德·克莱德曼演奏的《梦中的婚礼》），远处一辆列车从左向右缓缓前行（b）；列车在高架桥上驶入了山地（c）；车厢内一位男

子穿着便装靠窗而坐，眼睛看着窗外（d），一位女子穿着正装趴在桌上睡着了（e）；列车在高架桥上行驶（f），经过阳光照射下红色的山坡（g），穿过一片麦田（h），麦田中一位中年农妇在收割麦子（i）；有人在骑马牧羊（j）；羊群穿过铁轨（k），旁白响起：人生就像一场旅行，不必在乎目的地，在乎的是沿途的风景，以及看风景的心情；列车继续在平地上行驶，远处是白雪覆盖的高山（l）；列车慢慢驶入站台（m，n）；男子拿着照相机凝视远方（o）；列车渐渐远去（p），出现用汉字书写的口号和旁白"让心灵去旅行"（q）；最后，出现该广告主体的品牌 Logo（r）。

a 晴天

b 行驶中的火车

c 火车进入山区

d 男子坐在窗边

204　/　隐喻使用中的推理

e　女乘客趴在胳膊上打盹

f　火车行驶在高架桥上

g　火车开过高原

h　火车穿过麦田

i　一名农妇正在收割麦子

j　骑马牧羊的人

k　羊群穿过铁轨

l　火车驰骋在高原上

m 站台牌 　　　　　　　　　　　　n 火车进站

o 男子凝视着远方 　　　　　　　　p 火车渐渐远去

q 口号出现 　　　　　　　　　　　r 品牌标志出现

图 5-2　LQ 品牌广告转写

　　BS 品牌广告中有两句隐喻性的旁白：这一刻，我的心飞了起来；鹤舞白沙，我心飞翔。同样，在 LQ 品牌广告中，也有两句隐喻性的旁白：人生就像一场旅行，不必在乎目的地，在乎的是沿途的风景，以及看风景的心情；让心灵去旅行——LQ。为了更好地理解隐喻在论辩中的价值和功能，借助认知语言学的分析框架，对隐喻进行细致的解读是必要的。

作为一种基本的认知机制，隐喻就是通过熟悉的、已知的和具体的事物来理解陌生的、未知的和抽象的事物。既然隐喻是一种基本的认知机制，那么它就可能通过其他模态呈现，而不仅依赖于语言。[1]这些可能的模态包括图像、声音、手势、气味，等等。由于本节所分析的案例不仅有语言模态，而且涉及视觉模态和手势模态。因此，我们需要在概念隐喻理论的基础上，结合多模态隐喻对上述案例进行分析。

二 两则品牌广告的多模态隐喻分析

在 BS 品牌广告中，有一个隐喻性的旁白"这一刻，我的心飞了起来"。其核心是一个动词性的隐喻表达：我的心飞了起来。这是一种什么样的飞翔呢？广告中使用了很多鹤飞起的图像来表现，另外还有男主角伸臂的动作和双手合并做翅膀挥舞状。根据概念隐喻的理论，这段广告背后潜藏的概念隐喻是：高兴是向上的运动（HAPPY IS UP）。[2]这是一个用具体的空间认知域理解抽象的情绪认知域的过程，具体包含如下映射。

始源域		目标域
向上	⇒	快乐
高度	⇒	快乐的程度
高处	⇒	情感状态
较高	⇒	更开心
较低	⇒	不开心

---

[1] Forceville, C. J. and Urios-Aparisi, E., "Introduction", in Forceville, C. J. and Urios-Aparisi, E., eds., *Multimodal Metaphor*, Berlin/New York: Mouton de Gruyter, 2009, p. 3.

[2] ［美］莱考夫、约翰逊：《我们赖以生存的隐喻》，何文忠译，浙江大学出版社 2015 年版，第 12 页。

始源域"向上的运动",除了用语音"飞了起来"表达之外,还用了鹤的飞起,鹤在天空飞翔,以及男主角向上伸臂的动作与手势来表达。这些以多模态方式呈现的始源域,提供了丰富的体验来源,让信息的接收者真切地感受到向上的运动。因此,这是一个多模态隐喻。借助这个多模态隐喻,"我的心在飞翔"表达出一种明确而强烈的内容:认知主体在体验一种强烈的快乐。

那么,是什么让人体验到这种快乐呢?广告中用了一个关键的画面,那就是在广告的开头部分出现的火柴点着的图像以及声音。火柴是一种典型的抽烟用具。广告用火柴点着的图像和声音,激发了对整个抽烟事件的联想。这是一个转喻认知的过程。表5-1是对上文分析的隐喻和转喻的整理。

表5-1　　　　　　　BS品牌广告的多模态分析

类型	组成部分	视觉	听觉	语言	动作
转喻	目标域:香烟				
	始源域:火柴	点燃火柴的镜头	点燃火柴的声音		
隐喻	目标域:快乐				
	始源域:向上	鹤飞起		鹤在空中飞舞	伸展双臂、双手一起做翅膀挥舞状

通过一个视觉转喻和一个多模态隐喻,广告向观众传递了一个信息:"抽烟让人非常快乐。"再加上广告的结尾部分出现的品牌口号"鹤舞白沙,我心飞翔"。其中,"白沙"会让人联想到BS品牌烟草,从而传递命题"BS烟可以让人非常快乐"。

在LQ品牌广告的中间部分,有一句旁白:人生就像一场旅行,不必在乎目的地,在乎的是沿途的风景以及看风景的心情。根据概念隐喻理论,这句旁白的背后有一个概念隐喻:人生是旅行。该概念隐喻基于一个基本的图式:SOURCE-PATH-GOAL,它建构了一个从"旅行"始源域到"人生"目标域的映射。[①] 所包含的映射关系主要包括：

始源域		目的域
旅行	⇒	人生
旅行者	⇒	人
出发地	⇒	初始状态
旅行过程	⇒	人生经历
旅行路线	⇒	生活过程
目的地	⇒	人生目标

广告旁白中说："人生就像一场旅行。"这是一场怎样的旅行呢？广告运用了大量旅行风景向观众展现出这样一个让人十分愉悦的旅行：在一个晴朗的日子，男子坐在宽敞整洁的列车车厢中。列车一路顺畅平缓地行驶，沿途经过阳光照耀下红色的山坡，黄澄澄的麦田，看到收获中的人，看到成群的羊。同时，钢琴曲舒缓的旋律进一步强化了旅行的愉悦性。最后，火车到达了站点，男子下车，看着列车远去。广告中的这一部分呈现了一个比较完整的有关旅行的事件结构，有对旅行者的描写，有对旅行方式的描写，也有对旅行路径和终点的描写。其多模态结构可表示为表5-2。

表5-2　　　　　　　　LQ品牌广告的多模态分析

类型	组成部分	视觉	听觉	语言
隐喻	目标域：人生	快乐	快乐	人生
	始源域：旅行	铁路沿途景色	钢琴曲	旅行

[①] Lakoff, G., *Women, fire, and dangerous things: What categories reveal about the mind*, Chicago and London: The University of Chicago Press, 1987, pp. 272-275.

根据概念隐喻理论,"人生是旅行"概念隐喻中的某些映射还包含以下更为具体的对应关系:①

experience in life is travel on journey		
a. difficult travel	⇒	bad experience
b. easy travel	⇒	good experience
c. fast motion	⇒	past progress
d. slow motion	⇒	slow progress
way of life is path of journey		
a. physical condition	⇒	abstract states
b. bumpy path	⇒	difficult way
c. smooth path	⇒	easy way

参考上述框架,我们可以看到 LQ 广告中反映的是一种具有"EASY TRAVEL""FAST MOTION""SMOOTH PATH"等特性的旅行。因此,它凸显的是"旅行"概念结构中令人愉快的一面。

在这则广告快要结束的时候,出现了用汉字书写的口号"让心灵去旅行"和品牌 Logo。这里的"旅行"很容易让人想到视频前面部分所展现的非常美好的旅行。因此,"去旅行"可以理解为"去体验一种过程的快乐"。如果观众知道该 Logo 与烟草相关,那么很容易就解读出一种隐含的意思"抽 LQ 香烟可以让人体验一种过程的快乐"。

Kjeldsen 指出,广告中的视觉修辞手法所起的作用,不仅仅是修饰性的,它会支持对产品和品牌的论证。② 通过前面的概念隐喻

---

① Yu, N., "Nonverbal and multimodal manifestations of metaphors and metonymies: A case study", in Forceville, C. J. and Urios-Aparisi, E., eds., *Multimodal Metaphor*, Berlin/New York: Mouton de Gruyter, 2009, p. 128.

② Kjeldsen, J. E., "Pictorial argumentation in advertising: Visual tropes and figures as a way of creating visual argumentation", in van Eemeren, F. H. and Garssen, B., eds., *Topical themes in argumentation theory*, Dordrecht: Springer, 2012, p. 239.

分析和多模态隐喻分析，两则广告所传递的部分重要内容可以得到比较清晰的解读。但是，有些问题仍然无法得到全面的解释：首先，两则广告，除了品牌 Logo 之外，没有出现任何与烟草直接相关的信息。为什么它们都要采取这样一种十分隐晦的方式进行论证？其次，商业广告一般来说要论证的命题只有一个："买我的产品吧！"[①] 那么，两则广告的多模态隐喻是如何对这个所要实现的最终目标产生作用的？最后，两则广告有哪些共同的论证模式，又在哪些方面存在差异？下文将在概念隐喻和多模态隐喻分析的基础上，选择扩展的语用论辩理论对案例进行再分析，尝试回答上面所提出的三个问题。

三 两则品牌广告的语用论辩分析

在语用论辩理论中，论辩被定义为："论辩是旨在解决论辩双方之间意见分歧的一系列兼具交际性和互动性的言语行为，双方提出一组合理论证，来证明己方立场。"[②]

作为一个兼具规范性和描述性的模型，语用论辩理论的批判性讨论模型一方面可以作为蓝图，为论辩的开展提供各方面的标准，另一方面也是测量的工具，帮助分析者描述论辩活动的实际情况。[③] 下面我们以理想模型为基础对上述两个案例进行重构。

（一）BS 品牌广告的论证重构

在 BS 品牌广告的冲突阶段，论辩的隐含意见分歧是"是否应该抽 BS？"正方是代表 BS 烟草制造商的文化传播公司，其机构目

[①] Kjeldsen, J. E., "Pictorial argumentation in advertising: Visual tropes and figures as a way of creating visual argumentation", in van Eemeren, F. H. and Garssen, B., eds., *Topical themes in argumentation theory*, Dordrecht: Springer, 2012, p. 243.

[②] van Eemeren, F. H., *Strategic maneuvering in argumentative discourse: Extending the pragma-dialectical theory of argumentation*, Amsterdam/Philadelphia: John Benjamins, 2010, p. 29.

[③] Labrie, N., "Strategic maneuvering in treatment decision-making discussions: Two cases in point", *Argumentation*, Vol. 26, No. 2, 2012.

标决定了正方的未表达立场是：应该抽 BS，而公众对此持怀疑态度。因此这是一个单一非混合型的意见分歧。为了避免直接的反对和冲突，正方选择了不在冲突阶段直接表达自己的立场。

在开始阶段，正方承担了举证责任，但正方并没有直接提出自身的立场。其论证行为受机构性前提条件的限制，如烟草制造商和销售商不允许直接打广告，与烟草相关的元素不允许出现在广告中，等等（详见策略功能分析部分），这也是正反双方公认的程序性出发点。同时，在实质性出发点方面，面对众多受众，正方也知道"反对吸烟、认为吸烟有害健康"的报道越来越多，会对他们造成不利影响。对快乐的追求符合受众的需求；受众所在文化认同"高兴是向上的运动"（HAPPY IS UP）这一概念隐喻。

在论辩阶段，BS 品牌广告的论辩重构如下：

(1.)（应该抽 BS）

(1.1)（抽 BS 可以让人非常快乐）

(1.1')（如果抽 BS 可以让人非常快乐，那么就应该抽 BS）

 1.1.1a 抽 BS 可以使人像鹤一样飞翔。

  (1.1.1b)（鹤一样飞翔是一种向上的运动）

  (1.1.1c)（向上的运动是快乐的）

   (1.1.1c.1a.)（快乐是向上的）

   (1.1.1c.1b.)（高度就是快乐的程度）

   (1.1.1c.1c.)（高处就是情感状态）

   (1.1.1c.1d.)（较高就是更开心）

   (1.1.1c.1e.)（较低就是不开心）

从论证重构中可以发现，广告中有两个隐含前提支持隐含立场

"（1.）（应该抽 BS）"：论证"（1.1）（抽 BS 可以让人非常快乐）"和"（1.1'）（如果抽 BS 可以让人非常快乐，那么就应该抽 BS）"。子立场（1.1）有三个论证支持。其中，"1.1.1a 抽 BS 可以使人像鹤一样飞翔"来自广告中的多模态信息（图像和旁白），补充的未表达前提"（1.1.1b 鹤一样飞翔是一种向上的运动）"是自然现象，而"（1.1.1c 向上的运动是快乐的）"是一个汉语语境下受到高度认同的概念隐喻，由映射结构 1.1.1c.1a – 1.1.1c.1e. 作为支持。

上述论证重构中，（1.1）和（1.1'）是实用论证。"实用论证是因果论证的子类，因为相应的批判性讨论问题在某种程度上就是因果图式批判性讨论问题的具体化。"[1] 反方接受对方的立场因为该执行行动（或不执行该行动）会带来有利（或有害）的结果。[2] 其积极图式如下所示[3]：

1. 立场　　应当执行行动 X。

1.1 因为　　执行行动 X 会造成结果 Y。

（1.1）'并且　　类似 X 的行动（如 X）所造成的结果 Y 是积极的。

在前面的多模态隐喻分析中，我们可以看到 BS 品牌广告案例向潜在受众传递了一个隐含的命题"1.1 抽 BS 可以让人非常快乐"，强调这一行为的正面后果。其中，1 表达的是行动建议，1.1 是因果关系，（1.1'）是未表达的一般性前提。BS 品牌广告运用视

---

[1] van Eemeren, F. H., "Identifying Argumentative Patterns: A Vital Step in the Development of Pragma-Dialectics", *Argumentation*, Springer Publish Press, Vol. 30, No. 1, 2016.

[2] van Eemeren, F. H., "Identifying Argumentative Patterns: A Vital Step in the Development of Pragma-Dialectics", *Argumentation*, Springer Publish Press, Vol. 30, No. 1, 2016.

[3] van Eemeren, F. H., "Identifying Argumentative Patterns: A Vital Step in the Development of Pragma-Dialectics", *Argumentation*, Springer Publish Press, Vol. 30, No. 1, 2016.

觉转喻（如被点燃的火柴）和多模态隐喻结合的方式隐晦地给出了因果关系（1.1'），同时所使用的多模态隐喻也强化了观众对行动结果的积极性方面的关注。

在结束阶段，由于电视是单向性传播，观众的立场无法直接判断，正方默认反方已经撤销质疑，接受正方立场。而且广告中论辩的实际效果在一定程度上可以得到间接的反映，比如消费者对该品牌烟草的消费行为变化。

（二）LQ 品牌广告的论证重构

在 LQ 品牌广告的冲突阶段，正方是代表 LQ 品牌烟草制造商的文化传播公司，同样受其机构目标的影响，正方持有的立场是：应该抽 LQ，而公众对此持怀疑态度。这也是一个单一非混合型的意见分歧。为了避免直接的反对和冲突，正方同样没有直接表达自己的立场。

在开始阶段，正方承担了举证责任。因为涉及烟草，所以其论证行为同样受机构性前提条件的限制，如烟草制造商和销售商不允许直接打广告；与烟草相关的元素不允许出现在广告中，等等（详见下文策略分析部分）。同时，正方也知道：关于吸烟有害健康的报道越来越多；受众对于烟草有矛盾的心理，既想抽，但又担心有害健康；对快乐的追求符合受众的需求；受众所在文化认同"人生是旅行"这个概念隐喻。

在论辩阶段，LQ 品牌广告在整体上也是一个实用论证。其具体的结构如下：

(1.)（应该抽 LQ）

(1.1a)（抽 LQ 可以让人体验过程的快乐）

(1.1a'）（如果抽 LQ 可以让人体验过程的快乐，那么我们就应该抽 LQ）

(1.1b)（人生中不必在乎结果，应该在乎过程的快乐）

    1.1b.1a. 旅行中不必在乎目的地，在乎的是沿途的风景以及看风景的心情

        1.1b.1a.1a. 沿途的风景非常美

        1.1b.1a.1b. 旅行的心情非常好

        1.1b.1a.1c. 旅行的终点很一般

    1.1b.1b. 人生就像一场旅行

        (1.1b.1b.1a.)（人就是旅行者）

        (1.1b.1b.1b.)（起始状态就是出发地点）

        (1.1b.1b.1c.)（旅行中游览就是人生经历）

        (1.1b.1b.1d.)（旅行路径就是人生路径）

        (1.1b.1b.1e.)（目的地就是人生目标）

    在之前部分的分析中，广告的最后字幕是隐喻性旁白"让心灵去旅行——LQ"，这里的"旅行"指的就是广告主体部分描绘的一场景色优美的旅途。因此我们可以解读出未表达前提"1.1a 抽 LQ 可以让人体验过程的快乐"。

    前提中"抽 LQ"是行动，"让人体验过程的快乐"是积极的行动结果。如上所述，根据实用论证，一种行动能够带来积极的结果，那么这个行动就应该被执行。

    除这个实用论证外，LQ 广告中还嵌入了一个隐喻论证。广告中的那句旁白：人生就像一场旅行，不必在乎目的地，在乎的是沿途的风景以及看风景的心情。这实际上是一个论证，其中一个前提是"人生就像一场旅行"，另外一个前提是"（旅行中）不必在乎目的地，在乎的是沿途的风景以及看风景的心情"。结论省略了，它应该是"人生中不必在乎结果，在乎的是过程的快乐"。

    由于该广告涉及概念隐喻和多模态隐喻，是一种隐喻性论证。

因此我们认为，隐喻论证是类比论证图式下的一种，下面是类比论证图式的基本结构[①][②]：

    1. 条件 X 下 Y（/Y'）为真，
  因为 1.1 条件 Z 下 Y 为真，
  并且 1.1' Z 和 X 可类比。

类比论证和隐喻论证都涉及概念映射。[③] 映射体现为不同概念域内构成要素之间的对应关系。Z 中的 Y 对应的是 X 中的 Y'。所以，准确地说结论 1. 中的 Y 和前提 1.1 中的 Y 是有差别的。我们假定前者是 Y'，后者是 Y。此外，为了清晰地表达概念隐喻中概念映射在论证图式中的作用，我们在具体分析某个隐喻性论证时，也需要将其在结构中表达出来。因此，我们参考类比论证的图式，可以将案例中的隐喻性论证表示为：

    1. 人生中不必在乎结果，应该在乎过程的快乐。
  因为 1.1 旅行中不必在乎目的地，在乎的是沿途的风景以及看风景的心情
  并且 1.1' 人生和旅行可类比

类比论证图式的批判性讨论问题主要关注两点：第一，Z 与 Y 在相关属性上的相似度，相似度越高，结论越可靠；第二，Z 在多

[①] van Eemeren, F. H. and Grootendorst, R., *Argumentation, Communication, and Fallacies: A Pragma-Dialectical Perspective*, Hillsdale: Lawrence Erlbaum, 1992, pp. 98–99.

[②] van Eemeren, F. H., Grootendorst, R. H. and Snoeck Henkemans F., *Argumentation: Analysis, Evaluation, Presentation*, Mahwah: Lawrence Erlbaum, 2002, p. 99.

[③] Xu, C. and Wu, Y., "Metaphors in the perspective of argumentation", *Journal of Pragmatics*, Vol. 62, No. 4, 2014.

大程度上可以推出 X 是真的。与此相同，隐喻性论证的可靠性，也来自相应的这两个方面：第一是两个认知域的映射关系，映射关系越强，结论越可靠；第二是从始源域中推出结论的强度。由于多模态隐喻可以激活具有高认同度的概念隐喻，两个认知域之间的映射关系得到了加强，即 1.1b.1b 得到概念隐喻下映射关系（1.1b.1b.1a – 1.1c.1b.1e）的支持。所以它能为子立场（过程的快乐比结果更重要）提供更为有力的支持。

与三种基本论证图式的评价方式相似，评价实用论证时同样要参照相应的批判性讨论问题[1]：

1. X 类型的行动是不是真的造成 Y 类结果？

2. 结果 Y 是积极的（如有利的）还是消极的（如有害的）？

3. 行动 X 会不会带来重大的消极/积极后果？

批判性讨论问题（3）可以引导我们关注实用论证中行动的副作用。[2]子论证"1.1c. 人生中不必在乎结果，应该在乎过程的快乐"所提出的价值判断，实质上已经承认了副作用是存在的。但它强调相比之下，副作用并不重要。

LQ 品牌广告不但积极地捍卫自己的立场，同时还对可能存在的反对立场进行反驳。见图 5-2 中以下镜头。

图 5-2 中，一名女性乘客着正装，趴在那里睡觉。紧接着镜头中一名男子一直欣赏着窗外的风景，两者产生鲜明的对比。女子趴着睡觉，这说明她不懂欣赏沿途的风景，也就不懂欣赏过程的美

---

[1] van Eemeren, F. H., "Identifying Argumentative Patterns: A Vital Step in the Development of Pragma-Dialectics", *Argumentation*, Springer Publish Press, Vol. 30, No. 1, 2016.

[2] 如果是消极实用论证，问题（3）则引导关注行动的积极作用。

丽。通过隐喻映射到抽烟事件中，可以推出，她们不懂得欣赏过程的快乐，所以，她们自然也没有资格做出反对。在中国，吸烟者主要为男性，而女性则是抗烟的主要力量。对女性反对意见的反驳也就构成了对抽烟的正向强化。与案例1相比，案例2中的论证使用了更为丰富的手法，论证的力度也更强。

在结束阶段，由于LQ广告也是以电视为媒介的单向性传播，观众的立场变化无法直接判断，但可以通过销售情况得到间接的检验。

(三) 多模态隐喻的策略功能

任何策略操控都发生在具体的语境中。因此，语用论辩理论特别重视对特定话语实践类型和语境因素的分析。正如范爱默伦所指出的那样，"论辩的需求、要求和机构都要适应语境，在语境中（参与者）提出质疑、反对、拒绝、相反的立场"[1]。交际活动类型给策略操控施加了外部约束。根据语用论辩理论，特定话语活动类型下的宏观语境为策略操控提供了机构性前提条件，所有的策略操控都是在这些机构性前提条件的限制或约束下进行的。此外，策略操控是通过一系列具体的论步选择来实现的。因此，策略操控分析的一项重要任务就是分析不同论步的特定功能。分析中应具体考虑如下四方面的因素[2]：①结果，论步推进所追求的目标；②路径，实现结果所采取的路线；③限制，机构语境在话语上施加的制约；④承诺，双方定义论辩情境时作出的承诺。

研究者在分析话语中的策略操控时只有将四个方面要素全都考虑在内，才能通过话题选择、受众需求和表达方式设计三个维度的

---

[1] van Eemeren, F. H., *Strategic maneuvering in argumentative discourse: Extending the pragma-dialectical theory of argumentation*, Amsterdam/Philadelphia: John Benjamins, 2010, p. 1.

[2] van Eemeren, F. H., *Strategic maneuvering in argumentative discourse: Extending the pragma-dialectical theory of argumentation*, Amsterdam/Philadelphia: John Benjamins, 2010, p. 163.

具体组合，实现特定论步的策略操控功能。① 在上文分析中，BS 品牌广告和 LQ 品牌广告均使用了多模态隐喻作为其策略操控的重要手段。该手段的使用不仅涉及表达方式，同时也涉及话题潜能和受众需求。我们认为，这一策略选择主要实现了如下两种重要功能。

① 多模态隐喻的规避功能

任何一个关于论辩语境的理论其实践价值都来自它对真实论辩话语的分析和评价作用。要想更好地理解论辩者在特定语境下的典型行为、论辩者所期望甚至要求遵守的规范，就必须允许对日常论辩给出不同的评价，而不是直接应用不依赖于技能的规约性标准。② 从不同意见分歧的角度来看，要论证的立场类型、具体的程序性出发点和实质性出发点都要依赖于交际活动类型来决定，不同类型的论辩在实现论辩者的目标中发挥不同的作用。③ 根据语用论辩理论，策略操控的整体情况和论步的具体功能需要在具体的宏观语境中结合交际活动类型加以分析。

本节分析的两个广告案例，属于一个非常特殊的商业广告领域——烟草销售。为了减轻烟草消费对公共健康的危害，中国国家工商行政管理总局制定了专门的《烟草广告管理暂行条例》。其中，与本节案例分析密切相关的是如下两条：

> 第二条 本办法所称烟草广告，是指烟草制品生产者或者经销者（以下简称烟草经营者）发布的，含有烟草企业名称、标识，烟草制品名称、商标、包装、装潢等内容的广告。

---

① van Eemeren, F. H., *Strategic maneuvering in argumentative discourse: Extending the pragma-dialectical theory of argumentation*, Amsterdam/Philadelphia: John Benjamins, 2010, p. 164.

② van Eemeren, F. H., *Strategic maneuvering in argumentative discourse: Extending the pragma-dialectical theory of argumentation*, Amsterdam/Philadelphia: John Benjamins, 2010, p. 135.

③ van Eemeren, F. H., "Identifying Argumentative Patterns: A Vital Step in the Development of Pragma-Dialectics", *Argumentation*, Vol. 30, No. 1, 2016.

第三条　禁止利用广播、电影、电视、报纸、期刊发布烟草广告。禁止在各类等候室、影剧院、会议厅堂、体育比赛场馆等公共场所设置烟草广告。

第二条规则是对烟草广告的界定，广告中不能出现与烟草的生产者和销售者有关的企业名称、Logo、产品名称、商标等。第三条规则指的是，如果一则广告中出现上述元素，那么它就被禁止在各种大众传播媒介中宣传。这条法规的存在，就构成了烟草相关广告活动的一条重要的机构性前提条件。

为了规避这些法规，烟草生产和销售企业，一般会重新组建一家非烟草类的企业，如文化传播公司，然后将品牌和商标的所有权转让给这家新的企业。如 LQ 品牌广告中，发布这则广告的是"LQ 文化传播"。这个公司名称就竖着标注在广告最后一幕的右下角。

由于文化传播类公司属于非烟草生产和销售企业，唯一与烟草元素有关的品牌 Logo 又属于这家文化传播企业。所以，广告就获得了合法的传播资格。从语用顺应论的角度看，两则广告都采用了一个共同的策略，那就是真正的信息源与论辩者分离。正是这种分离让论证的实施成为一种可能。同时，参照上述机构性前提条件，我们也就能够很好地理解，为什么广告内容中没有出现其他任何与烟草密切相关的元素，所有的信息都是以一种十分隐晦的间接方式传递的。平克（Pinker, S.）指出，间接的语言表达提供了一种进行否定的可能性。[1] 正是多模态隐喻所具有的这种可否定性，帮助烟草企业成功地避开了惩罚。从语用论辩的角度看，选择多模态隐喻这种隐晦的方式进行表达，充分考虑到了语境中的限制因素。因

---

[1] Pinker, S., Nowak, M. A. and Lee, J. J., "The logic of indirect speech", *Proceedings of the National Academy of Sciences of the United States of America*（PNAS）, Vol. 105, No. 3, 2008.

②多模态隐喻的强化功能

BS 和 LQ 品牌广告中的多模态隐喻均涉及概念隐喻。在 BS 品牌广告中，多模态隐喻背后潜在的概念隐喻是"高兴是向上的运动"，LQ 使用的概念隐喻是"人生是旅行"。论证中二者分别借助多模态概念隐喻表达将心理状态和空间位置、抽象人生和具体旅行绑定在一起。从策略操控的角度看，正方以多模态隐喻为表达手段传递一个前提。由于该前提基于特定的概念隐喻，因而很好地迎合了受众需求。

在汉语文化背景下，BS 品牌广告所涉及的"高兴是向上的运动"是一个被普遍接受的概念隐喻，汉语中常使用较高的空间位置表达愉悦的心情，反之使用较低的位置表示忧伤或沮丧。[①] 汉语中存在大量相关隐喻性表达，如：

(1) 球迷们的情绪一下子高涨起来。
(2) 他一下子跌入痛苦的深渊之中。
(3) 情绪低落
(4) 兴高采烈地考试去。
(5) 考场出来，一个个垂头丧气的。
(6) 鼓起精神

在汉语文化环境中，LQ 广告所涉及的概念隐喻"人生是旅行"也广为人们所认同。我们经常会看到这样一些隐喻性表达：

(1) 前途渺茫；

[①] Lan, C., *A cognitive approach to spatial metaphors in English and Chinese 2nd Edition*, Beijing: Foreign Language Teaching and Research Press, 2008.

（2）寻找谋生的出路；

（3）陷入了困境；

（4）一段坎坷的人生；

（5）走完了传奇人生之路；

（6）徘徊在人生的十字路口；

（7）在忙碌的生活中，迷失了方向。

由于两则广告所涉及的概念隐喻在一定程度上具有普遍性的文化认同，因此它们可以在很大程度上强化两个概念之间的映射联系，从而弱化受众对正方立场的质疑。

概念隐喻的强化功能还表现在对某种框架的强化。[①] 论辩中，隐喻所构建的框架将受众的注意力集中到现实特定的方面上，也就是说框架同时将受众的注意力从某些方面转移开了。例如，LQ 品牌广告中概念隐喻"人生是旅行"所提供的框架用美好的旅行过程和平庸的车站凸显了"过程比结果更重要"。论辩者已经认识到，当前已有越来越多的公众已经意识到了"吸烟有害健康"，即吸烟这一行为有很多副作用。引入带有价值判断的框架实际上就是强调"吸烟的好处"，让受众的注意力从"吸烟的副作用"上离开。类似地，在 BS 品牌广告中使用了大量的镜头描写鹤在湿地奔跑、飞入空中的场景，凸显了吸烟令人快乐的一面。

如何从视觉信息中提取比较确定的命题是当前视觉论辩分析中的分析难点之一。多模态隐喻论辩作为一种复杂的视觉论辩，其分析难度相对来说就更大一些。通过上文的案例分析，我们可以看到，概念隐喻和多模态隐喻的分析有助于我们更好地把握潜藏在多模态隐喻背后的概念结构。这种概念结构的分析为我们从论辩角度

---

① 详见第四章第三节的相关分析。

进行探讨创造了必要的条件。扩展的语用论辩理论作为一种重要的论辩分析框架，考虑到了论辩过程中的策略操控，及其所涉及的多方面因素，有助于研究者更好地对多模态隐喻论证的使用作出全面的分析。在上文的分析中，我们可以看到，隐喻在论证中作为一种策略性的选择具有多方面的功能。从隐喻使用的语用顺应论角度看，隐喻就是特定论辩场景下的适应性选择。随着媒介技术的发展，视觉论辩和多模态论辩将会变得越来越普遍。同时，它们会与其他类型的策略因素交织在一起而使选择变得更加复杂多样。因此，我们期待将来有更多的相关研究工作在隐喻使用的语用顺应论框架下展开。

第三节　多模态隐喻论证的评价[①]

在多模态隐喻论证的分析过程中，我们不仅需要了解论证的整体结构和策略操控过程，还要对隐喻论证的合理性做出评价。下面，我们以一则反腐广告为例进行深入的分析（见图 5-3）。该广告是 2013 年某次公益广告大赛的优秀奖作品，由中国知名羽毛球运动员林丹主演，全长 60 秒。我们可简单称其为《林丹篇》。

这则广告主要包含两个场景，一是羽毛球场，主要包含视觉和动作隐喻；二是林丹的讲述作为旁白，主要包含文字隐喻，两个场景之间不断切换。下面是《林丹篇》的部分视频转写（见图 5-3）。

[①] Zhang, C. and Xu, C., "Argument by multimodal metaphor as strategic maneuvering in video advertising: The case of the Lin Dan Commercial", *Journal of Argumentation in Context*, Vol. 6, No. 3, 2017.

第五章 基于多模态隐喻的论证 / 223

a 每一个运动员

b 都面对过无数的选手

c 眼睛始终要盯着底线

d

e 所以每一个球都必须落在底线之内

f

g

h 也有需要盯住的底线

224 / 隐喻使用中的推理

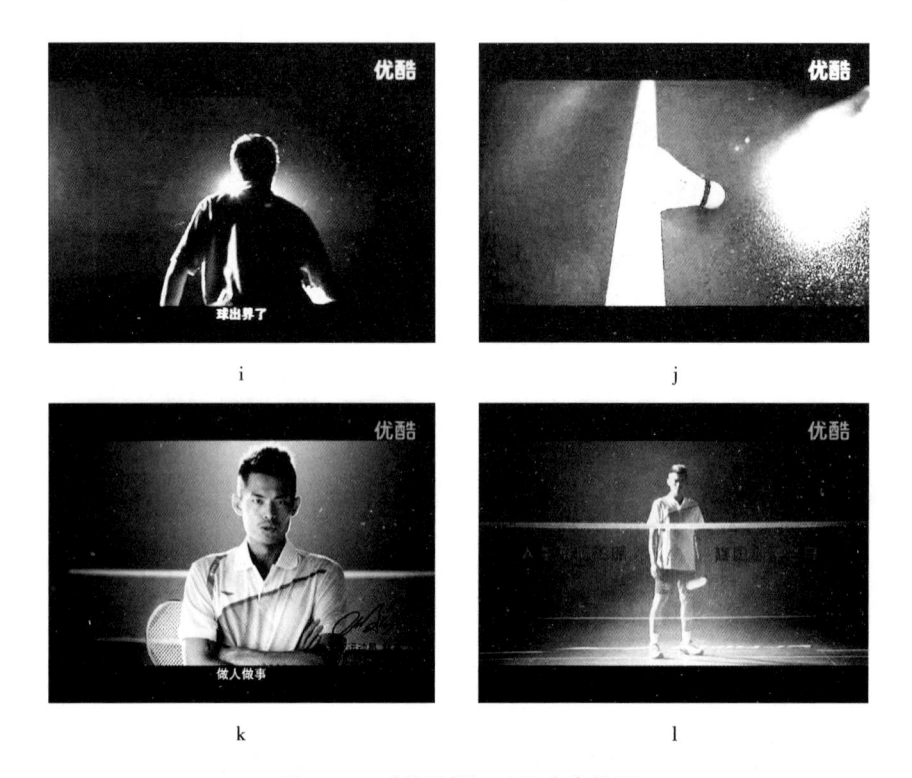

i	j
k	l

图 5-3 《林丹篇》公益广告转写

　　广告开始时，灯光突然亮起，整个羽毛球场逐渐亮了起来（a）。球场一边出现一个模糊的身影，身穿运动服，手中拿着一只羽毛球拍，并伴随林丹旁白："每一个运动员，都面对过无数的对手，都经历过胜利与失败。"随着画面逐渐变得清晰（b），可以看出身穿黄色球衣的运动员正是林丹，他正透过球网观察对方场地底线（c），并且继续出现林丹旁白："对我们来说，每打出一个球，眼睛始终要盯着底线。"随即镜头跟随旁白和主人公眼神切换到对方场地的边线、底线（d）。林丹开始击球（e），羽毛球落在了界内。画面外林丹说道："每一分都至关重要，所以每一个球都必须落在底线之内。"他再次高高跳起击球（f），羽毛球再次准确地落在了底线之内（j）。伴随林丹旁白，镜头缓缓移动至底线，"只有正确的判断，坚守底线，才能守住胜利"。与此同时，镜头切换回林丹。灯光下林丹说："在人生的赛场上，也有需要盯住的底线。"(h) 镜头中出一个穿红色球衣的球员的背影，他跳起扣杀但球出界了（i 和 j），林丹旁白："球出界了，丢掉的一分还可以拼回来。"）。而后几次跳起击球，全都落在了界内。此时林丹旁白："做人做事，越过了底线，失去的也许永远无法挽回。人生不能越界。"(k) 画面中，在球网处用红字打出林丹的呼吁："人生不能越界，底线必须坚守。"(l)

一　《林丹篇》的多模态隐喻分析

该则公益广告视频中图像、声音和旁白显示整个广告设计均建立在隐喻的基础上。这些隐喻性片段为确定多模态论证中的命题增加了难度。

从广告内容上来看，《林丹篇》可以分为三个部分：第一部分为图 a 至图 g，主要涉及羽毛球比赛的内容，第一部分借助羽毛球场上的场景，主要说明羽毛球不能飞出底线，其中包含"底线"这一转喻及其所激活的概念隐喻"人生是羽毛球比赛"；第二部分（h 至 k）与第一部分的分界是林丹的一句隐喻性的旁白："在人生的赛场上，也有需要盯住的底线"，旁白进一步明确了这一概念隐喻，并且指明始源域是"羽毛球赛"，目标域是"人生"，第二部分主要说明球出界会造成什么样的后果，与第一部分正好形成鲜明对比；第三部分（l）则是基于之前情节给出的结论。

根据概念隐喻理论，"人生是比赛"借助羽毛球比赛这一具体的认知域来帮助理解抽象的人生过程。Kress 和 van Leeuwen 很早便指出，"我们应该在特定的环境中看特定模态下的交际，包括和其他模态交际所共处的环境以及在这些环境中的功能"[1]。如上所述，《林丹篇》是一则反腐广告，旨在宣扬廉政的重要性。因此该概念隐喻中目标域可以由整个"人生"缩小为"职业生涯"，即"工作是比赛"，具体映射见图5-4。

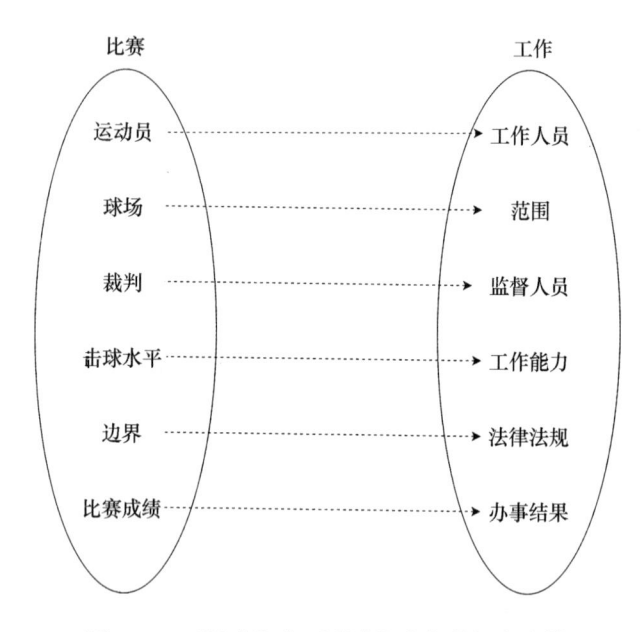

```
比赛                          工作
运动员 ┄┄┄┄┄┄┄▶ 工作人员
球场   ┄┄┄┄┄┄┄▶ 范围
裁判   ┄┄┄┄┄┄┄▶ 监督人员
击球水平 ┄┄┄┄┄┄┄▶ 工作能力
边界   ┄┄┄┄┄┄┄▶ 法律法规
比赛成绩 ┄┄┄┄┄┄┄▶ 办事结果
```

图5-4 "比赛"与"职业"之间的概念映射

广告以空荡荡的羽毛球场开始，而后标志性人物林丹出场，指出每个运动员在球场上都面临过胜利与失败（a和b），其中羽毛球运动员就是工作的人，赛场相当于范围，运动场上的裁判是工作中的监督人员，运动员场上击球水平高低代表日常工作能力的高低，球场边界是工作中的法律法规，最终比赛的成绩是工作的办事结果。

认知语言学认为人类的心智是来源于经验的，与我们的身体以

---

[1] Kress, G. and van Leeuwen, T., *Reading images: the grammar of visual design*, London/New York: Routledge, 1996, p. 33.

及周围具体的物理环境和文化环境紧密联系在一起，因此一个概念隐喻可以进一步分解为两类：复杂隐喻（complex metaphor）和基本隐喻（primary metaphor）。[①] 基本隐喻直接来自我们的生活经验，是我们"每天都可以见到的一种组合"，它将主观经验判断和知觉经验组合在了一起。复杂隐喻是建立在基本隐喻之上，并且与文化信念等结合一起。因此，复杂隐喻受特定文化环境影响和支持。在映射关系"范围是赛场"和"法律法规是边界"中，广告使用了"底线"代表边界，如"每打出一个球，眼睛始终要盯着底线"。"底线"是赛场标线的一种，指"足球、篮球、排球、羽毛球等运动场地两端的界线"。工作中所做之事在底线之内则合法，超出底线则属于非法行为。从受众的角度来看，这组镜头建构在一组最基本的空间认知之上："内是好"和"外是不好"，这一基本隐喻在中国语境下是具有很高的文化认同感的。与此同时林丹旁白要求运动员"眼睛始终要盯着底线"。图 c 中，观众目光穿过羽毛球场中网，集中在林丹的眼睛上：林丹双目紧紧地盯着前方。从下一个镜头以及旁白可知他是在"盯着底线"。图像和文字两种模态的信息都包含一个概念隐喻"理解是看见"。镜头中"看到"这一动作蕴含了认知主体心中"已经理解"的含义，从而遵守规则。而在"看"这一动作中，动作持续的时间长短来表示"理解"深度与认真程度：看的时间长表示态度认真，理解透彻；时间短则相反。视频使用了若干镜头描写林丹跳得高、击球猛，羽毛球技术突出，如同工作中的能力强。这来自生活中最直接的基本隐喻"强是快""强是高"而"弱是低""弱是慢"。

通过对多模态概念隐喻概念结构的分析，可以揭示出多模态论证背后始源域与目标域之间的映射关系以及概念隐喻所产生命题的

[①] Lakoff, G. and Johnson, M., *Philosophy in the flesh*, New York: Basic books, 1999, p.49.

基本理据。在此基础上，语用论辩理论的分析将进一步论证多模态隐喻作为一种论证策略是如何发挥作用的。

二 《林丹篇》的语用论辩重构

下面我们将运用语用论辩理论所提供的批判性讨论理想模型对上述案例进行分析。

（1）冲突阶段：该公益广告所希望解决的意见分歧并不是表面上的羽毛球赛，而是"是否可以做超越职权范围的事"。公益广告主要为公众传播正确的价值导向。公众对这一意见分歧通常是持中立态度，因此根据定义这是一个单一非混合型意见分歧。

（2）开始阶段：该论证中正方首先包括林丹与广告播出方，或准确地说是相关职能部门，所持立场即"我们要在职权范围内行事"；反方是可能持质疑态度的公众，他们中有人对"只能在职权内范围行事"表示怀疑。这则多模态论证的程序性出发点主要是广告播出所涉及的相关规定，而实质性出发点方面，主要涉及羽毛球比赛的相关规则、林丹的个人身份等。

（3）论辩阶段：在上述概念隐喻分析的基础上，借助论辩重构的四个步骤，《林丹篇》的论辩结构如下：

  1.1a　工作中应当遵守规则
   1.1a.1a　林丹要求观众遵守比赛规则
    1.1a.1a.1a　林丹是公认的世界级羽毛球运动员
    1.1a.1a.1b（世界级羽毛球运动员的羽毛球知识是对的）
   （1.1a.1b）（羽毛球比赛规则规定羽毛球不能飞出底线）
   1.1a.1c　工作是比赛
    1.1a.1c.1a　工作的人是运动员
    1.1a.1c.1b　工作范围是赛场

1.1a.1c.1c 监督人员是裁判

1.1a.1c.1d 工作能力是击球水平

1.1a.1c.1e 法律法规是边界

1.1a.1c.1f 办事结果是比赛成绩

1.1b 一次违规行为都不应发生

1.1b.1a 羽毛球赛失分还可以拼回来

1.1b.1b 工作中越权犯的错误无法挽回

其论证结构如图 5-5 所示：

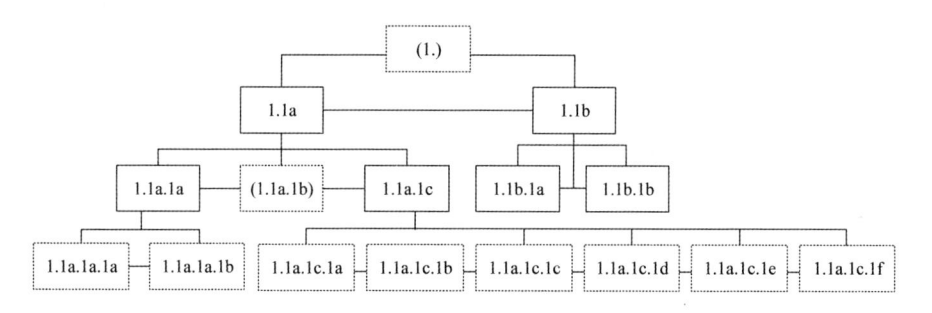

图 5-5 《林丹篇》的论辩结构图解

从语境与隐喻分析我们得知该论证隐含立场是"任何在职人员都要在职权范围内行事"。围绕该立场该广告给出了两个论证：1.1a 和 1.1b。1.1a 论证下包含三个子论证：1）多模态隐喻论证中嵌入了诉诸权威（林丹）论证；2）将羽毛球比赛规则视作大家全都认同的未表达前提；3）基于"工作是比赛"这一概念隐喻的多模态论证。1.1a.1c 下包含隐喻映射（1.1a.1c.1a-1f）为之提供支持，其背后隐藏的是具有高度文化认同感的概念隐喻。第二个主要论证是"一次违规行为都不应有"。与 1.1a 不同，1.1b 提出了进一步要求"一次越权行为都不能有"。此处指出了工作与比赛的差异，进一步强调了"不能越界"在工作中的重要性。

(4)结束阶段：在视频广告的最后部分，镜头中间出现字幕，再次将人生（工作）与羽毛球进行了比较，林丹重申"人生不能越界，底线必须坚守"。这些信息强化了正方的立场。由于视频广告位单向传播，因此论证效果需要通过其他渠道验证。

三 《林丹篇》的论证图式分析

（一）类比图式

多模态隐喻广告中的论证主要建立在它背后蕴含的概念隐喻的基础上，论证中使用类比图式。语用论辩中，类比图式是三种主要论证图式之一，指"在论证中为了维护己方立场而引用了与己方立场存在相似的另一立场，而被引用的立场是已被接受的"。在这一定义中，所谓相似性包括二者之间存在的对应、代表、一致、相似等关系。类比图式的论证结构①如下所示：

    Y 对 X 适用，
  因为，Y 对 Z 适用，
  而且，Z 与 X 是可比较的。

其中前提1在条件 X 下，命题 Y 到底是真还是假，是一个对于事实的判断，涉及论证参与主体的认知背景，在论证的推理分析中不做考虑。因此论证成立的关键取决于前提2，是联系两个概念域，保证类比项之间可比性的关键。

上述分析已说明《林丹篇》案例中的论证是构建在多模态隐喻"工作是比赛"基础上的。与一般类比论证不同，概念隐喻中所涉及的类比项分别来自两个不同的认知域，是一种跨域映射，二者之

---

① [荷]范爱默伦、斯诺克·汉克曼斯：《论证分析与评价》（第2版），熊明辉、赵艺译，中国社会科学出版社2018年版，第103页。

间的类比关系并不单单因为相似点数量多寡，而应当寻求更抽象层面上的一致性。例如，在多模态隐喻的概念结构分析部分可以发现，工作与羽毛球比赛之间的相似关系有 1.1a.1c.1a 至 1.1a.1c.1e 等映射关系支持，而这些映射关系最终是由直接来自生活经验的基本隐喻支撑的，特定文化环境下认知主体经验将之牢牢绑定在一起。

概念隐喻具有极强的文化依赖性。在另一文化中，不同概念域之间原本存在的可类比关系可能根本不存在。基本隐喻具有文化性，在当前机构语境下和工作、羽毛球这一微观语境下，"好是大""强是快"等基本隐喻是成立的，可以肯定地回答类比图式的批判性问题：在当前语境和所要解决的意见分歧下，工作（Z）和羽毛球（X）之间的映射具有合理性。

（二）诉诸权威论证

《林丹篇》中，"诉诸权威"是一种与隐喻论证紧密结合在一起使用的论证策略，二者相辅相成。诉诸权威论证（argumentum ad verecundiam）研究由来已久，现代论辩研究理论中，主要将之定义为某一立场是可以接受的因为有权威人士也认同该立场。[1] 对该论证，沃顿和范爱默伦分别从不同视角给出相应的论证图式。[2] 语用论辩理论中，范爱默伦认为诉诸权威论证是征兆关系型论证图式的一种，其图式应为：

结论：对于 Y，X 为真
因为：对于 Z，X 为真
且：Y 是 Z 的征兆

---

[1] Walton, D., *Appeal to expert opinion: Arguments from authority*, Pennsylvania: Penn State University Press, 1997.

[2] van Eemeren, F. H. and Grootendorst, R., *Argumentation, Communication, and Fallacies: A Pragma-Dialectical Perspective*, Hillsdale: Lawrence Erlbaum, 1992, p.161.

具体的诉诸权威图式就是：

结论：X 是可接受的
因为：X 来自权威（Z）（前提1）
且：权威的观点是可接受的（前提2）

在《林丹篇》的诉诸权威论证中，立场是"人生不能越界，底线必须坚守"。两个前提分别是"该立场是林丹的断言"和"林丹是羽毛球领域专家"。然而，与一般的诉诸权威论证不同，该立场带有隐喻的修辞性立场，即立场中借助羽毛球术语讨论了人生问题。这意味着在该子论证中，诉诸权威论证和隐喻论证同时发挥作用（见图5-6）。

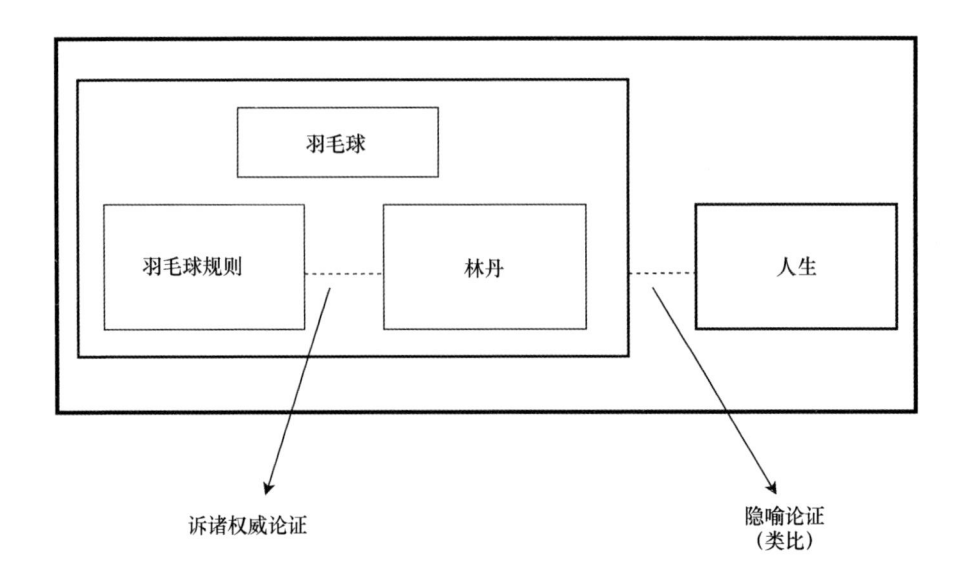

图5-6　多图式嵌套结构

图5-6中，外围矩形代表立场，这表明该立场的合理性取决于两点：第一是"人生不能越界"的合理性，第二是"底线必须

坚守"的合理性。在该论证中，林丹作为知名羽毛球运动员，他具有权威身份，他关于羽毛球的知识是正确的，是可以接受的。因此羽毛球与林丹之间的联系和合理性是可以保证的。此外，概念隐喻的分析和类比论证保证了两个概念域之间映射的合理性。总体而言，诉诸权威论证与隐喻论证的组合，为立场的合理性提供了支持。

四 《林丹篇》中的策略操控分析

类似反腐意见分歧本身是一种较简单的价值判断，但是如何保证在合理的基础上又有效地说服受众是论辩的重点。总体来讲，多模态隐喻是《林丹篇》论证中最主要的策略操控形式，同时还嵌入了诉诸权威策略。多模态隐喻作为一种策略操控在论辩的四个阶段均发挥图像与概念隐喻的特殊论辩功能，主要体现在以下几个方面。

（一）冲突阶段：隐藏立场

通常论辩围绕一个或多个立场展开论证，但是《林丹篇》中，正方并没有立刻表明己方立场，号召大家反腐倡廉，坚决不能做超越自己职权范围的事情，而是采取了较为迂回的策略。本案例的第一部分中，林丹只是在通过图像、动作以及旁白等论证"赛场上羽毛球不能飞出底线"，而比赛中羽毛球飞出底线违规，意味着这回合失败，这是观众们普遍知晓的，与工作或职权无关。直到第二部分中出现隐喻性旁白，才真正将"人生（工作）"与"羽毛球"联系起来，受众方真正明白之前的广告的用意。结合当时语境，受众自觉发现论证的真实立场"工作中行使权力不能超出自己的职权范围"已完全隐含在表面立场之下。这一策略优势在于不让对方这么早地知悉己方立场，使受众在潜移默化中自觉透过另一概念域主动发现正方立场。

（二）开始阶段：共同出发点的选择

论辩中出发点的选择会对合理性与有效性造成影响。如果正反双方之间没有共同出发点，论辩便无法展开。如果反方不接受正方所使用的出发点，那么不仅会降低有效性，连论辩的合理性都不能保证。①

《林丹篇》使用了概念隐喻"工作是比赛"，该隐喻是广为公众认同的概念隐喻"人生是竞技"下的一类，工作是人生中的一种活动。生活中，使用"人生是竞技"的表达十分常见。

概念隐喻"人生是比赛"是既定文化环境下人们所公认的，但是具体选择了哪种比赛作为始源域会对跨域映射的强度以及论证的效果造成不同影响。《林丹篇》中始源域的选择充分利用了当代中国语境下受众的认知背景。如上所述，羽毛球运动在中国极为普遍。1953年羽毛球运动正式进入中国，仅用10年时间中国人便获得了世界冠军。近十余年来，中国运动员在汤姆斯杯、尤伯杯、苏迪曼杯世锦赛以及奥运会等重大赛事上多次蝉联世界冠军。所以说，羽毛球在普通中国民众间有极高的熟悉度，社会上也有很高的认同度，使用这一始源域极大地拉近了与受众之间的距离，很好迎合了受众需求。另外，概念隐喻中隐喻性表达所构成的命题的合理性源自基本隐喻的支持。基本隐喻来自人们生活中的直接经验，它们早已被广泛接受，因此论证中合理使用概念隐喻可以激发受众心里一直潜在的普遍认同感。

（三）论辩阶段：策略综合运用

《林丹篇》的论辩阶段中主要使用了多模态隐喻论证，将广告中整个论证构建在概念隐喻"工作是比赛"基础上。该隐喻中概念域之间映射关系是早已为中国受众所认同的，有效地激活了受众文化背景中两个认知域之间的联系，保证了多模态隐喻论证背后类比图式的合理性，同时极大提高了受众对该论证的接受程度。此外，

---

① van Eemeren, F. H. and Grootendorst, R., *Argumentation, Communication, and Fallacies: A Pragma-Dialectical Perspective*, Hillsdale: Lawrence Erlbaum, 1992, pp. 149 – 157.

该论证还选择了始源域中的权威林丹作为广告主演，在多模态隐喻论证中嵌入了诉诸权威策略，合理地使用了征兆关系型图式，以维护自身立场。

（四）结束阶段：结论的呈现与接受

由于电视或者在线视频传播的单向性，受众不可能再次对公益广告提出疑问。在这种机构语境的允许下，广告方（正方）一般会明示或暗示自己的立场已被成功维护，潜在反方不应再有质疑或反对（虽然实际上可能并非如此）。林丹在广告结尾处再次重申自己立场，并在屏幕中央显示出"人生不能越界，底线必须坚守"几个字。此外，结尾的该句话再次将"人生""越界""底线"和"坚守"使用排比句式组合一起，在透过始源域阐明自己观点同时，也是一种表达手段层面的策略操控。

五 《林丹篇》的论证缺陷

公益广告的立场通常是已被大众接受的价值观，但是在具体论证上与其他类型论辩一样可能存在问题。从分析概览中可以发现，《林丹篇》的各级论证很好支持了它的立场或子立场，但具体论证中仍存在瑕疵。在"工作是比赛"这个概念隐喻下，击球不飞出对方场地底线意味着在工作中不超出规定、法律形式。而林丹旁白中多次提及"坚守底线"，即要求自己坚守住对方场地底线，这一表达在羽毛球运动中是不存在的。其次，所谓"坚守底线"是牢牢守住我方底线不允许对方突破之意。在北京大学 CCL 语料库中检索"坚守底线"显示，"底线"在足球、篮球、棋类运动中指对方接近我方底线，表示我方受到来自对方的压力，这与《林丹篇》中所述的对方场地底线意义不符。语料库检索结果显示"底线"或指工作生活中的"不能逾越的最低标准"（部分索引如下所示）：

(1) 谢军第 45 步牺牲攻入底线王前的兵，打开了线路，可以使大部队跟进，有勇气。

(2) 弈至第 42 回合，林用后深入底线，显露出以车到次底线的绝杀威胁。

(3) 整合，初步在中国建立一个基础整合的社会保障体系，即底线，因非营利机构也有其自身的……

(4) 实现过程中以公共利益为基准，以公共性为政策的价值守住底线，卫生保健；强化服务业……

(5) "从严"也。其实韵律的宽严都有道理，如宋老师所说守住底线，即可，写诗最重要的是有……

《林丹篇》中使用的概念隐喻"工作是比赛"中，"底线"在目标域中的意思是"不能超出最低标准"，而在始源域羽毛球比赛中，"把球打在界内"不会说成"坚守底线"。这就会导致在论证过程中出现认知错位，而这种错位会在很大程度上导致理解的偏差和论证效果下降。

《林丹篇》针对的是电视公益广告，与商业广告还存在一定的差异。公益广告中正方的立场通常是社会普遍倡导的公理、法律规定、道德标准等，容易出现老生常谈、陈词滥调等问题。因此需要关注如何保证论证过程的合理性和论证结果的有效性。在这一方面多模态论证的策略操控分析，值得进一步探索。

第 六 章

问题求解中的隐喻认知[①]

问题求解是日常生活中普遍存在的智能活动,旨在消除特定场景下智能主体当前所处的状态与目标状态之间的差距。隐喻认知作为一种富有想象力的理性活动,常常渗透在问题求解的各个环节,既会影响我们对问题所处情境的表征,也会触发我们生成各种具有创造性的问题求解方案,还会影响我们对问题求解方案的选择以及对问题求解的元认知。隐喻认知在问题求解中的价值有助于我们重新认识人类解决问题的独特方式和智慧,同时也可以让我们更好地理解人工智能在复杂问题求解中可能存在的局限。

第一节 问题求解的一般结构

科学哲学家卡尔·波普尔(Popper, K.)曾说过,"所有的生命活动都是在不断地解决问题"[②]。在我们的生活世界中,问题求解活动因其所具有的普遍性和重要性而广受哲学、逻辑学、心理学、教育学和人工智能等诸多研究领域的深切关注。

问题学研究专家林定夷结合人工智能领域的研究对"问题"作

[①] 参见徐慈平、黄平新《问题求解与隐喻认知》,《浙江社会科学》2022 年第 10 期。
[②] Popper, K., *All Life is Problem Solving*, New York: Routledge, 1999.

了一个较为宽泛的界定:"某个给定的智能活动过程的当前状态与智能主体所要求的目标状态之间的差距。"① 相应地,"问题求解"就可以定义为:设法消除某一给定智能活动的当前状态与智能主体所要达到的目标状态之间差距的行为。TRIZ理论创始人阿奇舒勒用了一个非常形象的隐喻描述问题求解的过程:"问题和答案就像一条河的两岸。猜测答案如同从河岸跳入河中游向对岸。发现技术矛盾以及解决这些矛盾的方法起桥梁的作用。解决技术问题的理论和建筑桥梁的科学相似,这些隐形桥梁将思索引向新想法。"② 如果我们渴了,就去倒杯水喝,如果饿了,就去找点东西吃。这些活动均为旨在消除当前状态与目标状态之间的差距,似乎与隐喻认知没有什么关联。而在另外一些问题求解活动中,隐喻认知却与之息息相关。如"二战"初期,执行轰炸任务的盟军飞机经常会被德国的防空系统发现并击落,损失惨重。为解决这一复杂问题,英国空军情报处处长琼斯想到了"沙堆藏沙":将一粒沙子藏到沙堆里,便难以寻找。以此为启发,他提出了"窗户计划",即通过投放数吨黑色金属片来干扰德国的雷达系统,从而达到掩护盟军飞机的目的。③ "沙堆藏沙"与"掩护飞机"属于两个完全不同的认知域,这种通过跨域映射来解决问题的过程就是典型的隐喻认知。它常常被称作人类的智慧之光,而这,可能正是一种当前人工智能所无法企及的智能形式。

我们已经知道,在过去的四十多年中,人们对隐喻的认识发生了根本的变化:隐喻不仅是一种语言上的修辞方式,更是一种基本的人类认知机制。莱考夫反复强调,日常生活中的隐喻无处不在,

---

① 林定夷:《问题学之探究》,中山大学出版社2016年版,第70页。
② [苏] 根里齐·阿奇舒勒编著:《哇……发明家诞生了——TRIZ创造性解决问题的理论和方法》,舒利亚克英译、范怡红、黄玉霖汉译,西南交通大学出版社2004年版,第22页。
③ [美] 约翰·波拉克:《创新的本能:类比思维的力量》,青立花等译,中信出版社2016年版,第30—32页。

我们思想和行为所依据的概念系统本身是以隐喻为基础的。这意味着某些复杂问题的求解过程离不开隐喻认知。但遗憾的是，学界对于隐喻认知是如何对问题求解产生影响的、隐喻认知会在问题求解过程中的哪些环节产生作用、人们应该如何发挥隐喻认知的积极效应等问题缺乏系统的阐释和讨论。本章将在回顾现代隐喻认知研究重要发现的基础上，针对问题求解过程中的各个环节，探讨隐喻认知是如何在复杂问题求解活动中所发挥作用的。

隐喻就是用已知的、熟悉的、具体的事物去理解未知的、陌生的、抽象的事物，在认知上表现为从一个概念域（始源域）到另一个概念域（目标域）的映射。[①] 在复杂问题的求解中，认知主体不管是在个人层面，还是在群体层面，都可能使用文本或非文本的形式对问题的不同维度进行表征和交流。

在探讨隐喻时，我们需要考虑到一个与"隐喻"密切相关的重要概念：类比。侯世达和桑德尔在《表象与本质》（2018）一书中高度评价了类比在人类认知中的重要位置，称其为"思考之源、思维之火"。两位学者还从类比的角度对"人类的智能"进行了界定：智能是这样一种技艺，它迅速而可靠地抓住重点、击中要害、一针见血、一语中的。它让人在面临新的环境时，迅疾而准确地定位到长期记忆中的某个或一系列具有洞见的先例，这恰好也就是抓住新环境要害的能力。其实就是找到与新环境近似的事件，也就是建立强大而有用的类比。[②] 大量的心理学研究已经证实，类比在问题求解中扮演着非常重要的角色，可惜的是，类比在人类思维中的

[①] Kövecses, Z., *Metaphor: A Practical Introduction* (second edition), Oxford University Press, 2010, p. 4.

[②] ［美］侯世达、［法］桑德尔：《表象与本质》，刘健等译，浙江人民出版社2018年版，第147页。

重要性并没有引起足够的重视。①

对于人类基本认知机制的认识，隐喻和类比的研究似乎得出了共同的结论：概念系统间的映射是认知的基础，两者在研究对象上存在很大的重叠。从严格的意义上看，在不同的研究范式中，隐喻与类比略有不同。居泽区分了两种类比：一种是同域类比（same-domain-analogy），指的是不同对象中的要素之间具有相同的关系，而且这些要素都来自同一个概念域；另外一种是异域类比（different-domain-analogy），指的是两个不同对象中的要素来自完全不同的概念域。② 在居泽看来，区分两种不同的类比有助于解释什么是隐喻。如果异域类比中的两个域相距非常远，那么其构成要素就会很不一样，这样的类比也就更倾向于成为隐喻。该观点与 Holyoak 等人的想法如出一辙：隐喻是一种特殊的类比，其始源域与目标域在语义上的距离非常远。③ 他们的思想可以用图 6-1 表示为一个带有两端的连续体。④

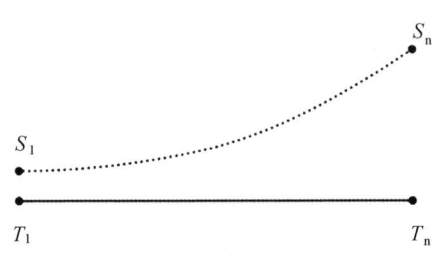

图 6-1 类比与隐喻的连续体⑤

---

① ［英］S. I. 罗伯逊：《问题解决心理学》，张齐等译，中国轻工业出版社 2004 年版，第 26 页和第 157 页。

② Juthe, A., "Argument by analogy", *Argumentation*, Vol. 19, No. 1, 2005.

③ Holyoak, K. J., "Analogy and relational reasoning", in Holyoak, K. J. and Morrison, R. G., eds., *The Oxford Handbook of Thinking and Reasoning*, Oxford University, 2012, p. 120.

④ Xu, C. and Wu, Y., "Metaphors in the perspective of argumentation", *Journal of Pragmatics*, Vol. 62, No. 4, 2014.

⑤ 此图已在第五章第一节做过介绍。

实线上的某个点，表示一个特定的目标域，虚线上的点表示相应的始源域。在这个连续体的左端，始源域与目标域在认知上非常接近，但在右端两者之间的距离越来越远。典型的类比论证会倾向于定位在左边，同样，典型的隐喻会倾向于定位在连续体的右边。由于隐喻和类比都基于概念系统的映射关系，因此我们在研究问题求解时将采用"大隐喻观"的立场，更多地关注语义距离较远的案例，并兼顾语义距离较近的典型类比。

如果说概念系统决定了我们的语言、行为和情感，那么这些作为概念系统有机组成部分的隐喻性映射关系，自然会对问题求解活动产生重要影响。它将影响我们对所处的问题情境的审视，对问题价值的判断，生成不同的问题解决方案，以及对问题解决方案合理性的评价，等等。

在哲学史上，最早对"问题求解"进行深入思考的是美国实用主义哲学家杜威（Dewey, J.）。他将问题求解的过程分为如下五个步骤[①]：（1）感受到困惑和疑难，认知起源于"疑难的情境"，或者令人不满意的困境，这是遇到问题时的最初感觉，它基于经验过程中的不一致、不和谐，或者不满意；（2）对问题进行定位和定义，人们对于困难的认识起初总是处于模糊和纷乱的状态，因此需要界定问题、厘清问题之所在，对面临的情境作出清晰的表达；（3）猜测可能的答案或解决方案，通过对具体背景或"境况"的考察，需要针对问题进行某种试探性的、尝试性的"解答"；（4）对猜想进行扩展推理，在提出各种可供选择的方案后，需要对每种假说进行精心的加工和推演，揭示出其所蕴含的意义和结论；（5）通过观察和实验来检验推理，观念或者假说需要在条件允许的情况下用实验的方式加以检验，明确理论上推理所得的结果

[①] Dewey J., *How We Think*, D. C: Heath & Co., 1910, pp. 72 – 78.

是否会实际发生。这就是著名的"杜威五步思维法",也是胡适先生常说的"大胆假设、小心求证"。

杜威之后,科学哲学家卡尔·波普尔将问题求解的过程与进化论联系在了一起。他认为,所有的有机体昼夜不断地从事着解决问题的活动,且解决问题总是通过试错法进行的;新的反应、新的形式、新的器官、新的行为方式、新的假设,都是试探性地提出,并受排错法的控制;而当原有的问题被解决,新的问题又将产生。[①]因此,事物发展的过程,就是不断解决问题的过程,可用公式表示为:

$$P_1 \to TS \to EE \to P_2$$

其中,P_1和P_2代表问题,TS代表试探性解决办法(Testing Solution),EE代表排错(Error Elimination)。公式的含义是:事物的发展总是从某个问题(如P_1)开始,为了解决该问题,会产生很多不同的试探性解决办法TS_1、TS_2、TS_3…;然后通过排错,找到较为合适的解决方案;与此同时,又产生了新的问题(如P_2);依次类推。为了让公式更具普遍意义,波普尔将上述公式中的TS改为TT(Testing Theory),以描述科学知识增长的过程。波普尔强调,上述公式的用途很广,不但可以用于分析科学知识的增长,而且适用于历史(特别是历史的解释)和艺术。总体上看,不管是自然科学,还是人文科学,波普尔的这一问题求解模式都是适用的。

从杜威的"五步法"和波普尔的"知识增长模型"中,我们可以提炼出关于问题求解的一般结构。首先,在问题的界定上,问题总是始于期待或预期落空后带来的疑惑,包括对问题初始状态和目标状态的区分;其次,在问题求解的过程中,需要提出各种试探性的求解方案和解释性假说;最后,必须进行推理,并对假设进行

---

① [英]卡尔·波普尔:《客观知识——一个进化论的研究》,舒炜光等译,上海译文出版社2005年版,第274—276页。

实践检验，以确定假设的可行性。综合起来，我们可以建立一个较为完整的问题求解结构：

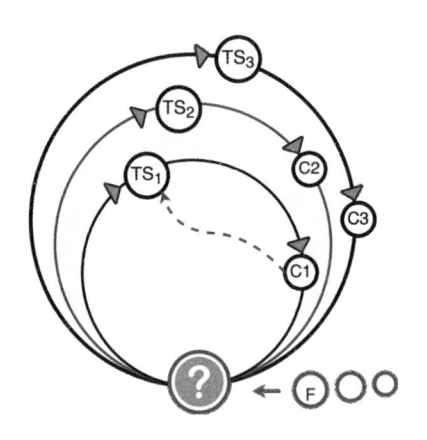

图 6-2　问题求解的结构

在图 6-2 中，问题求解的过程从最底部的"问题"出发，可以形成不同的试探性解决方案，如 TS_1、TS_2、TS_3 等。基于这些可能的假设，需要在逻辑上作出相应的推论 C_1、C_2、C_3。如果这些推论与已知的或新增的事实 F 相一致，那么对应的试探性方案在一定程度上就会被证实或强化，成为优先选择的解决方案。相反，若推论与事实 F 不一致，则假设会被削弱或排除。

与此结构相对应，认知主体在一个复杂问题的求解过程中，需要建构起对问题所处情境的不同理解，需要对问题的目标状态和当前状态进行有效表征，需要产生多个旨在解决问题的不同假设，还需要为某些假设提供辩护。由于问题求解还可能涉及群体层面的协同，因此在问题求解的不同阶段，还需要与他人共享不同类型的知识和理解，而知识共享的效率和质量也会影响问题求解的最终结果。下面我们将深入分析在问题求解的不同环节中隐喻认知是如何发挥作用的。

第二节　隐喻认知的知识表征功能

在问题求解的初始阶段，问题求解者首先要理解问题。理解问题意味着根据当时的情况或者说问题表述以及个体先前的知识在大脑中构建出某种对问题的表征。在表征中才有可能对问题加以推理。因此，产生一个有用的心理表征是成功解决问题的一个重要因素。[1] 我们常常需要借助隐喻来实现对现实的表征，但隐喻对现实的表征是有选择性的。正如莱考夫和约翰逊所言，隐喻的系统性使我们能通过彼概念来理解此概念的一个方面，但这一系统性也必然会隐藏了此概念的其他方面。在让我们聚焦于某一概念的某一方面时，该隐喻概念也会阻止我们注意概念中与该隐喻不一致的其他方面。[2] 这就是说，当我们通过隐喻来理解问题所处的情境时，如若我们使用不同的隐喻，那么我们的关注点也将截然不同，从而导致可能采取的行动也有所差别。这意味着隐喻框定了我们对现实和问题情境的理解。一言以蔽之，隐喻具有很强的框架建构（framing）效应。[3] 框架建构的本质是选择和凸显，就是选择已知现实的某些方面，在交际文本中加以凸显，由此界定特定问题、解释因果关系、进行道德评价，并且（或）为所描述之事提供处理方法。[4] 莱考夫指出，框架是塑造我们看待世界方式的心理结构，所以，框架也塑造我们追求的目标、我们制订的计划、我们行为的方式以及我们对行动结果好坏的判定。在政治上，框架塑造了我们的社会政策

---

[1] [英] S. I. 罗伯逊：《问题解决心理学》，张齐等译，中国轻工业出版社2004年版，第26页和157页。

[2] [美] 莱考夫、约翰逊：《我们赖以生存的隐喻》，何文忠译，浙江大学出版社2015年版，第7页。

[3] 详见第四章第三节。

[4] Entman, R. M., "Framing: Toward Clarification of a Fractured Paradigm", *Journal of communication*, Vol. 43, No. 4, 1993.

以及我们用来执行政策的制度。改变我们的框架，就是改变了所有这一切。重塑框架，就是变革社会。①

20世纪70年代，美国总统卡特在面临能源危机问题时宣布进行"道义战争"。这里的"战争"隐喻生成出一个蕴含的语义网络，有"敌人""对国家安全构成威胁"，因而需要"设定目标""重新考察优先序列""建立新的指挥链""策划新战略"，进行"情报收集""统领军队""实施制裁""号召人们作出牺牲"，等等。"战争"隐喻凸显了某些现实，也隐藏了另一些现实。② 在这个例子中，卡特选择了"战争"这一概念隐喻作为介入当时民众对于问题情境理解的框架，使其对危机的理解变得连贯。但需要注意的是，现实的阐述并非只有一种可能，因为不同的隐喻意味着不同的问题情境设定。

切克兰德（Checkland, P.）在分析复杂的"人类活动系统"时，区分了"有结构"问题和"无结构"问题。③ 前者指的是能用语言进行清晰表述的问题群，具有明确的目标；而后者往往表现为一种令人不安的状态，没有明确的目标，也很难对问题进行清晰的表述。在"无结构"问题的求解过程中，认知主体对情境的理解往往是模糊的、零散的、抽象的，有些甚至是无意识的。隐喻可以让相关的认知主体更好地理解问题所处的现实场景。如2018年11月5日，国家主席习近平在首届中国国际进口博览会开幕式上指出："中国经济是一片大海，而不是一个小池塘。大海有风平浪静之时，也有风狂雨骤之时。狂风骤雨可以掀翻小池塘，但不能掀翻大海。"这是一个隐喻性的描述，从全新的视角放大了我们的视域，为我们

---

① ［美］莱考夫：《别想那只大象》，闫佳译，浙江人民出版社2013年版，引言。
② ［美］莱考夫、约翰逊：《我们赖以生存的隐喻》，何文忠译，浙江大学出版社2015年版，第142—143页。
③ ［英］切克兰德：《系统论的思想与实践》，左晓斯、史然译，华夏出版社1990年版，第193—194页。

在复杂的国际形势下更好地认识中国经济的现实格局提供了一个全新的认知框架,建构起了对各种要素及其关系的清晰理解和认识。

隐喻具有多模态性,我们不仅可以使用语言,还可以使用图像和三维的物理实体来进行表征。例如,在商业活动中,华为在面对美国的经济制裁时,高频使用一张弹痕累累但仍然在飞行的伊尔2飞机的图片来鼓舞士气。

图6-3 华为宣传海报

这是"商场即战场"概念隐喻的图像化表征,一方面凸显了情况危急,另一方面也传达了对于成功的希冀。同时,这个视觉隐喻与企业家心智模式中的支配性隐喻高度一致。在华为创始人任正非的演讲中,关于"企业"和"做企业"的战争隐喻占25.95%,仅次于人体隐喻(占28.39%)。[①] 因此,上图也很容易引起企业内部

---

① 邱辉:《隐喻认知与心智模式——中国企业家话语的批评隐喻研究》,浙江大学出版社2015年版,第77页。

员工的共鸣，为组织克服困难提供强大的心理动能。

有些企业在分析经营环境时，会使用乐高积木借助隐喻认知以三维可视化的方式来立体地描述、组织所处的问题场景。① 见下图：

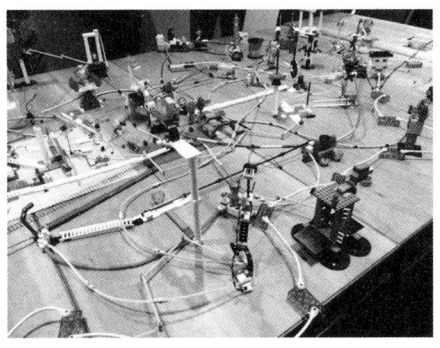

图 6-4 乐高认真玩场景②

与乐高积木的经典玩法不同，"乐高认真玩"中的积木被用来构建无形世界的故事。"乐高认真玩"通过搭建实体 3D 模型说明不具有物质实在的东西，因而其关注的焦点不在于积木，而在于它们所创造的故事隐喻。这些故事大多是对所处问题场景的相关要素的系统描述。当这些积木和模型启动了隐喻认知，物理实体所建构起来的三维表征就犹如将军们打仗用的沙盘，成了人们理解复杂问题情境的隐喻性外在表征，可以帮助问题求解者更好地理解自己所处的问题情景。

第三节 隐喻认知的方案生成功能

问题求解者对问题所处的情境有较为清晰的认识和理解之后，

---

① ［丹］佩尔·克里斯蒂安森、罗伯特·拉斯缪森：《玩出伟大企业：如何用乐高积木实现商业创新》，施轶译，中国人民大学出版社 2016 年版，第 21—23 页。

② 图片来源于网络。

认知主体需要生成各种不同的试探性求解方案。这个生成不同求解方案的过程，就是认知主体发挥创造力的重要过程，同样也是一个新知识建构的过程。隐喻在界定和描述现实问题情境的同时，也会为问题的解决提供富有启发性的暗示和线索。

匈牙利哲学家波兰尼（Polanyi，M.）区分了暗默知识（tacit knowledge）和形式知识（explicit knowledge）这两种不同类型的知识。[①]暗默知识是指与特定情境相关的个人知识，它难以形式化，也难以交流。形式知识指的则是那些由形式系统语言表达的，可以进行传递的知识。著名知识管理专家野中郁次郎和竹内弘高在此区分的基础上，指出新知识是通过暗默知识和形式知识之间的相互作用创造出来的。[②] 具体包括：共同化（Socialization）、表出化（Externalization）、联结化（Combination）、内在化（Internalization）等四种不同类型的知识转换过程（见图6-5）。

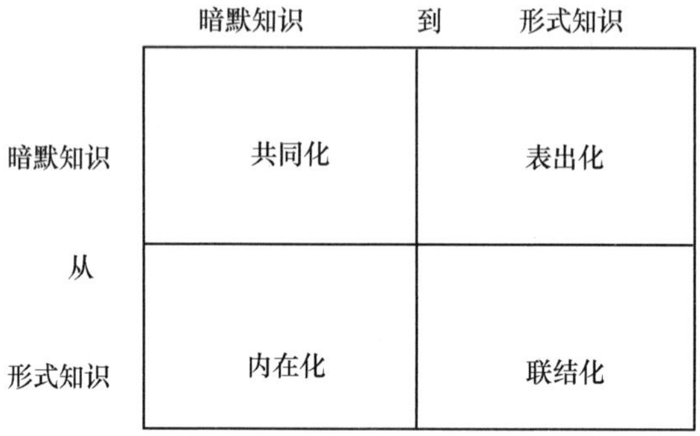

	暗默知识	到	形式知识
暗默知识 从	共同化		表出化
形式知识	内在化		联结化

图6-5 知识转换的四种模式

其中，共同化指的是从暗默知识到暗默知识的转换；联结化指

[①] 郁振华：《波兰尼的默会知识论》，《自然辩证法研究》2001年第8期。
[②] ［日］野中郁次郎、竹内弘高：《创造知识的企业：日美企业持续创新的动力》，李萌、高飞译，知识产权出版社2006年版，第71页。

的是从形式知识到形式知识的转换；内在化是从形式知识到暗默知识的转换；表出化是暗默知识到形式知识的转换。野中郁次郎和竹内弘高深刻地认识到隐喻在知识生产和问题求解中的重要价值。他们指出，表出化采用比喻、类比、概念、假设或模型等将暗默知识明示化，是知识创造过程的精髓。[①] 这里所提到的比喻、类比、概念、模型等都与隐喻认知密切相关。野中郁次郎还强调，隐喻不仅仅是将暗默知识转化为形式知识，而且它还提供了一种有助于我们使用已有的知识去创造指向未来的概念网络的重要方法。[②] 野中郁次郎和竹内弘高研究了大量日本企业借助隐喻认知进行知识创新，以解决企业产品开发问题的案例（见表6－1）。[③]

表6－1　　　　　　产品研发中用于概念创造的比喻和类比

产品（公司）	比喻/类比	对概念创造的影响
"本田城市"（本田）	"汽车进化论"（比喻）	暗示乘客空间最大化乃是汽车终极发展的方向，创造了"人最大化，机器最小化"的概念
	球形（类比）	暗示在最低表面积下达到最大乘客空间，创造出"高而短型轿车（高个小子）"概念
微型复印机（佳能）	铝质啤酒罐（类比）	暗示制造便宜铝质啤酒罐与感光滚筒之间的类似性，创造了"低成本制造过程"的概念
家用烤面包机（松下）	饭店面包（比喻）大阪国际饭店面包师（类比）	暗示比较可口的面包，创造出"麻花面团"的概念

[①] ［日］野中郁次郎、竹内弘高：《创造知识的企业：日美企业持续创新的动力》，李萌、高飞译，知识产权出版社2006年版，第74页。

[②] Nonaka, K., "A dynamic theory of knowledge creation", *Organization Science*, Vol. 5, 1994, p. 21.

[③] ［日］野中郁次郎、竹内弘高：《创造知识的企业：日美企业持续创新的动力》，李萌、高飞译，知识产权出版社2006年版，第76页。

日本佳能公司在开发微型复印机时,试图以低成本生产感光滚筒。但负责解决成本问题的技术小组发现,当时的制作工艺无法突破一定的成本极限。当团队一筹莫展、正准备"借酒消愁"时,负责人田中宏突然意识到听装啤酒的铝罐与感光滚筒之间存在某种独特的关联,他随即想到低成本的铝罐或许可以解决问题。于是,团队开始对使用相同材料是否可以制造感光滚筒的可能性进行探讨,并对使用低成本铝材拉伸管生产传统感光筒进行了论证,最终发明了一次性感光滚筒。在这个问题求解的案例中,田中宏通过在啤酒铝罐和感光滚筒之间建立隐喻映射,将个人的暗默知识转化为形式知识,从而为成功地解决问题创造了重要的认知条件。尼斯比特(Nisbet)也指出,大多数迈克尔·波兰尼称之为"暗默知识"的东西都可以用隐喻的手段表现出来,只不过是表现程度的不同而已。[1]

正如野中郁次郎和竹内弘高所感叹的那样,"对西方管理者来说,我们所使用的事例和比喻语言或许有些奇怪,甚至有点匪夷所思。例如我们已经看到的例子:'汽车进化论'这个口号怎么会是一个新款轿车有针对性的设计概念呢?或者'人最大化,机器最小化'怎么能够成为有意义的理想呢?虽然在西方管理者看来,这些含义晦涩的口号听起来愚蠢至极,但实际上对于日本企业创造新知识却是十分有效的"。[2]

隐喻认知不仅可以被用来解决产品创新中遇到的问题,同样可以解决组织管理创新中遇到的问题。例如,中国的盛大网络游戏公司从网络游戏玩家的激励模式中得到灵感,将其用在改造公司内部人力资源的管理模式中,以解决公司员工缺乏主动性和积极性的问

---

[1] Nisbet, R. A., *Social Change and History: Aspects of the Western Theory of Development*, London: Oxford University Press, 1969, p. 5.

[2] [日]野中郁次郎、竹内弘高:《创造知识的企业:日美企业持续创新的动力》,李萌、高飞译,知识产权出版社2006年版,第18页。

题。他们构建了一套类似于游戏积分管理的经验值管理系统,采用实时记录的方式,让所有员工犹如游戏中的打怪、做副本一样,完成自己的工作。①在游戏中,玩家靠经验值决定自己的游戏角色是否可以升级,在盛大的游戏式管理系统中,系统记录下来的经验值决定了员工能否加薪、升职。从隐喻认知的角度看,盛大集团整个人力资源制度创新的背后就由一个强有力的概念隐喻"工作是游戏"所启动和支撑。

那么,隐喻性问题求解方案的生成又是如何实现的呢?我们来看一下西蒙的一段话:问题求解的过程并不是从一组命令(目标)"推导"出另一组命令(执行程序)的过程。相反,它是选择性的试错的过程,要运用先前经验获得的启发式规则。这些规则有时能成功地发现达到某些目的的行之有效的方法。如果想要给这个过程取个名字。大致上,我们可以采纳皮尔斯所创造的,近来又被诺伍德·汉森(1958)所复兴的那个术语,即逆向过程。不管是实证的还是规范的问题,此过程的本质——这里已作粗略描述——都是问题求解理论的主要课题。②西蒙这里所说的能够生成解决方案的逆向过程,就是被皮尔斯称为溯因推理的过程。溯因推理是一个基于事实寻找解释性假设的过程。皮尔斯在谈到事实与假设的关系时指出,"在溯因推理中,事实是通过类似之处来暗示一种假设的,这种类似之处就是事实与假设的推论之间的相似"③。野中郁次郎和竹内弘高指出,"这个将暗默知识转换为形式知识的过程是利用各种推理方法,如演绎法、归纳法、溯因法促进的。在这个阶段,比喻

---

① 转引自黄华新、邱辉《知识管理与隐喻认知》,《科学学研究》2014 年第 11 期。
② Simon, H. A., "Models of Discovery and Other Topics", in Reidel, D., ed., *the Methods of Science*, 1977, p.151.
③ Peirce, C. S., "*The Collected Papers of Charles Sanders Peirce*", Vols. VII-VIII in Arthur W. Burks ed., Harvard University Press, 1958, p.137.

性语言（如比喻和类比）的溯因法特别实用"①。

在解决问题的过程中，我们的假设很可能就是以相似性为基础，通过溯因推理生成的一个隐喻性假设。基于隐喻性的假设，问题解决者可以建构起莱考夫所说的概念映射结构。这个映射结构包含两个不同的概念域，即始源域 S 和目标域 T。该映射结构是类比推理的基础。其过程可用如下公式表示：②

$$R_1(..x..), \cdots, R_{k-1}(..x..), R_k(..x..), \cdots, R_n(..x..)$$
$$R_1(..y..), \cdots, R_{k-1}(..y..),$$
$$\therefore a(R_k(..y..)), \cdots, R_n(..y..)$$

公式中，"..x.."和"..y.."分别代表的是始源域集合 S 和目标域集合 T 上的任意论元列表；R 表示 n 元属性，它可以表示一种属性，也可以表示关系；a 是迁移算子，用于产生新的结论。整个公式的意思是说，认知主体基于两个概念域在 $R_1, \cdots, R_{k-1}$ 等属性上的相似性，可以推导出目标域也具有始源域所具有的一些属性。也就是说，目标域 T 在推理之前是不具有属性 $R_k, \cdots, R_n$ 的，但通过基于结构映射的类比迁移，获得了这些新的属性。

除了结构映射之外，隐喻认知还会涉及复杂的概念整合过程。在人类发明史上，我们还可以看到大量发明的背后都有概念整合的影子。15 世纪，德国人古登堡发明了铅活字印刷机。是通过引入钱币中的面值组合和制酒中的压榨机概念，解决了铅印数量过多和印制压力不均匀的问题。福特汽车制造流水线的发明则整合了芝加

---

① ［日］野中郁次郎、竹内弘高：《创造知识的企业：日美企业持续创新的动力》，李萌、高飞译，知识产权出版社 2006 年版，第 102 页。
② ［美］斯坦哈特：《隐喻的逻辑——可能世界的类比》，黄华新、徐慈华译，浙江大学出版社 2009 年版，第 136 页。

哥生猪屠宰场的运行模式，大大提高了生产效率。电脑视窗操作界面的设计整合了办公桌的概念。如此等等，不胜枚举。正所谓，任何新事物之中，都可以看到旧事物的影子。也就是说，我们在创造性地解决问题时，很多解决方案是通过隐喻性的概念整合得到的。

在我们使用隐喻帮助我们生成问题求解方案时，有时候是隐喻启发了解决方案的设计，有时候方案本身就是一个隐喻。例如，美国 GE 集团的工程师 Doug Dietz[①] 在用户体验调查中发现，儿童在接受 MRI、CT 等医学检查时，常常会有强烈的恐惧感，因为他们经常要一个人躺在检查室里接受机器扫描，而且还会听到机器发出的让人不安的嗡嗡声。于是，他和他的同事想出了一个办法，把机器以及放置机器的房间涂成了儿童熟悉和喜爱的各种探险主题图画（见图 6-6）。这时，儿童进入扫描室就仿佛进入一个冒险情境。他接受医学检查的过程被隐喻成了一个可以带来冒险乐趣的游戏过程：有的房间成了大海，扫描的机器就成了潜水艇；有的房间成了森林，扫描的机器就成了孩子们露营的帐篷。

在这个设计过程中，目标域是 MRI 或 CT 仪器以及它们所处的检查室，而设计师通过图画将此隐喻为海洋、森林等不同的源域。目标域和始源所呈现的模态是不一样的，因此属于多模态隐喻。正是通过这种多模态的隐喻化情境重建，医学检查活动被隐喻化为一种游戏行为，改变参与者的认知体验，在极大程度上消解了儿童对医学检查的恐惧感。

在心理学研究领域，心理学家用实验的方式验证了隐喻在问题求解中的作用。心理学做过一个经典的案例设计：假设您是一名医生，面对着一个胃部有恶性肿瘤的病人。但您不能对这个病人做手术，否则病人会因此而死去。有一种放射线可以消除肿瘤。如果射

---

① 参见 http://dschool.stanford.edu/student/doug-dietz/。

254 / 隐喻使用中的推理

图 6-6　GE 医疗设备的场景隐喻化设计

线可以全部立刻到达病人胃部的肿瘤，则高密度的射线可以消除肿瘤。不幸的是，在此种密度下，射线所通过的健康组织也会被破坏。但如果密度低，又不能消除肿瘤。那么用什么方法可以让射线既能消除肿瘤又不伤害健康的组织呢？[①] 如果被试在解决问题的过程中接触过下面的故事：一位将军计划占领位于某国中心地带的堡垒，他感到头疼不已，这个堡垒连接很多条道路，道路呈现环形放射状，遍布地雷。小部队可以通过，大部队出动就会引起爆炸，但是必须全军出击才能拿下堡垒。后来，有个参谋提出"把部队化整为零，从多条道路同时前进"，最后攻下了堡垒。那么，被试用隐喻的方式成功解决放射问题的比例就大大提高。这里的隐喻映射可

---

① ［英］S. I. 罗伯逊：《问题解决心理学》，张齐等译，中国轻工业出版社 2004 年版，第 77 页。

以表示为[1]表6-2。

表6-2　　　　　　两个不同认知域之间的映射

项目	堡垒问题	放射问题
目标	用军队来夺取堡垒	用射线来破坏肿瘤
资源	大量充足的军队	足够力量的射线
操作	部队分组、前进、进攻	减弱放射强度、移动放射源、提供射线
解决计划	所有小组沿着不同道路同时出发	在不同的方位同时提供低强度射线
结果	堡垒被军队夺取	肿瘤被射线破坏

吉克和霍利约克（1980）还尝试在堡垒问题的解决中提供不同的解决计划，如"找一条通往要塞的无人防守的道路，让全部军队从那里通过"。这样，被试则倾向于生成"通过食道进行放射治疗"这一解决方法。[2]这说明在问题求解中，即使在始源域相同的情况下，如果始源域内部的结构有差异也会导致解决方案的差异。从整体上看，隐喻认知涉及的思维加工过程具有关联性、整体性、发散性、独特性等显著特点。[3]这些特点给问题求解所带来的创新性价值是无比巨大的。

第四节　隐喻认知的方案选择功能

在形成不同的试探性问题求解方案后，认知主体需要对方案

---

[1]　［英］S. I. 罗伯逊：《问题解决心理学》，张齐等译，中国轻工业出版社2004年版，第161页。

[2]　Gick, M. L. and Holyoak, K. J., "Analogical problem solving", *Cognitive Psychology*, Vol. 12, 1980.

[3]　黄华新：《认知科学视域中隐喻的表达与理解》，《中国社会科学》2020年第5期。

进行选择。不同的隐喻会影响认知主体的选择。莱考夫和约翰逊指出,"就像常规隐喻那样,新隐喻有能力定义现实,它们通过凸显现实的某些特点并隐藏其他特点的一个蕴涵的连贯网络来定义现实。这一隐喻迫使我们只关注它所凸显的我们经验中的某些方面,接受这一隐喻,就会促使我们相信这一隐喻的蕴涵为真"[1]。这意味着,当认知主体在描述问题情境时接受了某个隐喻,那么其在方案选择时也将选择符合该隐喻所蕴含的行动方案。"对于新隐喻来说尽管真假问题是会出现,但更重要的问题是采取哪些恰当措施。大多数情况下,重要的不是隐喻是真实的还是虚假的问题,而是伴随隐喻而来的认知与推理,以及隐喻所批准的行为……在生活的各个方面,我们都用隐喻来界定现实,进而在隐喻基础上采取行动。我们作出推论、设定目标、作出承诺、实施计划,所有这些都以我们如何通过隐喻有意无意地组织我们的经验为基础。"[2]

Thibodeau 和 Boroditsky 从隐喻使用的角度探讨了人们在解决犯罪问题时是如何思考并作出选择的。[3] 他们调查了 485 个人,询问他们会如何处理艾迪生市(一座虚构的城市)以惊人速度增长的违法犯罪活动。在选择应对措施之前,分别让这些被试阅读了两篇不同的短文。两篇短文的差异在于使用两种不同的隐喻进行描述。一种是将犯罪行为描述为"野兽",另一种是将犯罪行为描述为"病毒"。这个细微的变化却产生了巨大的决策差异。实验结果如图 6-7。

---

[1] [美]莱考夫、约翰逊:《我们赖以生存的隐喻》,何文忠译,浙江大学出版社 2015 年版,第 143 页。

[2] [美]莱考夫、约翰逊:《我们赖以生存的隐喻》,何文忠译,浙江大学出版社 2015 年版,第 144 页。

[3] Thibodeau, P. H. and Boroditsky, L., "Metaphors we think with: The role of metaphor in reasoning", *PLoS ONE*, Vol. 6, No. 2, 2011.

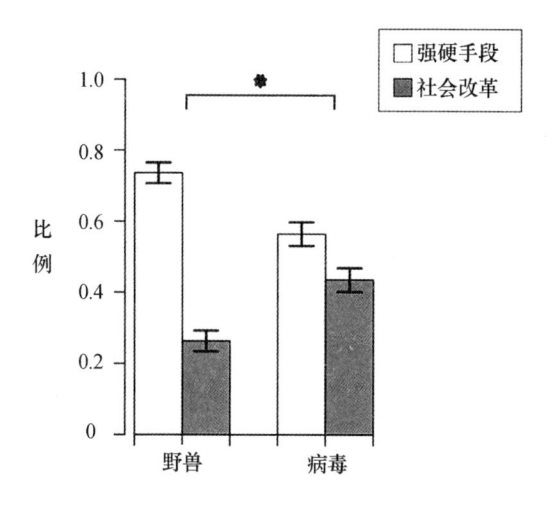

图 6-7 隐喻影响决策的实验

上图显示，在阅读了含有隐喻"犯罪行为是野兽"的被试中，有74%的人建议采取强硬手段，如召集美国国民警卫队；而那些阅读了含有隐喻"犯罪行为是病毒"的受试者则两极分化：56%的人倾向于采取强硬手段，44%的人则赞成社会改革，如改善经济等。而且，更为重要的是，这种影响是无意识的。大约只有3%的人认识到隐喻框架在其中发挥了重要作用。这说明多数人并没有意识到隐喻对我们的选择所产生的影响。

除无意识的隐喻使用会对人们的求解方案选择产生影响，有意识的隐喻论证同样会对人们的选择带来重要影响。1940年，反法西斯战争进入关键阶段，英国黄金外汇储备吃紧，无力用现金购买美国军事设备。身为美国总统的罗斯福深知唇亡齿寒的道理。为了促使《租借法》通过，他专门举行了一次记者招待会。会上，他讲了一个是否应借水管给家中失火的邻居的例子，最终有效地说服了美国民众支持《租借法》。这些案例都说明隐喻论证会对人们的方案选择产生明显的作用。

在对不同的方案进行选择时，隐喻还会通过价值观的引入对认知主体产生影响。在某烟草品牌广告中，有一句很重要的旁白——"人生就像一场旅行，不必在乎目的地，在乎的是沿途的风景，以及看风景的心情"。这是一句隐喻表达，传递的价值观是：过程的快乐比结果更重要。[1] 在隐喻的影响下，一旦接受了"快乐更重要"的价值判断，人们就容易倾向于作出抽烟的选择。这同样说明，隐喻在问题求解方案的选择中，会通过各种不同的认知因素影响我们的判断。20 世纪 90 年代，英国人围绕英国是否应该签订《马斯特里赫特条约》加快融入欧盟的问题展开了激烈的论辩。主张签约派认为，"英国应该尽快签了这份条约，因为欧盟列车马上就要离站了，英国如果不签就赶不上这趟车了"。这实际上在使用隐喻为某个特定的行动方案做论证。而反对派撒切尔夫人则认为这个论证很有误导性："如果列车开错了方向，我们还不如不在上面。"[2] 因此，我们也需要警惕，隐喻所暗示的行动方案可能存在推理上的缺陷和行动上的风险。

第五节　隐喻认知的元认知功能

解决问题的过程不仅仅依赖问题内部的推理，还需要认知主体对解决问题的过程和策略有整体性的认识，需要有解决问题和克服困难的决心和勇气。不同的隐喻，同样会产生不同的对待"问题"和"问题求解"的元认知差异，从而对问题求解过程产生影响。

心理学家弗拉维尔（Flavell, J. H.）区分了元认知的两个特

---

[1] Zhang, C. and Xu, C., "Argument by multimodal metaphor as strategic maneuvering in TV commercials: A case study", *Argumentation*, Vol. 32, No. 4, 2018.

[2] 张传睿、徐慈华、黄略：《隐喻在论辩中的框架效应》，《外国语》2021 年第 9 期。

点：关于认知的知识和对认知的管理。① 前者主要包括关于任务、策略和个人变量的知识。后者主要指的是监督自己的理解和控制自己的学习活动的能力。斯腾伯格（Sternberg）通过将元认知与认知进行对比来揭示其含义："元认知是'关于认知的认知'，认知包含对世界的知识以及运用这种知识去解决问题的策略，而元认知涉及对个人的知识和策略的监测、控制和理解。"② 从这个意义上说，认知主体对于"问题求解"的抽象理论和对问题求解过程的认知管理，都属于元认知的范畴。不难推知，隐喻在问题求解中的元认知功能是十分明显的。如果我们认同"问题是坑""问题是陷阱"，那么我们感受到的更多是对问题的负面情绪。但当我们把问题看作"机会""磁石"，是"灯塔""台阶""金矿"时，我们对待问题的情感和态度就会有很大不同。

莱考夫和约翰逊分析了一个关于如何看待问题的隐喻。该隐喻将"问题求解"理解为一个化学过程：大量的液体，起着泡，冒着烟，包含了你所有的问题，这些问题要么被溶解，要么沉淀下去，因为催化剂不断地（暂时）溶解一些问题并沉淀出其他问题。③ 通过化学隐喻，人们对问题产生一种新的认识，即问题将一直存在。所有的问题只可能"已被溶解、处于溶液之中"，或者"以固态形式存在"。最好的办法是，找到一种能"溶解"问题而又没有"其他沉淀物"析出的"催化剂"。由于无法控制溶液的成分，尽管现存的问题正在消解，但人们发现旧问题和新问题也会不断地沉淀析出。换言之，"化学"隐喻主张问题不是一种可以永久消失的物质，试图一劳永逸"解决"问题是徒劳的。如果接受"化学"隐喻，

---

① Flavell, J. H., Miller, P. H. and Miller S. A., *Cognitive Development*, Prentice Hall, 2002, p.164.
② 汪玲、郭德俊：《元认知的本质与要素》，《心理学报》2000年第4期。
③ ［美］莱考夫、约翰逊：《我们赖以生存的隐喻》，何文忠译，浙江大学出版社2015年版，第133页。

人们将接受"没有问题会永远消失"的事实。这样一来,我们就有一个良好的心态去面对问题的存在和挑战。

与"化学"隐喻不同,大多数人依据我们称之为"谜题"(Puzzle)的隐喻处理问题,所以通常有一个正确的解决方案——问题一旦被解决,就可以一劳永逸。"问题是谜题"的概念隐喻刻画了我们当前的现实,而转向"化学"隐喻又勾勒出一个新的现实。这说明,新隐喻有创造新现实的力量。因而在元认知层面上,隐喻同样会对我们的问题求解过程产生重要影响。在知识可视化管理中,人们常常借助视觉隐喻描述问题求解的整体框架(见图6-8、图6-9)。[①]

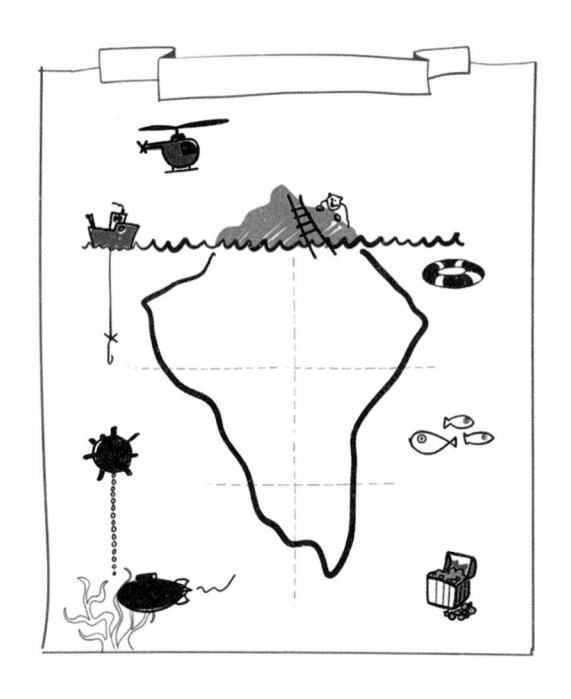

图6-8 "问题是冰山"视觉隐喻

[①] [荷]威廉明·布兰德:《创意沟通都是画出来的!》,王晨译,中信出版社2018年版,第52、58页。

图 6-9　"问题求解是过河"视觉隐喻

图 6-8 将问题视觉隐喻为一座冰山。冰山的上方是我们可以感知到的问题的一小部分。冰山的下方是潜藏在下面的更大的一部分。这些部分就是我们需要去分析的不同层次的原因。在解决问题的过程中,我们有时候要考虑到会遇到一些临时性和突发性的问题,比如出现一只熊,我们就需要考虑是否有临时的解决方案,如找个游泳圈暂时离开冰山。另外还有观察周围的情况,如果有直升机或捕捞船经过,我们就可以在它们的帮助下快速摆脱不利的处境。这张图还提醒问题求解者,如果我们对问题冰山置之不理,它很可能会撞上水雷,引发更大的问题。同时,图中右下角的财宝箱也提醒我们"危机"的背后,可能存在巨大的"转机"。在我们挖掘问题背后深层次原因的同时,可能会有新的发展机遇。图 6-9 将问题求解的过程视觉隐喻为一个过河的过程。问题求解者目前的

状态是在河的此岸，还有一个空空的篮子。他希望达到的状态是到河的对岸，摘到树上的苹果。图中还显示了过河的步骤（借助河中的石块）和可能存在的风险（鳄鱼）。这些视觉隐喻都有助于问题求解者系统全面地理解问题求解过程中所需要关注的要点，提升对问题的整体认知和把握能力。

　　作为智能主体的人类，不可避免地要面对各种问题，因而问题求解是构成人类社会存续和发展的基本活动。隐喻认知通过熟悉的、已知的、具体的事物来理解和体会陌生的、未知的、抽象的事物，这是人类智能在问题求解中独有的机制。隐喻认知的作用不仅之于人类社会各种复杂问题的解决大有裨益，也将为我们更好地理解和解决人工智能领域的"问题求解"打开新的视窗，创造新的机遇。

主要参考文献

一 中文文献

安军:《科学隐喻的元理论研究》,科学出版社2017年版。

[法]巴尔特:《符号学原理》,李幼蒸译,生活·读书·新知三联书店1999年版。

[英]波普尔:《猜想与反驳——科学知识的增长》,傅季重译,上海译文出版社2005年版。

[荷]范爱默伦、斯诺克·汉克曼斯:《论证分析与评价》(第2版),熊明辉、赵艺译,中国社会科学出版社2018年版。

郭贵春:《隐喻、修辞与科学解释》,科学出版社2007年版。

[美]小约瑟夫·哈林顿:《哈林顿博弈论》,韩玲、李强等译,中国人民大学出版社2012年版。

[美]侯世达、[法]桑德尔:《表象与本质》,刘健等译,浙江人民出版社2018年版。

胡壮麟:《认知隐喻学》(第二版),北京大学出版社2020年版。

黄华新、陈宗明主编:《符号学导论》,东方出版中心2016年版。

黄华新:《认知科学视域中隐喻的表达与理解》,《中国社会科学》2020年。

黄孝喜:《隐喻机器理解的若干关键问题研究》,博士学位论文,浙江大学,2009年。

黄孝喜：《汉语隐喻认知的计算研究》，博士后出站报告，浙江大学，2011年。

吉仁泽：《适应性思维：现实世界中的理性》，刘永芳译，上海教育出版社2006年版。

鞠实儿主编：《面向知识表示与推理的自然语言逻辑》，经济科学出版社2009年版。

[德]卡西尔：《人论》，甘阳译，上海译文出版社2004年版。

[美]库恩：《科学革命的结构》，金吾仑、胡新和译，北京大学出版社2003年版。

[美]莱考夫、约翰逊：《我们赖以生存的隐喻》，何文忠译，浙江大学出版社2015年版。

[美]莱考夫：《别想那只大象》，闾佳译，浙江人民出版社2013年版。

[法]利科：《活的隐喻》，汪堂家译，上海译文出版社2004年版。

林定夷：《问题学之探究》，中山大学出版社2016年版。

邱辉：《心智模式与概念隐喻——基于中国企业家话语语料库的批评隐喻分析》，浙江大学出版社2022年版。

任晓明等：《逻辑学视野中的认知研究》，中国社会科学出版社2021年版。

[瑞士]索绪尔：《普通语言学教程》，高名凯译，商务印书馆1980年版。

[英]史密斯：《演化与博弈论》，潘香阳译，复旦大学出版社2008年版。

束定芳：《隐喻学研究》，上海外语教育出版社2000年版。

[美]E. C. 斯坦哈特：《隐喻的逻辑：可能世界中的类比》，黄华新、徐慈华等译，浙江大学出版社2009年版。

王小潞：《汉语隐喻认知与ERP神经成像》，高等教育出版社2009

年版。

王小潞:《汉语隐喻认知与 fMRI 神经成像》,浙江大学出版社 2019 年版。

王寅:《认知语言学》,上海外语教育出版社 2007 年版。

王治敏:《汉语名词短语隐喻识别研究》,博士学位论文,北京大学,2006 年。

[比]维索尔伦:《语用学诠释》,钱冠连、霍永寿译,清华大学出版社 2003 年版。

徐慈华、黄华新:《符号学视域中的隐喻研究》,《浙江社会科学》2012 年。

徐慈华、李恒威:《溯因推理与科学隐喻》,《哲学研究》2009 年。

徐慈华:《选择与适应——汉语隐喻的语用综观研究》,中国社会科学出版社 2009 年版。

[古希腊]亚里士多德:《诗学》,陈中梅译,商务印书馆 1996 年版。

[日]野中郁次郎、竹内弘高:《创造知识的企业:日美企业持续创新的动力》,李萌、高飞译,知识产权出版社 2006 年版。

张传睿、徐慈华、黄略:《隐喻在论辩中的框架效应》,《外国语》2021 年第 44 卷第 5 期。

张威:《汉语语篇理解中元指代和隐喻的机器消解研究》,博士学位论文,浙江大学,2003 年。

张威、周昌乐:《汉语隐喻理解的逻辑描述初探》,《中文信息学报》,2004 年。

张维迎:《博弈论与信息经济学》,上海人民出版社 2004 年版。

周昌乐:《探索汉语隐喻计算化研究之路》,《浙江大学学报》(人文社会科学版)2007 年。

周昌乐:《意义的转绎:汉语隐喻的计算释义》,东方出版社 2009 年版。

二 英文文献

Baader, F., Calvanese, D. and Mcguinness, D. L., *The Description Logic Handbook*, New York: Cambridge University Press, 2003.

Barnden, J. A., Belief in Metaphor: Taking Commonsense Psychology Seriously, *Computational Intelligence*, 1992.

Barnden, J. A., Stephen, H., Iverson, E. and Stein, G. C., Artificial intelligence and metaphors of mind: within-vehicle reasoning and its benefits, *Metaphor & Symbolic Activity*, 1996.

Barsalou, L., The instability of graded structure in concepts, In U. Neisser (ed.), *Concepts and Conceptual Development*, New York: Cambridge University Press, 1987.

Barsalou, L., Flexibility structure and linguistic vagary in concepts, In A. Collins S. Gathercole & A. Conway (eds.), *Theories of Memory*, Hove: Lawrence Erlbaum, 1993.

Benz, A., Ebert, C., Jäger, G. and van Rooij, R., Language Games and Evolution: An Introduction, In Benz, A., Ebert, C., Jäger, G. and van Rooij, R. (eds)., *Game Theory and Pragmatics*, Berlin: Springer, 2011.

Benz, A., Jäger, G. and van Rooij, R., An Introduction to Game Theory for Linguists, In Benz, A., Jäger, G. and van Rooijeds, R., *Game Theory and Pragmatics*, Hampshire: Palgrave MacMillan, 2006.

Birdsell, D. S. and Groarke, L., Outlines of a theory of visual argument, *Argumentation & Advocacy*, 2007.

Birke, J. and Sarkar, A., A Clustering Approach for the Nearly Unsupervised Recognition of Nonliteral Language, *Proceedings of 11th Conference of the European Chapter of the Association for Computational*

Linguistics (*EACL06*), 2006.

Birke, J. and Sarkar, A., Active Learning for the Identification of Non-literal Language, *Proceedings of the Workshop on Computational Approaches to Figurative Language*, Rochester: New York Association for Computational Linguistics, 2007.

Blair, J. A., Probative norms for multimodal visual arguments, *Argumentation*, 2015.

Boden, M. A., *The Creative Mind: Myths and Mechanisms*, London: Routledge, 2003.

Bowdle, B. and Gentner, D., The career of metaphor, *Psychological Review*, 2005.

Camerer, C. F., Ho, T. H. and Chong, J. K., A cognitive hierarchy model of games, *The Quarterly Journal of Economics*, 2004.

Cameron, L. and Low, G., *Researching and applying metaphor*, New York: Cambridge University Press, 1999.

Chandler, D., *Semiotics: the Basics*, London: Routledge, 2007.

Charteris-Black, J., *Corpus approaches to critical metaphor analysis*, Palgrave Macmillan, 2004.

Cohen, T., Metaphor and the Cultivation of Intimacy, *Critical Inquiry*, 1978.

Craik, K. J. W., *The Nature of Explanation*, Cambridge University Press, 1943.

Dahl, J. M. R., Visual argumentation in political advertising: A context-oriented perspective, *Journal of Argumentation in Context*, 2015.

Daly, J., Janet Forgue Marie-Claire et al., *World Wide Web Consortium Issues RDF and OWL Recommendations*, 2004. http://www.w3.org/2004/01/sws-pressrelease.html.en.

Deirdre, W. and Robyn, C., Metaphor, relevance and the 'emergent property' issue, *Mind & Language*, 2006.

Dodd, S. D., Metaphors and Meaning: A grounded cultural model of US entrepreneurship, *Journal of Business Venturing*, 2002.

Dong, Z. and Dong, Q., *Hownet and the Computation of Meaning*, Singapore: World Scientific Publishing, 2006.

Dove, I. J., On images as evidence and arguments, In van Eemeren, F. H. and Garssen, B. (eds.), *Topical themes in argumentation theory*, Dordrecht: Springer, 2012.

Falkenhainer, B., Forbus, K. D. and Gentner, D., The Structure-Mapping Engine: Algorithm and Examples, *Artificial Intelligence*, 1989.

Fauconnier, G. and Turner, M., Conceptual integration network, *Cognitive Science*, 1998.

Fauconnier, G., *Mental Spaces: Aspects of Meaning Construction in Natural Language*, Cambridge: Cambridge University Press, 1994.

Fauconnier, G. and Turner, M., *The Way We Think: Conceptual Blending and The Mind's Hidden Complexities*, New York: Basic Books, 2002.

Fellbaum, C. and Miller, G., *WordNet: an electronic lexical database*, Cambridge MIT Press, 1998.

Forbus, K. and Gentner, D. et al., MAC/FAC: A model of similarity-based retrieval, *Cognitive Science*, 1995.

Forceville, C. J. and Urios-Aparisi, E., *Multimodal Metaphor*, Berlin: Mouton De Gruyter, 2009.

Forceville, C. J., *Pictorial metaphor in advertising*, London: Routledge, 1996.

Franke, M., Game theoretic Pragmatics, *Philosophy Compass*, 2013.

Franke, M., *Signal to Act: Game Theory in Pragmatics*, PhD. Thesis, Universiteit van Amsterdam, 2009.

Franke, M., Quantity implicatures exhaustive interpretation and rational conversation, *Semantics & Pragmatics*, 2011.

Freeman, J. B., *Dialectics and the Macrostructure of Arguments: A Theory of Argument Structure*, Foris Publications, 1991.

Frank, M. C. and Goodman, N. D., Predicting pragmatic reasoning in language games, *Science*, 2012.

Gentner, D., Structure mapping: a theoretical framework for analogy, *Cognitive Science*, 1983.

Gibbs, R. W., Metaphor and thought: the state of the art, In Gibbs, R. W. (ed.), *The Cambridge Handbook of Metaphor and Thought*, Cambridge: Cambridge University Press, 2008.

Gibbs, R. W. and Cameron, L., The social-cognitive dynamics of metaphor performance, *Cognitive Systems Research*, 2008.

Gibbs, R. W., *The Cambridge handbook of metaphor and thought*, New York: Cambridge University Press, 2008.

Glucksberg, S. and McGlone, M. S., When love is not a journey: What metaphors mean, *Journal of Pragmatics*, 1999.

Goatly, A., *Washing the Brain: Metaphor and Hidden Ideology*, Amsterdam/Philadelphia: John Benjamins, 2007.

Goatly, A., *The Language of Metaphors*, London: Routledge, 1997.

Gong, T., Shuai, L. and Wu, Y., Multidisciplinary approaches in evolutionary linguistics, *Language Sciences*, 2013.

Grady, J. and Todd, O. et al., Blending and Metaphor, In W. G. Raymond & J. S. Gerard (eds), *Metaphor in Cognitive Linguistics*, Amsterdam: John Benjamins, 1997.

Hawkins, J. and Blakeslee, S., *On Intelligence*, New York: Times Books, 2004.

Hitchcock, D. andVerheij, B., *Arguing on the Toulmin Model: New Essays in Argument Analysis and Evaluation*, Springer Netherlands, 2006.

Hobbs, J. R., Stickel, M. E., Appelt, D. E. and Martin, P., Interpretation as abduction, *Artificial Intelligence*, 1993.

Holyoak, K. J. and Thagard, P., Analogical Mapping by Constraint Satisfaction, *Cognitive Science*, 1989.

Holyoak, K. and Hummel, J., Toward an Understanding of Analogy within a Biological Symbol System, *The Analogical Mind: Perspectives from Cognitive Science*, 2001.

Huang, X., Huang, H., Liao, B., Xu, C., An Ontology-Based Approach to Metaphor Cognitive Computation, Mind and Machines, 2013.

Indurkhya, B., *Metaphor and Cognition: An Interactionist Approach*, Dorcrecht: Sringer, 1992.

Johnson, M., *The Body in the Mind: The bodily basis of meaning imagination and reason*, Chicago: University of Chicago Press, 1987.

Juthe, A., Argument by Analogy, *Argumentation*, Vol. 19, 2005, p. 4.

Kahneman, D. and Tversky, A., Choices values and frames, *American Psychologist*, 1984.

Kathleen, A., When Love is not Digested: Underlying Reasons for Source to Target Domain Pairing in the Contemporary Theory of Metaphor, *Proceedings of the first Cognitive Linguistics Conference*, Taipei, 2002.

Kathleen, A., Chung, S. F. and Huang, C., Conceptual Metaphors: Ontology-based representation and corpora driven Mapping Principles, *Proceedings of the ACL 2003 Workshop on the Lexicon and Figurative*

Language, 2003.

Kintsch, W., Metaphor comprehension: A computational theory, *Psychonomic Bulltin & Review*, 2000.

Kjeldsen, J. E., Visual argumentation in Scandinavian political advertising: a cognitive contextual and reception oriented approach, *Argumentation and Advocacy*, 2007.

Kjeldsen, J. E., Pictorial argumentation in advertising: Visual tropes and figures as a way of creating visual argumentation, In van Eemeren, F. H. and Garssen, B. (eds), *Topical Themes in Argumentation Theory*, Dordrecht: Springer, 2012.

Kjeldsen, J. E., The study of visual and multimodal argumentation, *Argumentation*, 2015.

Kövecses, Z., *Metaphor: A practical introduction (Second Edition)*, New York: Oxford University Press, 2010.

Kövecses, Z., *Extended conceptual metaphor theory*, Cambridge, United Kingdom, New York, NY: Cambridge University Press, 2020.

Krishnakumaran, S. and Zhu, X., Hunting Elusive Metaphors Using Lexical Resources, *Proceedings of the Workshop on Computational Approaches to Figurative Language*, Rochester: New York Association for Computational Linguistics, 2007.

Labrie, N., Strategic maneuvering in treatment decision-making discussions: Two cases in point, *Argumentation*, 2012.

Lakoff, G., *Women Fire and Dangerous Things*, Cambridge: Cambridge University Press, 1987.

Lakoff, G., The Contemporary Theory of Metaphor, InOrtony, A. (ed.), *Metaphor and Thought*, Cambridge: Cambridge University Press, 1993.

Lakoff, G. and Johnson, M., *Metaphors We Live By*, Chicago: University of Chicago Press, 1980.

Lakoff, G. and Johnson, M., *More Than Cool Reason: A Field Guide to Poetic Metaphor*, Chicago: University of Chicago Press, 1989.

Lakoff, G. and Johnson, M., *Philosophy in the Flesh: the embodied mind and its challenge to western thought*, New York: Basic books, 1999.

Lee, S. S. andDapretto, M., Metaphorical vs. literal word meanings: firm evidence against a selective role of the right hemisphere, *Neuroimage*, 2006.

Leezenberg, M., *Contexts of Metaphor*, Netherland: Elsevier Science, 2001.

Lewis, D., *Convention: A Philosophical Study*, Cambridge: Harvard University Press, 1969.

MacCormac, E. R., *A Cognitive Theory of Metaphor*, Cambridge: MIT Press, 1985.

Maedche, A. and Raphael, V., The Ontology Extraction & Maintenance Framework Text-To-Onto, *Proceedings of the ICDM'01 Workshop on Integrating Data Mining and Knowledge Management*, California, USA, 2001.

Magnani, L., *Abductive Cognition: The Epistemological and Eco-Cognitive Dimensions of Hypothetical Reasoning*, Berlin: Springer Press, 2009.

Martin J. H., *A Computational Model of Metaphor Interpretation*, Boston: Academic Press, 1990.

Mason, Z. J., CorMet: A Computational Corpus-Based Conventional Metaphor Extraction System, *Computational Linguistics*, 2004.

Morris, C. W., *Foundations of the Theory of Signs*, Chicago: University of Chicago Press, 1938.

Musolff, A., *Metaphor and political discourse, Analogical reasoning in debates about Europe*, London: Palgrave Macmillan, 2004.

Ortony, A., *Metaphor and Thought*, Cambridge: Cambridge University Press, 1993.

Parikh, P., *The Use of Language*, Stanford: CSLI Publications, 2001.

Peirce, C. S., Logic as semiotic: the theory of signs, in Innis, R. E. (ed.), *Semiotics: An Introductory Anthology*, Indiana: Indiana University Press, 1985.

Peirce, C. S., *Collected Papers of Charles Sanders Peirce*, Cambridge: Harvard University Press, 1931 – 1958.

Pereira, F. C., *Creativity and artificial intelligence: a conceptual blending approach*, Berlin: Mouton de Gruyter, 2007.

Pietarinen, A. V., An Invitation to Language and Game, in Pietarinen, A. V. (ed.), *Game Theory and Linguistic Meaning*, Amsterdam: Elsevier, 2007.

Pinker, S., Nowak, M. A. and Lee, J. J., The logic of indirect speech, *Proceedings of the National Academy of Sciences of the United States of America*, 2008.

Pollock, J. L., Defeasible reasoning, *Cognitive Science*, 1987.

Reddy, M. J., The Conduit Metaphor: A case of frame conflict in our language about language, inOrtony, A. (ed.), *Metaphor and Thought*, Cambridge: Cambridge University Press, 1979.

Richards, I. A., *The Philosophy of Rhetoric*, London: Routledge, 1936/2001.

Rubinstein, A. et al., Naïve Strategies in Competitive Games, in Albers, W. et al. (eds.), *Understanding Strategic Interaction: Essays in Honor of Reinhard Selten*, Berlin: Springer Verlag, 1996.

Sylvia, W. R., The structure-mapping engine: algorithm and examples (book), *Metaphor & Symbolic Activity*, 1992.

Santibáñez, C., Metaphors and argumentation: the case of Chilean parliamentarian media participation, *Journal of Pragmatics*, 2010.

Schmidt, G. L. and Seger, C. A., Neural correlates of metaphor processing: the roles of figurativeness, familiarity and difficulty, *Brain & Cognition*, 2009.

Sebeok, T. A., *Signs: An Introduction to Semiotics*, Toronto: University of Toronto Press, 2001.

Skyrms, B., *Signals: Evolution Learning and Information*, Oxford: Oxford University Press, 2011.

Sperber, D. & Wilson, D. *Relevance: Communication and Cognition*. Beijing: Foreign Language Teaching and Research Press, 2003 / Blackwell Publishers Ltd. 1995.

Sperber, D. and Wilson, D., A deflationary account of metaphors, In R. Gibbs (ed.), *The Cambridge Handbook of Metaphor and Thought*, New York: Cambridge University Press, 2008.

Steen, G. J., *Visual Metaphor: Structure and Process*, Amsterdam/Philadelphia: John Benjamins Publishing Company, 2018.

Steen, G. J., "Developing, testing and interpreting Deliberate Metaphor Theory", Journal of Pragmatics, Vol. 90, 2015, pp. 67–72.

Steinhart, E. R., *The Logic of Metaphor: Analogous Parts of Possible Worlds*, Dordrecht: Kluwer Academic Publishers, 2001.

Taylor, P. D. and Jonker, L. B., Evolutionary stable strategies and game dynamics, *Mathematical biosciences*, 1978.

Tendahl, M. and Gibbs, R. W., Complementary perspectives on metaphor: Cognitive linguistics and relevance theory, *Journal of pragmat-*

ics, 2008.

Tenenbaum, J. B., Kemp, C., Griffiths, T. L. and Goodman, N. D., How to grow a mind: Statistics, structure, and abstraction, *Science*, 2011.

Thomas, J., Cross-cultural pragmatic failure, *Applied Linguistics*, 1983.

Toulmin, S. E., *The Use of Argument*, Cambridge University Press, 1958.

Toulmin, S., Rieke, R., Janik, A., *An Introduction to Reasoning*, Macmillan Publishing Co., Inc., New York, 1984.

Tversky, A., Features of similarity, *Psychological Review*, 1977.

Ungerer, F. and Schmid, H. J., *An Introduction to Cognitive Linguistics*, Beijing: Foreign Language Teaching and Research Press, 2001.

Utsumi, A., Computational exploration of metaphor comprehension processes using a semantic space model, *Cognitive Science*, 2011.

van Eemeren, F. H., *Strategic maneuvering in argumentative discourse: Extending the pragma-dialectical theory of argumentation*, Amsterdam: Benjamins, 2010.

van Eemeren, F. H., Identifying argumentative patterns: a vital step in the development of pragma-dialectics, *Argumentation*, 2016.

van Eemeren, F. H. and Garssen, B., Argumentation by Analogy in Stereotypical Argumentative Patterns, in Ribeiro, H. J. (ed.), *Systematic Approaches to Argument by Analogy*, Switzerland: Springer, 2014.

van Eemeren, F. H. and Grootendorst, R., *Speech acts in argumentative discussions: A theoretical model for the analysis of discussions directed towards solving conflicts of opinion*, Dordrecht: Foris, 1984.

van Eemeren, F. H. and Grootendorst, R., *Argumentation communication and fallacies: a pragma-dialectical perspective*, Hillsdale: Lawrence Erlbaum Associates, 1992.

van Eemeren, F. H. and Grootendorst R. , *A systematic theory of argumentation: the pragma-dialectical approach*, New York: Cambridge University Press, 2004.

van Poppel, L. , The Study of Metaphor in Argumentation Theory, *Argumentation*, 2021.

van Rooy, R. , Signaling games select horn strategies, *Linguistics and Philosophy*, 2004.

Veale, T. , *Metaphor Memory and Meaning: Symbolic and Connectionist Issues in Metaphor Interpretation*, PhD Thesis, Dublin Trinity College, 1995.

Verheij, B. , Evaluating arguments based on Toulmin's scheme, *Argumentation*, 2005.

Verschueren, J. , *Understanding pragmatics*, New York: Oxford University Press, 1999.

Walton, D. N. , *Fundamentals of Critical Argumentation*, New York: Cambridge University Press, 2006.

Walton, D. N. , Reed, C. andMacagno, F. , *Argumentation Schemes*, New York: Cambridge University Press, 2008.

Wang, Z. , Wang, H. , Duan, H. , Han, S. and Yu, S. , Chinese noun phrase metaphor recognition with maximum entropy approach, *Proceedings of International Conference on Intelligent Text Processing and Computational Linguistics (CICLing)*, Mexico, 2006.

Wilson, D. and Sperber, D. , Relevance theory, in Horn, L. and Ward, G. (eds.), *The Handbook of Pragmatics*, Oxford: Blackwell, 2004.

Wilson, D. and Carston, R. , A unitary approach to lexical pragmatics: Relevance inference and ad hoc concepts, in Kasher (eds.), *Pragmatics Vol. II*. London: Routledge, 2012.

Wilson, D., Parallels and differences in the treatment of metaphor in relevance theory and cognitive linguistics, *Intercultural Pragmatics*, 2011.

Xu, C. and Wu, Y., Metaphors in the perspective of argumentation, *Journal of Pragmatics*, 2014.

Xu, C., Zhang, C. Wu, Y., Enlarging the scope of metaphor studies, *Intercultural Pragmatics*, 2016.

Yu, N., Nonverbal and multimodal manifestations of metaphors and metonymies: A case study, inForceville, C. J. and Urios-Aparisi, E. (eds.), *Multimodal Metaphor*, Berlin/New York: Mouton de Gruyter, 2009.

Zhang, C. and Xu, C., Argument by multimodal metaphor as strategic maneuvering in TV commercials: A case study, *Argumentation*, 2018.

Zhou, C. L., Yang, Y. and Huang, X. X., Computational mechanisms for metaphor in languages: a survey, *Journal of Computer Science and Technology*, 2007.

后　　记

　　这本书是本人主持的国家社科基金项目"汉语隐喻的逻辑研究"（编号：11CZX052）的成果之一，同时也是《选择与适应——汉语隐喻的语用综观研究》（2009）一书的延续。书稿虽然较早就成形，但修改过程始终断断续续，历经数年，好在一直得到身边师友的鼓励和支持才最终得以完成。在此书即将付梓之际，我想表达一下自己的感激之情。

　　首先，我要感谢的是黄华新教授。从2005年浙江大学语言与认知研究中心创立之初，黄教授就开始鼓励和支持我在隐喻研究方面进行探索。此后，我不曾换过研究方向，一路前行，领略了隐喻研究的无限风景。这期间难免会有"山穷水尽疑无路"的迷茫时刻，但总能在与黄教授的交流之后体会到"柳暗花明又一村"的欣喜。十多年后，回头去看，敬佩和感激之情油然而生。学术生涯中有这样一位好老师指路，那是何等庆幸！

　　其次，我要感谢吴义诚教授、王小潞教授、金立教授、廖备水教授、杨小龙教授、董文明副教授、黄孝喜副教授、范振强副教授以及荷兰的van Eemeren教授和van Rooij教授等诸位师友。在他们的帮助下，我完成了一次又一次看似不可能的任务，进入了一个又一个全新的跨学科研究领域，让我的隐喻研究变得更加多姿多彩。

　　最后，我要感谢在研究路上遇到的几位好学生，如邱辉、叶颖秀、张传睿、汪曼、张侨洋、汪佳梅、黄略、邵晓涵、庞晓琳、严小姗、张恩瑞，等等。本书中的好多内容和想法，有些就是我们共同合作的成果，有些是在与他们的交流中产生和完善的。全书的校对也得到了他们大力的支持，尤其是严小姗同学协助我做了大量文稿体例统一和图表校对方面的工作。在此一并表示感谢。

此书写完，是一段旅行的结束，但同时也是新旅行的开始。带着此书中的遗憾和问题，我会继续走在隐喻研究的路上，期待遇到新的风景。